EXPERIMENTALISMO CONSTITUCIONAL NO DIREITO BRASILEIRO

JOSÉ GUIMARÃES MENDES NETO

EXPERIMENTALISMO CONSTITUCIONAL NO DIREITO BRASILEIRO

APRESENTAÇÃO
Gilmar Ferreira Mendes

PREFÁCIO
Rodrigo de Bittencourt Mudrovitsch

2019

EDITORA JusPODIVM
www.editorajuspodivm.com.br

EDITORA *Jus*PODIVM
www.editorajuspodivm.com.br

Rua Território Rio Branco, 87 – Pituba – CEP: 41830-530 – Salvador – Bahia
Tel: (71) 3045.9051
• Contato: https://www.editorajuspodivm.com.br/sac

Diagramação: Futura Editoração *(rogerio@futuraeditoracao.com)*

Revisão Ortográfica: Rafaella Gomes Monteiro

Capa: Ana Caquetti

M538e Mendes Neto, José Guimarães.
Experimentalismo constitucional no direito brasileiro / José Guimarães Mendes Neto – Salvador: Editora JusPodivm, 2019.
240 p.

Bibliografia.
ISBN 978-85-442-2834-0.

1. Direito Constitucional. 2. Direito Brasileiro. I. Mendes Neto, José Guimarães. II. Título.

CDD 341.2

AGRADECIMENTOS

Primeiro e sempre, a Deus e ao nosso Senhor Jesus Cristo. Agradeço pelas bênçãos, saúde e proteção concedidas a mim e à minha família. Agradeço pela oportunidade da vida, de poder conviver com minha família, pelos meus estudos, trabalho e de poder acordar todos os dias para ir atrás de todos os meus sonhos e objetivos.

Agradeço à toda minha família. Agradeço ao meu pai, César, e à minha mãe, Fátima, por tudo. Obrigado pelos ensinamentos, pelo incentivo aos estudos e por me ajudarem, diariamente, nas escolhas da vida. Obrigado por abrirem mão de suas próprias vidas pela minha felicidade e da minha irmã. Vocês são tudo para mim!

Agradeço à Roberta, minha irmã. Obrigado por estar presente em mais esta etapa de minha vida. Obrigado pela mulher, irmã e pessoa que és e que a cada dia mais vem se tornando. Nossa ligação não é só de sangue, é de alma. Você sabe que é minha inspiração de força e coragem. Obrigado por tudo!

Agradeço ao Fred, meu primo e irmão. Obrigado pela força e ajuda que me destes para cumprir mais esta missão de minha vida. Obrigado pelas conversas, pelas reflexões e pelos debates. Obrigado pela constante presença na minha vida e por sempre estar disposto a somar e a ajudar. Minha lealdade por ti é recíproca. Tenha certeza de que estou contigo para todo e qualquer momento e/ou ocasião.

Agradeço aos amigos. E aqui eu não poderia deixar de começar a agradecer a três pessoas que foram essenciais para que eu conseguisse chegar neste momento: Amanda Veras, Ian Cassas e Thaís Queiroz. Muito obrigado pelo que gratuitamente fizeram por mim. Obrigado pela amizade, companhia, pelos sorrisos e pela força que me deram. Aqueles momentos foram únicos e para sempre irei lembrá-los. Sem dúvidas vocês me trouxeram leveza e paz para superar as adversidades que o momento me exigia. Muito obrigado! De coração!

Agradeço ao meu amigo e irmão Paulo Henrique. Muito obrigado pela amizade, companheirismo e pela força que me destes para realizar este sonho de minha vida. Obrigado por ter me apresentado um seleto grupo de pessoas que também me receberam e me acolheram da melhor forma possível. Jamais conseguirei demonstrar em palavras o quão grato sou a ti. Conte comigo para quando e sempre que precisar. Muito obrigado!

Agradeço a Manuela Lima, Carlos Hélder e Ariston Apoliano pela presença na minha vida. Agradeço a amizade, a lealdade e o companheirismo que sempre me ofertaram. Muito obrigado por também terem se mantido presentes em mais esta etapa de minha caminhada. Obrigado pela ajuda. Obrigado por terem sido o meu refúgio nas vezes que precisei. Vocês me inspiram a ser e a fazer sempre o melhor. É um prazer poder contar com cada um e saber que vocês também contam comigo. Continuem sabendo que estarei aqui sempre que precisarem. Muito obrigado!

Meus agradecimentos também à Camila Maria Mont'Alverne. Obrigado pelas vezes que me escutou e soube se preocupar comigo e com minhas angústias durante todo esse árduo processo da minha vida acadêmica e profissional. De coração, obrigado!

Agradeço também à Talyta Coimbra. Muito obrigado por tudo que durante todo esse tempo vem sendo na minha vida. Obrigado pela paciência, amizade e companheirismo. Você acompanhou desde o começo todo este processo. Obrigado por ter me escutado todas as vezes que precisei e por sempre ter se mostrado preocupada comigo e com minhas angústias. Muito obrigado. Conte sempre comigo!

Agradeço à minha turma de mestrado. Agradeço pelo laço de amizade que construímos e, principalmente, pelos constantes momentos de aprendizado. Em especial: Kayo César, Ezikelly Barros, Eduardo Mundin, Elvio Coutinho, Marcus Vinicius, Fernando Mosna, Ariel Uarian, Elvio Ibsen, Fernando Torreão, Rodrigo Cyrineu e Samuel Fonteles.

Agradeço também aos amigos professores. Obrigado por me inspirarem. Aqui, em especial, eu agradeço ao meu orientador Jorge Lavocat Galvão e ao Professor Rodrigo Mudrovitsch. Muito obrigado pela paciência, ajuda e por ter me proporcionado tanto aprendizado.

Jamais poderei deixar de agradecer à minha amiga, professora e a responsável pelo meu amor à vida acadêmica. Muito obrigado, Amanda Thomé. Obrigado por tudo. Obrigado pelo apoio, ajuda e força. Obrigado pelo carinho. Obrigado pela amizade. Obrigado por ter se mantido presente na minha vida. Você é uma das grandes responsáveis por eu ter chegado a este momento. Muito obrigado!

Agradeço também à Luana Karla por, recentemente, ter entrado na minha vida. Agradeço a Deus por ter colocado você no meu caminho. Agradeço pelos ensinamentos, pela paciência e, principalmente, pelo companheirismo e amizade. Obrigado por ter me ajudado a realizar este sonho. Muito obrigado! De coração!

Agradeço também à Terezinha Fernandes e à Thalita Lindoso pela confiança, apoio e incentivo. Muito obrigado por também terem me ajudado nesta importante etapa da minha vida.

Agradeço a todos do escritório Assis Passos. Obrigado pelo companheirismo, incentivo e constante aprendizado. Sem vocês essa caminhada teria sido muito mais árdua. Muito obrigado!

Enfim, agradeço a todos que me ajudaram e me incentivaram a cumprir mais esta etapa da minha vida pessoal.

NOTA DO AUTOR

A adoção de mecanismos que promovam a eficácia da ação estatal é impositiva às nações que adotam a forma federativa de Estado. Tendo em vista os desafios de administração de territórios sobre os quais incide mais de uma ordem jurídica, é preciso evitar conflitos e desperdício de esforços e recursos. Nessa conjuntura, a repartição de competências entre os entes federativos é um instrumento concebido para esse fim.

Dessa forma, são atribuídas a cada ordenamento, por meio da Constituição Federal, matérias que lhes são próprias. As constituições federais preveem, ainda, repartição de rendas, que vivifica a autonomia dos estados-membros e os habilita a desempenhar as suas competências.

No Brasil, a Lei Maior estabelece, desde logo, determinados princípios de observância e reprodução obrigatórias pelas constituições e leis estaduais. Essa previsão, contudo, não esvazia a independência dos estados-membros – decorrente do próprio princípio federativo – para que exerçam suas competências constitucionalmente determinadas.

No sistema constitucional pátrio, o argumento da simetria ou paralelismo tem servido, sobretudo, de fundamento para que se declarem inválidas leis estaduais que resultam de projeto apresentado sem observância do sistema federal de reserva de iniciativa. São diversos os casos de declaração de inconstitucionalidade de diplomas normativos locais por vício dessa ordem. Essa exuberância de casos, em que o princípio da separação de Poderes cerceia toda a criatividade do constituinte estadual, levou a que se falasse em um princípio da simetria para designar a obrigação do constituinte estadual de seguir fielmente as opções de organização e de relacionamento entre os poderes acolhidas pelo constituinte federal.

Todavia, como bem pontua o autor José Guimarães Mendes Neto, o texto constitucional não traz uma efetiva definição para essa simetria e, por conseguinte, a autonomia estadual acaba por não ser bem delimitada, restando à jurisdição constitucional o papel de defini-la.

Nesse sentido, a presente obra, fruto dos relevantes estudos empreendidos no curso de mestrado do autor, propõe-se a analisar a acepção do princípio da simetria no contexto jurídico-constitucional do exercício da autonomia dos estados-membros brasileiros, sob o prisma do experimentalismo institucional de Roberto Mangabeira Unger. Assim, com base no arcabouço normativo e jurisprudencial analisado, são aduzidos importantes apontamentos acerca da premência de se firmar um experimentalismo constitucional positivo nos estados-membros, a fim de evitar o esvaziamento de suas autonomias.

A concepção de simetria deve assegurar o efetivo exercício da autonomia dos estados-membros para, assim, permitir a preservação do pacto federativo previsto em nossa Constituição. Por certo, o estudo sobre essa temática ganha valorosas contribuições com esta obra.

Desejo a todos agradável e proveitosa leitura.

Gilmar Ferreira Mendes

PREFÁCIO

Com muita honra e felicidade recebi o convite de José Guimarães Mendes Neto para elaborar o Prefácio desta obra que o leitor agora tem em mãos. Não somente pela afinidade que possuo com a linha teórica adotada pelo autor, mas principalmente por ter testemunhado, na condição de membro da Banca Examinadora para obtenção do Grau de Mestre em Direito Constitucional, o desenvolvimento com brilhantismo da dissertação de Mestrado de José Mendes Neto, que agora se publica em livro, confirmando a sua excelência.

Expressão do resultado de aplicada pesquisa, refinada pelo discernimento do autor, este livro traz para o leitor uma visão crítica do papel da Jurisdição Constitucional como instrumento de definição dos limites da autonomia de organização dos Estados Membros da Federação no Brasil, amparada na amplitude do artigo 25 da Constituição Federal.

Para tanto, o autor analisa com cuidado a aplicação do Princípio da Simetria pelo Supremo Tribunal Federal, verificando que a Jurisdição Constitucional tem aplicado o referido princípio de forma a desprivilegiar a autonomia organizacional dos Estados Membros.

Ancorando-se na teoria do experimentalismo institucional de Mangabeira Unger, José Guimarães Mendes Neto questiona a aplicação inconteste do Princípio da Simetria e propõe a sua mitigação como meio a permitir que os Estados Membros possam ser locais de experimentalismos legislativos e institucionais positivos e colaborar para o aprimoramento democrático da Federação.

Com efeito, necessariamente se passaria pela transformação do que o autor identifica como uma obsessão pelo papel dominante do juiz observada no presente, identificada pelo fato de que, equivocadamente, os juízes arvoram-se de condições de protagonismo no pensamento jurídico, quando, na realidade, essa condição deveria ser ocupada pelo cidadão.

Consoante já defendi anteriormente, essa obsessão verificada pelo papel dominante do juiz representa verdadeiro bloqueio para o avanço da análise jurídica no Brasil, uma vez que a doutrina constitucional brasileira predominante deposita sua confiança no Supremo Tribunal Federal para todas as suas esperanças no sentido da obtenção de progresso democrático.

Nesse sentido, o autor apresenta com precisão a necessidade de reorientação da análise jurídica como meio a mais a se possibilitar a aceleração democrática por meio do experimentalismo institucional, ressaltando que "a adequada compreensão da análise jurídica é aquela na qual a mesma torne-se como ferramenta primordial para imaginação institucional/experimentalismo dentro de uma sociedade democrática".

De fato, o autor bem compreende que o experimentalismo institucional rejeita o caminho comumente aceito pelas teorias sociais clássicas de tentar racionalizar o compromisso passado por meio da prática de congelamento da política, expressão clara da concepção de Unger de que tudo é política, uma vez que a sociedade não passa de um artefato humano.

Assim, é bem identificada a análise jurídica racionalizadora como o meio utilizado para garantia de arranjos institucionais estáticos, uma vez que "consiste em uma forma de análise jurídica em que se racionaliza retrospectivamente políticas estagnadas inibindo atividade de experimentalismo institucional e subordinando, no direito, a imaginação democrática para quando dos momentos de crises".

Acompanhadas de sólida base argumentativa, o leitor encontrará neste livro as razões pelas quais não se sustentam os motivos utilizados pelos defensores da análise jurídica racionalizadora para escaparem ao raciocínio analógico. Fica claro, nesta obra, que esses motivos, na realidade, não passam de subterfúgios orientados por abstrações que, além de insuficientes, funcionam como impedimentos a experimentalismos institucionais orientados por analogias contextualizadas.

Assim, fica clara a conclusão de que o judiciário deve atuar como meio de controle de transformações desvantajosas à democracia, tendo como orientação o cidadão, mas não deve assumir para si a condição de agente motor de transformação. O autor demonstra como o papel do juiz deve ser analisado sob a perspectiva do experimentalismo institucional, pontuando a necessidade de que essa análise seja invariavelmente orientada pelas concepções de que a sociedade é um artefato humano e, portanto, de que tudo é política

A proposta ampla, portanto, deste livro, comina em um meio de aceleração da democracia pelo modo transformativo, que dispensa momentos de crise e supera os arranjos tradicionais de políticos profissionais, consistindo, realmente, na imaginação institucional como força motriz dos rearranjos das instituições e dos discursos sociais.

Para fundamentar empiricamente as suas ponderações teóricas, este livro traz para o leitor uma ampla contextualização histórica, narrada com desenvoltura, sobre o desenvolvimento do sistema federativo tanto nos Estados Unidos da América como no Brasil pós-Constituição de 1988, apontando as peculiaridades de cada um dos sistemas e os diferentes momentos em que passaram.

Dessa análise fica bastante clara a posição do autor no sentido de que as inovações devem sempre ser estimuladas no contexto de Estados Federados e que devem ser incentivadas a ocorrer no âmbito dos entes da Federação, tendo em vista a possibilidade de controle de transformações desvantajosas e de replicação nacional no caso de experiências positivas.

Com efeito, depois de toda a digressão histórica realizada e a detida análise jurisprudencial e doutrinária, é precisa a pontuação do autor quanto à necessidade de que sejam estabelecidas barreiras claras e precisas para a aplicação do denominado Princípio da Simetria, para que não haja o reconhecido esvaziamento da autonomia e liberdade de auto-organização dos entes da federação.

Isto significa, portanto, que a premência de regulamentação do Princípio da Simetria se trata de medida indispensável para estimular o experimentalismo institucional e permitir a derrubada de um demonstrado bloqueio a ideias inovadoras que possam estar presentes e consistirem em verdadeira oportunidade transformadora.

Enfim, sem a pretensão de avançar ou antecipar a pormenorizada análise realizada por José Guimarães Mendes Neto, é inequívoco que o leitor tem em mãos uma fundamentada e agradável defesa da auto-organização dos entes federativos.

Para tanto, sustenta-se no estímulo ao experimentalismo institucional por meio da aplicação regulada do Princípio da Simetria, de modo que não comprometa injustificadamente a autonomia dos Estados da Federação e iniba o potencial de transformações positivas para a democracia e orientadas pelo cidadão.

Boa leitura.

Rodrigo de Bittencourt Mudrovitsch
Doutor em Direito - USP/SP

APRESENTAÇÃO

Esta dissertação, agora em formato de livro, possui o objetivo de analisar como o desentrincheiramento do sistema de competências, a partir do regramento do princípio da simetria, pode favorecer um experimentalismo constitucional positivo dos Estados Membros. Para tanto, cuida-se, inicialmente, do desenvolvimento didático da teoria do experimentalismo sob a ótica de Roberto Mangabeira Unger para que, com isso, observe-se a importância de se construir um texto normativo cada vez mais experimentalista-democrático e para que haja um reforjamento da análise jurídica racionalizadora a fim de servir como instrumento de aceleração democrática. Posteriormente, o objetivo volta-se a abordar as particularidades de um modelo de Estado Federal para destacar a importância da garantia da autonomia dos entes federados e da necessidade do não esvaziamento deste exercício. Por fim, dedica-se a conceituar o princípio da simetria constitucional de acordo com a doutrina e a jurisprudência, bem como relacionar com o exercício da autonomia dos Estados Membros na federação brasileira para fins de saber se a irrestrita aplicação do princípio da simetria, pelo Supremo Tribunal Federal, seria fator de esvaziamento ou de preservação do exercício da autonomia dos entes federados. Ademais, buscar-se-á também confirmar se o princípio da simetria estaria sendo um fator de esvaziamento de experimentalismos democráticos pelos Estados Membros. O presente trabalho ateve-se não só à perspectiva doutrinária a respeito do tema de estudo, mas também confere atenção a todo conjunto jurídico-normativo correspondente e pela jurisprudência brasileira.

LISTA DE ABREVIATURAS E SIGLAS

ADI – Ação Direta de Inconstitucionalidade
AL – Alagoas
AM – Amazonas
AP – Amapá
Art. – Artigo
CE – Ceará
CF – Constituição da República Federativa do Brasil de 1988
DF – Distrito Federal
ES – Espírito Santo
GO – Goiás
MA – Maranhão
MT – Mato Grosso do Sul
MG – Minas Gerais
PA – Pará
PR – Paraná
PB – Paraíba
PI – Piauí
RN – Rio Grande do Norte
RS – Rio Grande do Sul
RJ – Rio de Janeiro
RE – Recurso Extraordinário
RG – Repercussão Geral
RO – Rondônia
SP – São Paulo
SC – Santa Catarina
SE – Sergipe
STF – Supremo Tribunal Federal
TO – Tocantins

SUMÁRIO

LISTA DE GRÁFICOS

Capítulo 1

INTRODUÇÃO

Sabe-se que o Estado Federal é uma dentre as formas de repartição geográfica de poder político em razão de determinado âmbito territorial[1]. Especificamente, no caso do federalismo brasileiro, tem-se que este é caracterizado por centrífugo, considerando a perspectiva histórica de como este modelo passou a ser adotado e por qual acabou perpassando[2].

Outro fator de peculiaridade e complexidade do federalismo brasileiro dá-se pela forma na qual o sistema de repartição de competências é adotado. Para José Alfredo de Oliveira Baracho[3], a previsão constitucional de repartição de competências e a participação dos Estados Membros na vontade geral são características essenciais para a configuração do Estado Federal.

A repartição de competências, sob a ótica da Constituição Federal de 1988, possui como objetivo assegurar a coexistência harmoniosa entre o ordenamento federal, estadual e, em específico no caso brasileiro, dos ordenamentos locais oriundos dos Municípios. Por consequência dessa repartição de competências que se tem o exercício da autonomia conferido aos Estados Membros como um elemento essencial para a configuração do Estado Federal, haja vista que, nos outros modelos de Estado, coisa igual não é prevista[4].

---

1. MENDES, Gilmar Ferreira; BRANCO, Paulo Gustavo Gonet. **Curso de direito constitucional.** 12. ed. São Paulo: Saraiva, 2017. p. 728-9

2. MENDES, Gilmar Ferreira; BRANCO, Paulo Gustavo Gonet. **Curso de direito constitucional.** 12. ed. São Paulo: Saraiva, 2017.p. 728.

3. BARACHO, José Alfredo de Oliveira. **Teoria geral do federalismo**. Rio de Janeiro: Forense, 1986. p. 24-5.

4. HORTA, Raul Machado. **Direito constitucional**. 5ª edição revisada e atualizada por Juliana Campos Horta. Belo Horizonte: Del Rey, 2010. p. 329.

Desta feita, o artigo 25 da Carta Magna é bem claro quando disciplina que aos Estados Membros é permitido organizarem-se e regerem-se por Constituição e legislação própria, observados os princípios do texto normativo federal de 1988. Contudo, não deixa claro sobre quais princípios está mencionando, razão pela qual fica um campo bem amplo a ser preenchido pela jurisdição constitucional no que diz respeito à definição dos limites da autonomia estadual.

Quando do exercício da jurisdição constitucional, o que se verifica é sua forte tendência em favor do princípio da simetria constitucional em detrimento da autonomia dos Estados Membros. No entanto, a simetria não deveria significar abolição completa do exercício da autonomia dos entes federados, ou seja, não poderia ser aplicada de maneira absoluta e como se inconteste fosse.

No tangente a esse propósito, cuidou, especialmente o Supremo Tribunal Federal, de definir as dimensões da autonomia dos Estados Membros transversalmente ao reconhecimento do que se chama de simetria constitucional. Em razão disso, este trabalho debruça-se sobre o seguinte problema: como o desentricheiramento do sistema de competências, a partir do regramento da simetria, pode favorecer um experimentalismo constitucional positivo nos Estados Membros?

Sabe-se que os elementos caracterizadores de um Estado Federal não são indispensáveis a ponto de terem de se fazer presentes em todos os Estados Federais. Todavia, alguns acabam sendo comuns em todas as Federações, tais como a autonomia dos entes federados e as suas devidas capacidades. Assim, é intrínseca ao modelo de Estado Federal a ausência de soberania dos entes federados, razão pela qual é justificável a limitação de seus poderes[5]. Contudo, como dito, a interpretação dada a essa limitação é amplamente imprecisa o que, por sua vez, pode acabar fazendo dos Estados Membros meros reprodutores de normas.

Como consequência, os Estados Membros acabam sendo impedidos também de figurarem como laboratórios legislativos que permitem um experimentalismo positivo. Isto é, os Estados Membros deixam

---

5. AMORIM, Rafael Botelho de Castro. **O princípio da simetria na atual jurisprudência do Supremo Tribunal Federal.** 2010. Disponível em: http://documents.jdsupra.com/54b60c8f-db02-4ae8-bf97-4de33d1cb693.pdf. Acesso em: 19 de março de 2015. p. 01-13.

de servir como formidáveis partícipes no desenvolvimento nacional e de atuarem positivamente na construção de exitosas experiências que, por vezes, poderiam vir a ser adotadas por outros Entes e, quiçá, por todo território nacional.

Destarte, em razão de essa limitação ser consideravelmente vaga e imprecisa, a autonomia dos entes federados poderia ser esvaziada, bem como pode comprometer todo o sistema de repartição de competências adotado pelo Brasil, transformando, portanto, o texto legal de simples e rico caráter teórico, em pobre e de inexistente observância prática.

Desta feita, a relevância temática do presente trabalho é manifesta tanto no âmbito científico quanto no âmbito social. No científico, porque coloca em cheque o modelo de Estado Federal e, sobretudo, sua característica essencial da autonomia dos entes federados. No social, porque, dentre as consequências do esvaziamento da autonomia dos entes federados, tem-se o enfraquecimento direto da própria democracia.

Assim sendo, o trabalho foi estruturado em três capítulos, cada um condizente com cada parcela de enfrentamento do problema de pesquisa.

O primeiro capítulo dedicar-se-á a análise teórica da base do raciocínio de Roberto Mangabeira Unger sobre o experimentalismo institucional e da importância do mesmo para o aprimoramento da democracia e do direito, especialmente do direito constitucional. O propósito é desenvolver de maneira didática o raciocínio teórico de Unger e a forma sobre a qual pode vir a ser adotado para construção de um texto normativo cada vez mais experimentalista-democrático combinado com o abandono da forma de análise jurídica dominante, qual seja a racionalizadora.

Para isso, este capítulo foi desbravado em outras três partes: na primeira, serão analisados os postulados filosóficos que sustentam o raciocínio experimentalista de Unger, quais sejam, a da "sociedade como artefato humano" e de que "tudo é política"; no segundo, destacar-se-á a crítica à forma dominante de pensar o direito e a necessidade do reforjamento da análise jurídica para que sirva como ferramenta experimentalista direcionada à aceleração da democracia; na terceira parte, trabalhar-se-á com o tema do experimentalismo democrático/institucional/constitucional só sob a ótica do Supremo Tribunal

Federal, para fins de avaliar quais matérias e sobre quais fundamentos a Corte utilizou-se do tema como argumentação para suas decisões.

O segundo capítulo do trabalho partirá da ideia da presença do Estado na vida em sociedade, considerando a premissa de sua responsabilidade para garantia de direitos fundamentais constitucionalmente previstos e de, consequentemente, proporcionar bem-estar à comunidade civil. Desta feita, o objetivo do capítulo será apresentar as particularidades de um modelo de Estado Federal, com foco no modelo brasileiro.

Para tal finalidade, dividiu-se o capítulo em seis partes: na primeira parte, desenvolveu-se a construção teórica sobre os fundamentos que se deram para criar um Estado Político e, consequentemente, o abandono do Estado de Natureza; na segunda parte, trabalhar-se-á o contexto histórico dos Estados Unidos da América e a sua passagem do modelo confederativo para o federativo de Estado, o que, por sua vez, acabou sendo inspiração para as demais nações; na terceira, destacar-se-ão os modelos de Estado e suas características pormenorizadamente; no quarto, tratar-se-á da concepção do federalismo e do sistema de repartição de competências adotado no Brasil na Constituição de 1988, destacando seu processo histórico e a formação atual; na quinta parte, abordar-se-ão os entes federativos, especificamente os Estados Membros e a importância destes para o federalismo, sobretudo, no que toca a íntegra preservação e exercício de suas capacidades de autonomia; na sexta parte, desenvolver-se-á mais sobre a autonomia, especificadamente a capacidade da auto-organização conferida aos Estados Membros, ou seja, a possibilidade dos mesmos organizarem-se por Constituição própria. Nesse ponto, o foco é para o esvaziamento desta.

Por fim, uma vez circunscrito sobre o experimentalismo democrático e sobre as particularidades de um estado federalizado, necessário se faz, passar para a análise pormenorizada do princípio da simetria e sua consequência e relação para com o federalismo brasileiro e para com o experimentalismo.

Desta feita, no terceiro capítulo, dedicar-se-á à análise conceitual sobre o que definitivamente deve ser compreendido por princípio da simetria constitucional e, por ventura, sua relação para com o exercício da autonomia dos Estados Membros na federação brasileira, em especial, quanto à capacidade de auto-organização destes.

Assim, o capítulo estará subdividido em três partes. Na primeira, trabalhar-se-á especificamente com o conceito de princípio da simetria sob duas perspectivas: a jurisprudencial e a doutrinária. Na jurisprudencial, far-se-á uma análise quantitativa e qualitativa de decisões do STF, filtradas pelos termos de pesquisa "princípio" e "simetria", para, com isso, visualizar o conceito deste princípio de acordo com o próprio Supremo Tribunal Federal.

Na segunda parte, o objetivo de conceituar continua, só que sob a ótica da doutrina constitucional brasileira. Para tanto, terá como base principal, não únicas, as obras de Marcelo Labanca Corrêa de Araújo e Léo Ferreira Leoncy, vez que são os autores que trabalham com o tema com maior profundidade. No mais, ainda nesta parte, ter-se-á como objetivo relacionar o tema do princípio da simetria constitucional para com o exercício da autonomia dos entes federados, em especial dos Estados Membros, na federação brasileira. Ou seja, o objetivo será o de manifestar se o princípio da simetria, nos moldes aplicados no Brasil, estaria cumprindo mais a finalidade de preservação ou de esvaziamento da autonomia dos Estados Membros no contexto federativo brasileiro.

No mais, na terceira parte deste terceiro capítulo, buscar-se-á confirmar se o princípio da simetria seria um fator de não favorecimento de experimentalismos constitucionais pelos Estados Membros, razão pela qual seu regramento seria medida necessária para fins de fortalecer a autonomia conferida aos entes federados e, principalmente, para manter vivo no plano fático, e não só teórico, o modelo de Estado Federal sob a qual o Brasil propôs vivenciar na Carta Magna de 1988.

Capítulo 2

O EXPERIMENTALISMO INSTITUCIONAL SOB O VIÉS DE ROBERTO MANGABEIRA UNGER

2.1. PROPOSTA DO CAPÍTULO

Neste capítulo, dedica-se à análise teórica da base do raciocínio de Roberto Mangabeira Unger sobre o experimentalismo institucional e da importância da mesma para o aprimoramento da democracia e do direito – em especial, do direito constitucional.

Dessa forma, o presente capítulo tem como propósito desentrincheirar, didaticamente, o raciocínio teórico ungeriano, bem como a forma sobre a qual esta deverá ser adotada para fins de construir um texto constitucional democrático experimentalista combinado com o precípuo fundamento do abandono da forma de análise jurídica dominante.

Assim sendo, o objetivo então perpassa pela explicitação da base filosófica e jurídica que servirá como desígnio para o desenvolvimento do restante do trabalho e que, por consequência, servirá como base argumentativa para responder ao problema de pesquisa elaborado.

Para tanto, a parte inicial do trabalho será dividida em outras três. Na primeira, serão analisados os postulados filosóficos que servem de base para a compreensão do raciocínio experimentalista, que são a ideia da "sociedade como artefato humano" e de que "tudo é política".

Para o experimentalismo, segundo Mudrovitsch[1], "o principal papel da análise jurídica, deve ser informar a democracia sobre seus

---

1. MUDROVITSCH, Rodrigo. **Desentrincheiramento da jurisdição constitucional**. São Paulo: Saraiva, 2014. p. 63.

possíveis futuros alternativos. A meta é a aceleração democrática a partir do direito [...]". Em razão disso que, na segunda parte do capítulo, destaque será dado à parte central do raciocínio experimentalista, sobretudo, no que toca a esse raciocínio jurídico, uma vez que serão demonstradas as críticas do autor a forma dominante de pensar o direito, denominado de análise jurídica racionalizadora, bem como demonstrará a proposta por ele defendida, qual seja, a de reforjamento da análise jurídica para que sirva como ferramenta experimentalista direcionada ao fomento de uma acelerada democracia.

Desta feita, a intenção proposta é a de apresentar uma forma de adentrar determinados aspectos que possuem o domínio técnico como objeto prevalecente, como é o caso do direito e da análise jurídica. Assim, o questionamento proposto por Mangabeira e que aqui, tentar-se-á explicitar como mudar a análise jurídica dominante para assim ser concebido a esta aquilo que seria seu precípuo objetivo dentro de uma sociedade dita por democrática: a de informar a sociedade civil com a expectativa de se imaginar e debater futuros alternativos[2].

Na terceira parte, no presente capítulo, propõe-se a examinar o tema do experimentalismo institucional/democrático/constitucional no âmbito do Supremo Tribunal Federal e isso, por sua vez, dar-se-á em uma única perspectiva, qual seja, a de avaliar em quais temas e sobre quais fundamentos a Corte utilizou-se do tema como argumentação para suas decisões.

Por sua vez, o estudo das decisões selecionadas deu-se por meio de pesquisa no sítio eletrônico do Supremo Tribunal Federal, utilizando-se os termos de pesquisa "experimentalismo institucional" e seus sinônimos: "experimentalismo democrático" ou "experimentalismo constitucional". Desta, resultaram 6 (seis) decisões filtradas.

Destaca-se que a atualização das decisões findou no dia 28 de fevereiro de 2018, termo final da pesquisa, ao passo que o termo inicial foi a promulgação da Constituição Federal vigente, ou seja, desde o dia 05 de outubro de 1988.

---

2. UNGER, Roberto Mangabeira. **O direito e o futuro da democracia**. São Paulo: Boitempo, 2004. p. 09.

Dessa maneira, as 6 (seis) decisões selecionadas (Apêndice A) foram: a Ação Direta de Inconstitucionalidade 5.356/MS; a Ação Direta de Inconstitucionalidade 5.327/PR; a Ação Direta de Inconstitucionalidade 5.253/BA; a Ação Direta de Inconstitucionalidade 3.835/MS; a Ação Direta de Inconstitucionalidade 4.861/SC e a Ação Direta de Inconstitucionalidade 3.330/DF.

Isto posto, são esses os contornos que se pretende debruçar no presente capítulo, para assim, consolidar bases suficientes para a continuidade do trabalho proposto.

2.2. PRESSUPOSTOS FILOSÓFICOS DO RACIOCÍNIO EXPERIMENTALISTA UNGERIANO ("SOCIEDADE COMO ARTEFATO HUMANO" E "TUDO É POLÍTICA")

De acordo com Unger[3], a democracia seria um projeto bem mais valioso e que corresponde para além de um pluralismo partidário e de uma responsabilidade dos eleitos perante o eleitorado, isto é, corresponderia para proporcionar uma aliança entre o progresso material (isto é, "não basta ter liberdade para combinar produção, é necessário liberdade para recombinar ou substituir as instituições que definem as relações de troca e de produção" dando, portanto, "armas e asas aos nossos desejos") e a independência individual ("libertando dos esquemas triturantes de divisão e hierarquia social").

Todavia, essa aliança dependeria do experimentalismo prático, uma vez que ambos sujeitam as práticas sociais a um ajuste experimental em que haja sempre um avanço constante no sentido daquelas práticas que proporcionem encorajamento para que cada vez mais ocorram ajustes[4]. Ou seja, seria necessária uma ação para fins de emersão de um experimentalismo democrático, de uma política transformadora

3. UNGER, Roberto Mangabeira. **O direito e o futuro da democracia.** São Paulo: Boitempo, 2004. p. 16.

4. UNGER, Roberto Mangabeira. **O direito e o futuro da democracia.** São Paulo: Boitempo, 2004. p. 16-7.

da rotina social, pois, uma vez assim não acontecendo, a harmonia entre o progresso material e a independência individual não existiria[5].

Ocorre que o experimentalismo democrático possui como um de seus empecilhos o fetichismo estrutural e institucional.

Nas palavras de Unger[6], o fetichismo estrutural seria a negação a possibilidade de mudança da qualidade dos contextos formadores. Logo, um contexto formador de qualidade seria verificado por sua abertura a revisão e esta é avaliada na medida em que a distância entre as atividades reprodutoras de estruturas e as transformadoras de estruturas for reduzida. Isto é, a diminuição desta distância torna possível uma maior aliança do progresso material para com a independência individual, observa-se:

> Uma das teses centrais de *Política* é a de que todos os aspectos importantes da autonomia ou da autoafirmação humana dependem do nosso sucesso em reduzir a distância entre as rotinas preservadoras do contexto e os conflitos transformadores do contexto. Baseiam-se na nossa capacidade de inventar instituições e práticas mais propícias àquela liberdade de rever contextos que oferece à visão explicativa de *Política* seus problemas e oportunidades[7].

O fetichismo institucional, por sua vez, seria a crença de que as instituições abstratamente pensadas teriam unicamente uma só versão. Consiste na "identificação inibidora e injustificada de concepções institucionais abstratas, como a democracia representativa e a economia de mercado, com um conjunto específico e contingente de estruturas

---

5. GODOY, Arnaldo Moraes. **Notas para uma introdução ao pensamento de Roberto Mangabeira Unger.** Disponível em: <http://www.robertounger.com/pt/wp-content/uploads/2017/01/notas-para-introducao-unger.pdf>. Acesso em: 02 de fevereiro de 2018. 2017. p. 07-8.

6. UNGER, Roberto Mangabeira. **Política**: os textos centrais. São Paulo: Boitempo; Santa Catarina: Editora Argos, 2001. p. 14-5.

7. UNGER, Roberto Mangabeira. **Política**: os textos centrais. São Paulo: Boitempo; Santa Catarina: Editora Argos, 2001. p. 29.

institucionais" em que o seu afastamento dependeria de um trabalho conjunto envolvendo cientistas e críticos sociais[8].

Unger[9] exemplifica o fetichismo institucional com a "história mítica da democracia" e a "história mítica dos direitos privados". No primeiro exemplo, por ser contrário a essa história mítica, Unger persiste para que sejam vistos como acidentais "os dispositivos institucionais das democracias representativas contemporâneas e das economias de mercado" (vide, como exemplo, o constitucionalismo liberal). No segundo exemplo, contrário a essa visão mítica dos direitos privados, defende que a "economia de mercado não encerra um conteúdo jurídico e institucional predeterminado", razão pela qual se dedica para o desenvolvimento de alternativas de sistemas institucionais que não a propriedade e o contrato.

Em consonância, Rodrigo Mudrovitsch[10] discrimina que o fetichismo em seu aspecto institucional, "é definido como crença de que concepções institucionais abstratas teriam expressão natural única", enquanto que, em seu aspecto estrutural representaria "a negação da possibilidade de que a qualidade das instituições sociais seja alterada".

Esses fetichismos conduzem para uma noção da tese de convergência em que se busca favorecer um conjunto único de melhores práticas que foram adotadas por todo o mundo. Portanto, a tese da convergência entende que a evolução das instituições no mundo contemporâneo está intimamente ligada à sobrevivência desses pós sucessivos atos de tentativa e erro, de virem conciliar a liberdade política e segurança social com a prosperidade econômica[11].

Ou seja, a tese da convergência significaria tendência majoritária de se defender que o progresso do mundo perpassaria pela aproximação, por tentativa e erro, das únicas formas institucionais que se

---

8. UNGER, Roberto Mangabeira. **O direito e o futuro da democracia**. São Paulo: Boitempo, 2004. p. 17-8.

9. UNGER, Roberto Mangabeira. **O direito e o futuro da democracia**. São Paulo: Boitempo, 2004. p. 15-6.

10. MUDROVITSCH, Rodrigo. **Desentrincheiramento da jurisdição constitucional**. São Paulo: Saraiva, 2014. p. 24.

11. UNGER, Roberto Mangabeira. **O direito e o futuro da democracia**. São Paulo: Boitempo, 2004. p. 18-9.

mostraram apropriadas em gerar um sentimento de sucesso[12]. Inclusive, seria no fomento a esta tese que se proporcionaria a persuasiva e implicitamente "respeitabilidade pseudocientífica" aos fetichismos[13].

As teses do fetichismo institucional e estrutural e da convergência produzem consequências "dramáticas" para a democracia por, basicamente, quatro motivos: a) por proporcionar a desaceleração da democracia; b) porque a combinação de ambas faz com que as diferenças entre democracias sejam extintas em busca de uma maior adesão às práticas e instituições projetadas pelos países com maior influência pelo mundo; c) porque ambas direcionam a reinvenção da democracia pela política tão somente quando da ocorrência de momentos de crises; d) porque ao homem é intrínseco um poder de reinventar e refazer a sociedade que transcende a qualquer coisa[14].

Objeções são feitas especialmente quanto à tese da convergência e estas circundam em duas principais, quais sejam: que ininterruptamente se tem meios institucionais alternativos para o implemento de objetivos práticos; que não se pode dissociar "os contornos prático e espiritual da nossa civilização", uma vez que ao escolhermos determinado conjunto de instituições preterindo outras também estamos escolhendo certa forma de vida e de relacionamento para com as outras pessoas[15].

No mais, a tese da convergência ainda é capaz de reforçar o projeto político com atual influência, sobretudo na parcela do mundo em desenvolvimento, qual seja, o neoliberalismo.

O equívoco do neoliberalismo, por sua vez, reside "na sua racionalização retrospectiva, que também opera sérios efeitos no âmbito da análise jurídica, notadamente no que diz respeito ao direito constitucional"[16]. A respeito disso, Mangabeira Unger pontua:

---

12. MUDROVITSCH, Rodrigo. **Desentrincheiramento da jurisdição constitucional**. São Paulo: Saraiva, 2014. p. 24.

13. UNGER, Roberto Mangabeira. **O direito e o futuro da democracia**. São Paulo: Boitempo, 2004. p. 18.

14. MUDROVITSCH, Rodrigo. **Desentrincheiramento da jurisdição constitucional**. São Paulo: Saraiva, 2014. p. 26.

15. UNGER, Roberto Mangabeira. **O direito e o futuro da democracia**. São Paulo: Boitempo, 2004. p. 19.

16. MUDROVITSCH, Rodrigo. **Desentrincheiramento da jurisdição constitucional**. São Paulo: Saraiva, 2014. p. 40.

> O neoliberalismo é o programa de estabilização macroeconômica sem prejuízo aos credores internos e externos do Estado; de liberalização, entendida mais estreitamente como a aceitação da concorrência internacional e a integração no sistema de comércio mundial, e mais amplamente como a reprodução do direito tradicional dos contratos e de propriedade do Ocidente; de privatização, significando a retirada do Estado da produção e, no lugar disso, sua dedicação a responsabilidades sociais; e do desenvolvimento de redes de segurança sociais criadas para compensar, retrospectivamente, os efeitos desniveladores e desestabilizadores da atividade de mercado.[17].

Porém, há que se destacar que a crítica do Mangabeira ao neoliberalismo não necessariamente denota que o mesmo adere a uma teoria esquerdista. O próprio define-se como supraliberal, isto é, defende o enfrentamento contra o neoliberalismo, considerando sua ameaça para a consolidação de experimentalismos democráticos. Desse modo, entende que ao neoliberalismo deve ser lançado unicamente um olhar de reconhecimento por ter sido um momento político de relevância, sem, para isso, ser necessário fomentar o apego desmedido ao mesmo, uma vez que assim fazendo nada mais significaria do que um louvor as políticas congeladas[18].

Esse projeto neoliberal possui equivalência ainda nas democracias industriais subdivididas de duas formas: na primeira, há repulsa e hostilidade quanto à atuação estatal nos assuntos de economia ou que envolve direitos sociais dos trabalhadores; na segunda, há uma versão de socialdemocracia que toma proporções cada vez maiores[19].

O pensamento socialdemocrata vem ser representado pela tradição da Constituição de Weimar, e esta, por sua vez, como observado, é uma

---

17. UNGER, Roberto Mangabeira. **O direito e o futuro da democracia**. São Paulo: Boitempo, 2004. p. 19-20.

18. MUDROVITSCH, Rodrigo. **Desentrincheiramento da jurisdição constitucional**. São Paulo: Saraiva, 2014. p. 24-5.

19. UNGER, Roberto Mangabeira. **O direito e o futuro da democracia**. São Paulo: Boitempo, 2004. p. 20.

das tradições adotadas pelo Brasil e precisa ser abandonada. Esse pensamento não só se preocupa com a constitucionalização de ideias sociais e econômicas, nada, portanto, com a materialização efetiva disso[20].

Enquanto característica, tem-se: um compromisso para com um formato estatal que se preocupa com o investimento no ser humano e, por consequência, defende a ideia de um Estado de bem-estar; um anseio por economia de mercado liberta de qualquer regulação em desfavor da inovação econômica – essa característica estaria em conjunto com a participação do povo nos governos e organizações sociais locais – por fim, seria a socialdemocracia adepta de um institucionalismo conservador[21].

Destarte, essa versão socialdemocrata alimenta a ideia de que as mudanças jurídico-institucional e social apenas ocorreriam em momentos excepcionais advindos, sobretudo, de períodos caóticos. Assim, restaria como propósito do pensamento jurídico e da economia política tão somente a sistematização e a completude para o futuro do que de bom ou criativo fora criado durante esse período[22].

Contudo, essa ideia de mudanças em momentos de crise possui defeitos que ajudam a fortalecer o fetichismo estrutural e institucional em desfavor do pensamento democrático. Primeiro porque a relação entre crise e momento reconstrutivo altera-se no decorrer da história. Segundo por consistir no fato de que a experiência reconstrutiva não se trata de algo de difícil acesso. Terceiro porque o momento calmo subsequente ao período revolucionário não é tão rotineiro quanto, provavelmente, pode parecer[23].

No caso específico do Brasil, não se pode contar com as crises como propulsoras de mudanças, pois internamente as instituições

---

20. UNGER, Roberto Mangabeira. **A constituição do experimentalismo democrático**. Revista de Direito Administrativo, Rio de Janeiro, v. 257. p. 57-72, maio/ago. 2011. p. 64-5.

21. UNGER, Roberto Mangabeira. **O direito e o futuro da democracia**. São Paulo: Boitempo, 2004. p. 20.

22. UNGER, Roberto Mangabeira. **O direito e o futuro da democracia**. São Paulo: Boitempo, 2004. p. 32-3.

23. UNGER, Roberto Mangabeira. **O direito e o futuro da democracia**. São Paulo: Boitempo, 2004. p. 33.

devem fazer esse papel. Assim, estas devem ser reorganizadas para fins de que a transformação tome impulso internamente e, portanto, independa de circunstâncias externas favorecedoras, tais como as crises. Com isso, a transformação experimentalista visa amortecer o vínculo outrora existente entre mudanças e crises[24].

O experimentalista democrático não se prende aos momentos de crises para as reconstruções institucionais, é preciso sempre fazer com que essa fase independa cada vez mais dos períodos abruptos aos quais a versão socialdemocrata ajuda a alimentar. Isto é, o abandono e o enfraquecimento da política, das diferenças socioculturais e do experimentalismo democrático representa o aprisionamento do homem para as ideias novas e de tom inovador que estiverem ao seu alcance, independente de momentos abruptos[25].

Assim sendo, a saída seria pelo engrandecimento da condição humana para que o homem não se limite às conjunturas institucionais e socioculturais existentes e, assim, possa praticar o pensamento constante da sociedade para fins de inovação e reinvenção da realidade posta. Porém, há que adaptar as instituições e o discurso humano para que sirvam à imaginação e não somente a reprodução de discursos e posturas de autoridade, bem como para sua continuidade ser no sentido de adquirir condições de antecipações das crises[26].

O desenvolvimento dessa ideia experimentalista depende, portanto, de práticas constantes de imaginação institucional. Para tanto, duas versões são consideradas essenciais: a economia política e a análise jurídica. Ambas serviriam para o propósito de instrumentalização efetiva do experimentalismo democrático.

Todavia, antes de tratar da análise jurídica e sobre como a mesma serviria em favor do experimentalismo democrático, é imperioso estabelecer especificamente os pressupostos filosóficos primordiais

---

24. UNGER, Roberto Mangabeira. **A constituição do experimentalismo democrático**. Revista de Direito Administrativo, Rio de Janeiro, v. 257. p. 57-72, maio/ago. 2011. p. 61-2.

25. MUDROVITSCH, Rodrigo. **Desentrincheiramento da jurisdição constitucional**. São Paulo: Saraiva, 2014. p. 26.

26. MUDROVITSCH, Rodrigo. **Desentrincheiramento da jurisdição constitucional**. São Paulo: Saraiva, 2014. p. 26-7.

de sustentação do raciocínio ungeriano, quais sejam: o da "sociedade como artefato humano" e o "tudo é política".

Na modernidade, o pensamento social originou-se defendendo que a sociedade era feita e imaginada, ou seja, era um artefato humano. Inclusive a doutrina jurídica moderna atua inspirando a sociedade a se transformar em conflito transformador, ou seja, existe em um contexto em que a sociedade passa a ser entendida como feita e imaginada e não como algo meramente dado[27].

Portanto, o pressuposto da sociedade como artefato humano advém da concepção de que a sociedade em si não seria produto de vontades divinas, ou seja, de uma "suposta ordem natural oculta", mas sim das próprias liberdades e arbítrios da sociedade[28].

Esse pressuposto inspirou várias doutrinas e estas ficaram diante da promessa a ser cumprida de construção de uma sociedade onde a autonomia individual e coletiva poderia dissociar as relações práticas e de paixão dos papéis e hierarquias rígidos, ou seja, libertar a "experiência subjetiva de um roteiro previamente imposto". Ocorre que "ninguém ainda levou ao limite a ideia da sociedade como artefato"[29].

Dessa forma, a teoria de Unger busca voltar-se sempre para a perspectiva de direcionamento ao futuro olvidando-se de um olhar ao passado, uma vez ser este um apego irrestrito e desnecessário a uma estagnada política.

Ato contínuo, o autor critica a tendência contemporânea de uma ciência da história voltada ao empecilho da ideia de uma sociedade como artefato humano, ou seja, de uma sociedade que, em constância, poderia avançar continuamente[30].

Desse modo, podem-se resumir os objetivos de Unger em basicamente dois: 1) o de fazer com que seja considerada fielmente a

---

27. UNGER, Roberto Mangabeira. **The critical legal studies movement.** Harvard Law Review. v. 96. p. 563-675, jan. 1983. p. 579.

28. MUDROVITSCH, Rodrigo. **Desentrincheiramento da jurisdição constitucional**. São Paulo: Saraiva, 2014. p. 20.

29. UNGER, Roberto Mangabeira. **Política**: os textos centrais. São Paulo: Boitempo; Santa Catarina: Editora Argos, 2001. p. 25.

30. MUDROVITSCH, Rodrigo. **Desentrincheiramento da jurisdição constitucional**. São Paulo: Saraiva, 2014. p. 23.

concepção de que a sociedade é produto da imaginação humana dela mesmo pertencente, fazendo com que tudo seja política; 2) defender e alvitrar propostas no sentido de que se acelere e intensifique a democracia e, do mesmo modo, fortaleça a humanidade[31].

Como já mencionado, para que isso ocorra alguns adversários precisam ser eliminados, dentre eles, o fetichismo estrutural e institucional e a tese da convergência. A apreensão da sociedade como artefato humano seria necessária não só para a superação dos obstáculos mencionados como para interromper o projeto do neoliberalismo, uma vez considerado entrave consubstancialmente ameaçador para o experimentalismo democrático[32].

Unger, então, defende a teoria social antinecessitária. Uma teoria que rejeita a ciência social positivista e as teorias sociais de estrutura profunda. Rejeita a primeira por considerar irrelevante a distinção entre contextos formadores e rotinas formadas. Rejeita a segunda, pois, embora considere relevante o contraste entre os contextos formadores e as rotinas formadas, submete-se a premissas transcendentes que limitam a possibilidade de mudanças, o que, portanto, vai de encontro à concepção ungeriana do experimentalismo institucional, uma vez que esta não só defende a distinção entre contexto e rotina como importa-se com a não restrição as possibilidades de mudanças[33].

Uma vez compreendido o pressuposto filosófico da "sociedade como artefato humano", mais fácil passa a ser o entendimento quanto ao segundo pressuposto da teoria ungeriana, qual seja, o de que "tudo é política".

O referido pensamento de que tudo é política pode ser desenvolvido em duas diferentes direções, nas quais ambas oferecem respostas aos problemas sociais e bem além do que a ciência social positivista e a teoria da análise de estrutura profunda fazem ou podem fazer. A primeira direção é a da superteoria. Quanto a esta, veja-se:

---

31. MUDROVITSCH, Rodrigo. **Desentrincheiramento da jurisdição constitucional**. São Paulo: Saraiva, 2014. p. 24.

32. MUDROVITSCH, Rodrigo. **Desentrincheiramento da jurisdição constitucional**. São Paulo: Saraiva, 2014. p. 24.

33. MUDROVITSCH, Rodrigo. **Desentrincheiramento da jurisdição constitucional**. São Paulo: Saraiva, 2014. p. 29.

> A visão oferecida mostra como explicações gerais no estudo histórico e social podem prescindir da concepção de tipos repetíveis e indivisíveis de organização social, enquanto, por outro lado, especifica restrições ao que pode ser combinado com o que, dentro de uma estrutura única. Oferece também um relato de criação de contexto, até mesmo da possibilidade de mudança cumulativa do caráter e do conteúdo de nossas estruturas[34].

A direção da superteoria não sustenta uma lógica evolutiva histórica-mundial, tampouco um arcabouço de critérios sobre os quais qualquer mundo social existente e possível tenha que consequencialmente vir a cumprir.

Por outro lado, a segunda direção é a da ultra teoria. Nesta, há uma rejeição a explicações abstratas e sistemáticas, bem como há a defesa por uma não adesão ao desenvolvimento de um sistema teórico, haja vista o fato de que a ultra teoria define-se como um conjunto de práticas intelectuais que independe de um sistema abrangente explicativo, tampouco é conciliável a qualquer sistema semelhante[35].

Assim sendo, o pressuposto de que tudo é política vem para confirmar a compreensão de que a atividade da sociedade não segue manuais pré-redigidos. O experimentalismo institucional é claro na sua rejeição em desfavor de teorias que aceitam uma racionalização do passado por meio de uma atividade prática da política congelada. O experimentalismo ungeriano tem os olhos voltados para o futuro e o seu resultado representa mera política e não, portanto, qualquer pretexto de imobilidade ou de "última palavra em termos de arcabouço social"[36].

Portanto, na contramão da atividade política congelada, a tese de Unger propõe a aceleração democrática. O mesmo diferencia essa

---

34. UNGER, Roberto Mangabeira. **Política**: os textos centrais. São Paulo: Boitempo; Santa Catarina: Editora Argos, 2001. p. 100.

35. UNGER, Roberto Mangabeira. **Política**: os textos centrais. São Paulo: Boitempo; Santa Catarina: Editora Argos, 2001. p. 101.

36. MUDROVITSCH, Rodrigo. **Desentrincheiramento da jurisdição constitucional**. São Paulo: Saraiva, 2014. p. 30.

aceleração em dois tipos e propõe um terceiro, que considera adequado ao experimentalismo institucional. O primeiro tipo é a política excepcional e revolucionária, ou seja, aquela conduzida por alguma simbologia pessoal que energiza as maiorias para mudanças institucionais em momentos de crises democráticas. O segundo, é a política normal e marginal, isto é, caracteriza-se por "ajustes redistributivos entre políticos profissionais e grupos de interesse geralmente representativos de parcelas minoritárias das populações"[37].

O terceiro tipo seria o transformativo. Nele haveria completa dispensa da crise enquanto fator de fomento para mudanças institucionais, isto é, o rearranjo das instituições e dos discursos sociais aconteceria corriqueira e gradualmente. Desse modo, a força motriz da transformação sairia dos momentos de crises e passaria para a imaginação institucional[38].

Uma vez esse pressuposto sendo aplicado, sua implicação seria a retirada da dormência das democracias atuais com a energização da prática política. Porém, de acordo com o experimentalismo institucional, o caminho para tanto necessita de forte engajamento político e cada vez mais sociedades civis organizadas[39].

Todavia, questiona-se de que maneira o experimentalismo institucional ajudaria na transição do estado de acomodação das atuais democracias para um momento de aceleração democrática.

Nesse ponto, Unger apresenta cinco passos, observa-se:

> [...] a) a garantia de que governos possuam elementos humanos e financeiros aptos a permitir a emancipação econômica e intelectual dos cidadãos comuns; b) o comprometimento desses governos (e de toda a sociedade) com o fortalecimento das dotações econômicas e intelectuais dos cidadãos comuns; c) a democratização da economia de mercado; d)

---

37. MUDROVITSCH, Rodrigo. **Desentrincheiramento da jurisdição constitucional**. São Paulo: Saraiva, 2014. p. 31.

38. MUDROVITSCH, Rodrigo. **Desentrincheiramento da jurisdição constitucional**. São Paulo: Saraiva, 2014. p. 31.

39. MUDROVITSCH, Rodrigo. **Desentrincheiramento da jurisdição constitucional**. São Paulo: Saraiva, 2014. p. 31.

> o comprometimento maior do governo com democracia energizada que conte com mais expressão política popular e encoraje a prática mais frequente de reformas institucionais; e e) a organização da sociedade civil[40].

Unger destaca ainda que o pressuposto da transição seria a aliança entre a classe pobre, a classe média trabalhadora e os profissionais dos setores de vanguarda da economia, entretanto, entende ser tarefa difícil por conta da não facilidade de se impor o requisito essencial para tanto, qual seja, a solidariedade[41].

Quanto ao programa de transição, destaque importante é o fato de não se observar qualquer papel relevante ofertado ao Poder Judiciário, ou seja, não há dito em momento algum que o sustentáculo da transição de uma democracia não acelerada para uma acelerada necessitaria de atuação jurisdicional que efetivasse direitos fundamentais[42].

Mangabeira Unger não concorda com a positivação abstrata de direitos fundamentais que transforma todos em titulares de maneira independente da contextualização, tampouco acredita que o Poder Judiciário pode vir a servir para engajar politicamente a sociedade desorganizada ou ajudar na solidariedade necessária entre as três classes para que haja a energização social[43].

Contudo, o direito possui um papel nesse caminhar para a aceleração democrática e este, por sua vez, será tratado de forma detalhada de dois modos no próximo capítulo. Primeiro, tratar-se-á sobre o formato tradicional e contemporâneo da análise jurídica – denominada por Unger como análise jurídica racionalizadora – e críticas serão discriminadas a este formato. Em sequência, enquanto proposição tratar-se-á a ideia de Unger de um papel do direito e

---

40. MUDROVITSCH, Rodrigo. **Desentrincheiramento da jurisdição constitucional**. São Paulo: Saraiva, 2014. p. 34.

41. MUDROVITSCH, Rodrigo. **Desentrincheiramento da jurisdição constitucional**. São Paulo: Saraiva, 2014. p. 35.

42. MUDROVITSCH, Rodrigo. **Desentrincheiramento da jurisdição constitucional**. São Paulo: Saraiva, 2014. p. 35-6.

43. MUDROVITSCH, Rodrigo. **Desentrincheiramento da jurisdição constitucional**. São Paulo: Saraiva, 2014. p. 36.

de uma análise jurídica que venha a servir como instrumento para experimentalismos institucionais.

2.3. O ABANDONO DA TRADICIONAL ANÁLISE JURÍDICA DOMINANTE E DA SUA NECESSÁRIA RECRIAÇÃO PARA FINS DE EXPERIMENTALISMOS INSTITUCIONAIS

Segundo Mangabeira Unger[44] a análise jurídica necessita ser reorientada para que sejam evocados compromissos experimentalistas e democráticos. Isto é, a partir do momento que se aprofunda o conhecimento acerca da análise jurídica, mais forte passa a ser a percepção da necessidade de seu reforjamento para que, assim, sirva como ferramenta que alimente a imaginação, o experimentalismo institucional e possa combater constrangimentos impostos por superstições e estruturas institucionais.

Com isso, os dois pressupostos filosóficos do raciocínio ungeriano são trazidos ao campo jurídico para fins de que assim a análise jurídica sirva ao experimentalismo institucional. Contudo, as consequências são incontestes no que toca à teoria jurídica, sobretudo quanto ao âmbito do direito constitucional[45].

Preliminarmente, a tradição do direito constitucional é fortemente criticada por Mangabeira, haja vista o fato de o mesmo considerar que esta não favorece um pensamento jurídico voltado para o exercício da imaginação institucional, tampouco fortalece a democracia. Aduz que essa tradição advém de outras duas maiores, quais sejam, a do constitucionalismo protodemocrático americano e a do weimarismo tardio das Constituições europeias[46] e o seu foco exclusivo nos di-

44. UNGER, Roberto Mangabeira. **O direito e o futuro da democracia**. São Paulo: Boitempo, 2004. p. 159-60.

45. MUDROVITSCH, Rodrigo. **Desentrincheiramento da jurisdição constitucional**. São Paulo: Saraiva, 2014. p. 37.

46. Mangabeira Unger analisa e critica o que ele chama de "nossa situação constitucional". A seu ver, a situação constitucional brasileira favorece para que a execução de uma proposta experimentalista venha a surtir efeito e isso se dá em

reitos econômicos e sociais. Desse modo, defende que a democracia reinvente-se vide uma reorientação do direito constitucional. Para tanto, necessária à observância a duas teses centrais[47].

Primeiro, a tese de que as democracias modernas devem ter o seu projeto reconstruído por meio do redirecionamento do direito constitucional, ou seja, por meio da inclusão de novos formatos que elevem a mobilização política dos cidadãos e, assim, amplie-se o experimentalismo democrático para todas as áreas da vida social. Segundo, é a tese de que o momento constitucional brasileiro inibe o papel de contribuir e participar dessa reinvenção da democracia[48].

De todo modo, a insurgência contra essas tradições e seus limites é medida a se adotar para fins de ser guiado por uma ideia em que as mudanças independam de momentos de crises e na qual a prática do

---

razão da mesma confluir duas tradições, quais sejam, a do constitucionalismo liberal protodemocrático e a forma tardia e truncada da tradição de Weimar.

Na primeira tradição, o Brasil a seguiu quando da adoção do regime presidencialista e da forma federativa de Estado. Esta, por sua vez, é composta de quatro elementos: no primeiro há um filtro a influência popular; no segundo há a fragmentação dos poderes para fins de controle e o estabelecimento de mecanismos que acabam por desacelerar o uso da política voltado a transformação; no terceiro, é o fomento a um conjunto de práticas que favorecem uma cidadania apática politicamente; na quarta, o elemento é o impedimento a um potencial experimentalista do federalismo.

Na segunda, tradição de Weimar, Unger destaca que são três os elementos principais e perigosos para o Brasil, quais sejam: o primeiro é o da constitucionalização das expectativas sociais ou redistributivas, as promessas de direitos sociais e econômicos. Neste o problema estaria não só na inexecução por falta de instrumentos, mas também no fato de inexistir um modelo de organização econômico e social que de fato possa vir a proporcionar a efetividade daquilo que se encontra posto na Constituição; o segundo é o de estado de exceção, ou seja, o fato de se adotar medidas que deveriam ser excepcionais como regra; o terceiro elemento não é adotado no Brasil, mas pertence a Constituição de Weimar que é o dualismo constitucional onde o governo responde não só ao presidente, mas também ao Congresso. (UNGER, 2011, p. 62-67).

47. UNGER, Roberto Mangabeira. **A constituição do experimentalismo democrático**. Revista de Direito Administrativo, Rio de Janeiro, v. 257. p. 57-72, maio/ago. 2011. p. 58-9.

48. UNGER, Roberto Mangabeira. **A constituição do experimentalismo democrático**. Revista de Direito Administrativo, Rio de Janeiro, v. 257. p. 57-72, maio/ago. 2011. p. 58.

direito deveria trocar a percepção de normas postas pela de imaginação de instituições alternativas[49].

Portanto, a crítica é sobre o fato de a análise feita pelo direito não ser, especialmente no âmbito da teoria constitucional, preocupado com estratégias imaginativas de estruturas institucionais alternativas – por intermédio de experimentalismos –, mas tão somente limitado a estratégia de garantia e efetivação de direitos fundamentais, expressado na manutenção das estruturas institucionais vigentes e no estudo das implicações práticas. Porém, a adequada compreensão da análise jurídica é aquela na qual a mesma torne-se como ferramenta primordial para imaginação institucional/experimentalismo dentro de uma sociedade democrática[50].

Contudo, necessário faz-se acumular os dois momentos, ou seja, o instante da insistência na garantia e efetividade do gozo de direitos juntamente com o da imaginação jurídica de pluralismos institucionais imaginativos. No entanto, apenas o primeiro momento vem dominando o pensamento jurídico.

Essa não cumulação, por sua vez, tem por fundamento a própria história política moderna, principalmente quanto ao período do acerto socialdemocrata, uma vez tendo este provocado a renúncia pela sociedade de um espectro maior de conflito e de controvérsia[51].

Assim sendo, a abdicação da análise jurídica de transcorrer do momento de garantia e efetividade dos direitos para o de mudança institucional seria reflexo do acerto socialdemocrata. Consequentemente, a análise jurídica nesses moldes se empobrece, uma vez que se atém a fazer jus às promessas da socialdemocracia. Mangabeira denomina essa análise jurídica como racionalizadora, isto é, um racionalismo "prático

---

49. UNGER, Roberto Mangabeira. **A constituição do experimentalismo democrático.** Revista de Direito Administrativo, Rio de Janeiro, v. 257. p. 57-72, maio/ago. 2011. p. 59-60.

50. UNGER, Roberto Mangabeira. **O direito e o futuro da democracia**. São Paulo: Boitempo, 2004. p. 41-2.

51. UNGER, Roberto Mangabeira. **O direito e o futuro da democracia**. São Paulo: Boitempo, 2004. p. 51-2.

de advogados e juízes" e que se difere da do século XIX e do analógico mais flexível e contextualizado predominantemente[52].

A influência dessa análise jurídica é problemática não só por sustentar uma visão estática e unilateral de arranjos institucionais com relação ao pensamento jurídico, mas também por desconhecer as aptidões subversivas e transformadoras da análise jurídica, ou seja, proporcionando um desuso daquilo que é inerente a esta. No mais, a análise jurídica racionalizadora, por tomar força nas elites acadêmicas e do judiciário, acaba evitando que uma alternativa conceitual do direito tome espaço e, por ventura, venha a exercer também influência[53].

Unger defende como solução que a análise jurídica continuamente dialogue sobre as estruturas institucionais, ou seja, abra-se para o experimentalismo institucional e se volte para a passagem do primeiro ao segundo passo, qual seja, o da reimaginação e reconstrução institucional. Enquanto a análise jurídica preocupar-se-ia com este encargo, outro órgão ou poder do Estado seria criado e a este ficaria a demanda de conduzir a empreitada da garantia e efetivação de direitos[54].

Destarte, a característica principal da análise jurídica racionalizadora seria sua representação por "pedaços do direito como expressões, conquanto expressões imperfeitas, de conjuntos ligados de políticas públicas e princípios", isto é, um "discurso generalizante e idealizador das políticas públicas e princípios interpreta o direito como um empreendimento social finalístico que procura alcançar esquemas abrangentes de dever moral e bem-estar"[55]. No mais, destaca:

> A análise jurídica racionalizadora, conclui-se, não é igualmente adequada para todos os tipos de política. Ele se adapta a uma política institucionalmente conservadora:

---

52. UNGER, Roberto Mangabeira. **O direito e o futuro da democracia**. São Paulo: Boitempo, 2004. p. 51-3.

53. UNGER, Roberto Mangabeira. **O direito e o futuro da democracia**. São Paulo: Boitempo, 2004. p. 53-5.

54. UNGER, Roberto Mangabeira. **O direito e o futuro da democracia**. São Paulo: Boitempo, 2004. p. 46-50.

55. UNGER, Roberto Mangabeira. **O direito e o futuro da democracia**. São Paulo: Boitempo, 2004. p. 54.

> aquela que renuncia ao ajuste permanente e cumulativo da estrutura institucional e procura, em vez disso, redistribuir direitos e recursos dentro dessa estrutura[56].

Como diferencial, tem-se que a análise jurídica pressupõe que os ideais de princípios e de políticas públicas seriam de caráter inerente ao direito e que caberia aos intérpretes devidamente motivados e capacitados sua explicitação. Independeria, para tanto, do conteúdo desses princípios e das políticas públicas[57].

Ocorre que o exercício da análise jurídica com fundamento em princípios e direcionada por políticas públicas proporciona um grau de abstração e generalidade na aplicação do direito, o que, por ventura, enturvece sua fiscalização e o controle quanto a sua coerência, clareza e respeito ao texto constitucional.

No mais, enquanto método, a análise jurídica racionalizadora interrompe o pensamento do direito ao supervalorizar o fenômeno do fetichismo institucional e fazer uma descrição das instituições, discursos e práticas atuais com as únicas formas possíveis. Portanto, consiste em uma forma de análise jurídica em que se racionaliza retrospectivamente políticas estagnadas inibindo atividade de experimentalismo institucional e subordinando, no direito, a imaginação democrática para quando dos momentos de crises[58]. Além disso, interrompe o "desenvolvimento da dialética entre os direitos de escolha e as estruturas que tornam a autodeterminação individual e coletiva efetiva", ou seja, uma dialética que, para Unger[59], consiste na precípua e contemporânea vocação do direito.

Assim, a análise jurídica racionalizadora funciona com a atribuição de proporcionar ao direito e às estruturas institucionais

---

56. UNGER, Roberto Mangabeira. **O direito e o futuro da democracia**. São Paulo: Boitempo, 2004. p. 71.

57. MUDROVITSCH, Rodrigo. **Desentrincheiramento da jurisdição constitucional**. São Paulo: Saraiva, 2014. p. 42.

58. MUDROVITSCH, Rodrigo. **Desentrincheiramento da jurisdição constitucional**. São Paulo: Saraiva, 2014. p. 42.

59. UNGER, Roberto Mangabeira. **O direito e o futuro da democracia**. São Paulo: Boitempo, 2004. p. 57.

correspondentes – ou seja, aquelas estruturas que têm no direito a sua forma mais particularizada – a melhor forma possível, acabando por construir um mundo no qual são afastados e negados experimentos reais, bem como um formato coletivo e contínuo de reflexão discursiva acerca do presente e o futuro institucional sob os olhares do direito[60].

Porém, esses equívocos ignoram o fato de que se o primeiro passo do gozo efetivo de direitos sociais não está funcionando muito pela sua impossibilidade de o espectro institucional e normativo vigente não poder se reinventar e reimaginar.

Segundo Unger[61], seriam quatro as principais raízes negativas utilizadas como fundamentos para a análise jurídica racionalizadora. São elas: preconceito contra a analogia irrefletida; crença na necessidade de defesa de determinado sistema de direitos e do Estado de Direito; projeto político do reformismo progressista pessimista; e, obsessão pelo papel dominante do juiz.

Primeiramente, a análise jurídica racionalizadora possui um preconceito com a analogia por considerar que exista um modo de pensar o direito claro e coerentemente que estaria disponível ao jurista a partir do momento que este refletisse longamente, ou seja, o exercício da analogia seria um exercício irrefletido e, portanto, não deveria servir ao direito. Assim, considera como modelo rudimentar de raciocínio, razão pela qual defende que o seu abandono seria medida importante para fins de fomentar a clareza no pensamento jurídico[62].

Porém, esse preconceito carece de fundamento, por refletir uma ingênua presunção de racionalidade nos padrões da análise jurídica, bem como desconhece que os pressupostos filosóficos do experimentalismo também se aplicam totalmente ao direito. No mais, ainda repercute uma desconsideração histórica, pois na "história mundial da doutrina jurídica, as formas analógicas ou glossatoriais de raciocínio

---

60. UNGER, Roberto Mangabeira. **O direito e o futuro da democracia**. São Paulo: Boitempo, 2004. p. 57-8.

61. UNGER, Roberto Mangabeira. **O direito e o futuro da democracia**. São Paulo: Boitempo, 2004. p. 58.

62. MUDROVITSCH, Rodrigo. **Desentrincheiramento da jurisdição constitucional**. São Paulo: Saraiva, 2014. p. 43.

exerceram muito mais influência, e em períodos mais contínuos, do que as abstrações em busca de princípios dos juristas sistemáticos ou racionalistas", ou seja, o raciocínio analógico por muito mais vezes foi superior a racionalização enquanto ao quesito de segurança de sua aplicação e controle[63].

Contudo, os defensores da análise jurídica racionalizadora justificam ainda o banimento por completo do raciocínio analógico sob o argumento de que abandonar a abstração pode acabar por proporcionar a eliminação de valores relevantes, tais como o de manutenção do sistema de direitos e Estado de Direito[64].

Ocorre que, essa argumentação não deve prosperar exatamente pelo fator inverso o qual ela direciona, ou seja, a defesa da abstração, na verdade, fomenta ativismos e violações aos compromissos de um Estado de Direito e Democrático muito maiores do que a adoção de um raciocínio jurídico que preze pela analogia.

Para Leoncy[65], a importância do uso da analogia seria pela execução de uma exigência de justiça com fundamento no princípio da igualdade, ou seja, há a importância da aplicação da analogia não porque há uma determinação legal, mas sim por cumprimento de justiça, de igualdade.

Além disso, a analogia cumpre a ideia de sistema tão quanto proporciona racionalidade e coerência às normas constitucionais, pois possibilita que "casos ou conflitos de interesses semelhantes recebam tratamento semelhante", bem como evita que "o intérprete crie uma contradição de valores no seio do sistema jurídica ao se desviar dos seus próprios princípios sem que haja razões suficientes para esta

---

63. UNGER, Roberto Mangabeira. **O direito e o futuro da democracia**. São Paulo: Boitempo, 2004. p. 83.

64. MUDROVITSCH, Rodrigo. **Desentrincheiramento da jurisdição constitucional**. São Paulo: Saraiva, 2014. p. 44.

65. LEONCY, Léo Ferreira. **"Princípio da simetria" e argumento analógico**: o uso da analogia na resolução de questões federativas sem solução constitucional evidente. 2011. 182 f. Tese (Doutorado em Direito) – Faculdade de Direito da Universidade de São Paulo. São Paulo. 2011. p. 116-7.

contrariedade"[66]. Desta forma, razão alguma sustenta o preconceito da análise jurídica racionalizadora à analogia.

No mais, enquanto segunda raiz negativa tem-se a defesa de determinado sistema de direitos e do Estado de Direito. A análise jurídica racionalizadora defende que se for adotado o método analógico, difícil será assegurar às pessoas quais seriam os seus direitos. Portanto, incapaz seria o combate contra as arbitrariedades[67].

Ou seja, a integridade de um sistema de direitos ou do estado de direito exige uma abordagem do direito cuja análise jurídica racionalizadora fosse dominante, pois "o estilo de doutrina jurídica baseado em princípios e orientado por políticas públicas é o antídoto indispensável à arbitrariedade no raciocínio jurídico"[68].

O discurso por trás do sistema de direitos acaba por incentivar um medo por reformas, diluindo, consequentemente, em uma onda de apreensões o que, por sua vez, direciona a uma fuga de capitais e de investimentos. Deste modo, encoraja mais ainda a resistência e perpetuidade de todo e qualquer impasse[69].

Ocorre que, para Unger[70], a adoção do método analógico e a consequente discricionariedade do intérprete ou julgador quando da utilização do mesmo deve ser entendida como inevitável. Destaca ingênua a esperança de que a aplicação da análise jurídica racionalizadora, por si só, seria capaz de paralisar as arbitrariedades no âmbito do direito. Por essa razão, defende que o jurista tenha como interesse

---

66. LEONCY, Léo Ferreira. **"Princípio da simetria" e argumento analógico**: o uso da analogia na resolução de questões federativas sem solução constitucional evidente. 2011. 182 f. Tese (Doutorado em Direito) – Faculdade de Direito da Universidade de São Paulo. São Paulo. 2011. p. 118.

67. MUDROVITSCH, Rodrigo. **Desentrincheiramento da jurisdição constitucional**. São Paulo: Saraiva, 2014. p. 45.

68. UNGER, Roberto Mangabeira. **O direito e o futuro da democracia**. São Paulo: Boitempo, 2004. p. 85.

69. GODOY, Arnaldo Moraes. **Notas para uma introdução ao pensamento de Roberto Mangabeira Unger.** Disponível em: <http://www.robertounger.com/pt/wp-content/uploads/2017/01/notas-para-introducao-unger.pdf>. Acesso em: 02 de fevereiro de 2018. p. 01-09. 2017. p. 09.

70. UNGER, Roberto Mangabeira. **O direito e o futuro da democracia**. São Paulo: Boitempo, 2004. p. 90-1.

não a racionalização de maneira retrospectiva dos permanentes conflitos políticos por intermédio de políticas públicas ou princípios, ou seja, não deve a análise jurídica se basear por cima, por intercessão de abstrações pretensamente universais, mas sim se utilizar de experimentalismos institucionais e basear o direito por baixo, isto é, sustentar-se por analogias contextualizadas.

Uma vez sendo defendida a análise jurídica racionalizadora e um sistema de direitos e do Estado de Direito, noção clara deve se ter também das consequências graves que isso pode provocar para a democracia, pois a fronteira da aspiração democrática de acordo com a "aplicação sem subterfúgios da análise jurídica racionalizadora, seria a imposição de condições de vida em sociedade por elites interpretativas a partir de forças ocultas que revelariam um esquema racional transcendental"[71].

Para Unger[72], a arbitrariedade do método baseado em princípios e orientado por políticas públicas é pouco transparente se comparado com o raciocínio analógico, embora mais ambiciosa por proporcionar não só descrição do direito, mas também o modo de o melhorar. No mais, conquista ainda mais território com a timidez da democracia popular. Todavia, considera que esta segunda raiz negativa fracassa, pois:

> O estilo canônico de doutrina jurídica não pode ser entendido como a consequência inevitável da necessidade de pensarmos clara e coerentemente sobre o direito. Tampouco podemos explicá-lo e justificá-lo como o antídoto à arbitrariedade que protege o estado de direito ou um sistema de direitos. Ele precisa de um propósito mais bem definido[73].

Como terceira raiz negativa da análise jurídica racionalizadora tem-se o reformismo progressista pessimista que se constitui em

---

71. MUDROVITSCH, Rodrigo. **Desentrincheiramento da jurisdição constitucional**. São Paulo: Saraiva, 2014. p. 46.

72. UNGER, Roberto Mangabeira. **O direito e o futuro da democracia**. São Paulo: Boitempo, 2004. p. 101-2.

73. UNGER, Roberto Mangabeira. **O direito e o futuro da democracia**. São Paulo: Boitempo, 2004. p. 102.

projetos políticos cuja característica primordial é a combinação entre conservadorismo institucional e objetivos programáticos[74]. Por seu turno, esses ideais característicos deverão ser definidos e executados dentro dos delineamentos limítrofes impostos pelas instituições. Assim, tanto o acerto socialdemocrata quanto a análise jurídica com prática de reconstrução racional são os mais destacáveis exemplos de reformismo conservador e, por consequência, sua ligação ajuda a melhor esclarecer este denominado reformismo[75].

Duas crenças e um compromisso definiriam o reformismo pessimista progressista. A primeira crença é o mencionado conservadorismo institucional, ou seja, um reformismo conservador em que não se oferece espaço para mudanças institucionais. A segunda é a que proporciona o advérbio "pessimista" ao termo "reformismo", em que, na produção do direito, os grupos impotentes e marginalizados seriam desfavorecidos pela maioria[76]. Portanto, estar-se-ia diante do compromisso do reformismo progressista pessimista, qual seja, o de "tratar os grupos mais fracos e pobres na sociedade – aqueles com maior probabilidade de não ter participado das lutas políticas sobre a produção do direito – como os beneficiários primeiros da reconstrução racional e retrospectiva do direito"[77].

Assim sendo, ao jurista seria concedida a áurea de proteção ao fraco e de controle ao forte podendo, inclusive, realizar comedidas. Entretanto, importantes remanejamentos de recursos e/ou direitos para os que necessitam exercendo, assim, um "papel adequado na correção e no acabamento do direito". Ocorre que essa visão paternalista não passa de uma "terapia social evasiva", haja vista que uma "não evasiva"

---

74. Enquanto exemplo de objetivos democráticos tem-se "concorrência econômica e iniciativa individual, distribuição mais ampla e igualitária dos benefícios do crescimento econômico e de oportunidades para expressão política e cultural, maior solidariedade social e desenvolvimento da vida associativa" (UNGER, 2004, p. 103).

75. UNGER, Roberto Mangabeira. **O direito e o futuro da democracia**. São Paulo: Boitempo, 2004. p. 103-6.

76. UNGER, Roberto Mangabeira. **O direito e o futuro da democracia**. São Paulo: Boitempo, 2004. p. 70-1.

77. UNGER, Roberto Mangabeira. **O direito e o futuro da democracia**. São Paulo: Boitempo, 2004. p. 106.

não deteria confiança na análise jurídica racionalizadora, tampouco nos juízes como agentes principais, mas sim em uma análise jurídica reforjada para imaginações institucionais e na qual o interlocutor principal seria o cidadão em geral. Isto é, melhor seria se fosse tomada como meta uma política jurídica onde as reformas não adviessem unicamente do escalão superior do judiciário, mas deste em conjunto com a sociedade civil[78].

No mais, em desfavor deste reformismo progressista pessimista Unger utiliza-se, ainda, dos pressupostos filosóficos do experimentalismo, os postulados da sociedade como artefato humano e tudo é política. Argumenta que faz diferença se o foco principal da energia imaginativa está no experimentalismo institucional ou na tentativa de melhora ao máximo da ordem institucional vigente. A razão consequente a esse pensamento é o de que o apego ao real distancia-se dos objetivos programáticos estabelecidos socialmente, haja vista o claro conflito entre conservadorismo institucional e compromisso com promessas de futuro[79]. Além disso, aduz que o reformismo progressista pessimista não consegue solucionar as fontes institucionais de opressão e exclusão[80].

Desta feita, segundo a tese do experimentalismo institucional, a análise jurídica racionalizadora deveria ser abandonada por conta de sua defeituosidade enquanto mecanismo de ação política, posto que tem compromisso tão somente com o engessamento institucional, não possuindo, portanto, mecanismos de enfrentamento das fontes mais densas que evitam que os objetivos programáticos sejam concretizados[81].

Como indiretamente já mencionado, a reorientação da análise jurídica perpassa, sobretudo, pela não aceitação a um papel judicante extensivo, ou seja, não se pode aceitar que ao juiz seja permitido fazer

---

78. UNGER, Roberto Mangabeira. **O direito e o futuro da democracia**. São Paulo: Boitempo, 2004. p. 106-121.

79. MUDROVITSCH, Rodrigo. **Desentrincheiramento da jurisdição constitucional**. São Paulo: Saraiva, 2014. p. 47.

80. UNGER, Roberto Mangabeira. **O direito e o futuro da democracia**. São Paulo: Boitempo, 2004. p. 122.

81. MUDROVITSCH, Rodrigo. **Desentrincheiramento da jurisdição constitucional**. São Paulo: Saraiva, 2014. p. 48.

e atuar de maneira a chamar para si o protagonismo do pensamento jurídico. Portanto, necessário é se fazer com que o papel do juiz seja rebaixado a um papel secundário, de auxiliar aqueles que de fato são protagonistas: os cidadãos.

Neste tom que, por último, vem se destacar a quarta raiz negativa da análise jurídica racionalizadora: a possessão ao papel do juiz e de seu protagonismo primário quanto ao pensamento jurídico.

Como dito, para Unger[82] é impossível reorientar a análise jurídica sem que para isso se abandone o papel do Poder Judiciário como agente primário, ou seja, necessária é, para o experimentalismo institucional, que esse papel não seja adstrito ao juiz, mas sim aos cidadãos e que estes, por sua vez, vejam e tenham os juristas como seus assistentes técnicos.

Ou seja, a lição doutrinária de Mangabeira é carregada de forte preconceito com as expectativas que se deve ter na figura dos magistrados dentro do serviço do experimentalismo democrático. De acordo com Unger, o local propício a experimentalismos não deve ser o poder judiciário, mas deve servir como freio quanto às novidades e criatividades legislativas. Assim sendo, para Mangabeira[83]:

> O judiciário deveria assumir maiores responsabilidades no sentido de revisar o que o legislador faz e de transformar, por intermédio dessa revisão, a estrutura de poder que presentemente viceja na sociedade. Embora o menos poderoso dos três poderes, o judiciário se encontraria rapidamente em uma vasta prática de superpolítica de censura. [...] Alternativamente (e plausivelmente), dadas as limitações impostas ao poder judiciário, esse último deveria simplesmente se recusar a reconhecer ou a corrigir desvantagens irremediáveis.

Para o experimentalismo institucional, o fato de as teorias constitucionais representativas partirem inicialmente do questionamento

---

82. UNGER, Roberto Mangabeira. **O direito e o futuro da democracia**. São Paulo: Boitempo, 2004. p. 133.

83. UNGER, Roberto Mangabeira. **O direito e o futuro da democracia**. São Paulo: Boitempo, 2004. p. 49.

de como devem julgar os juízes só demonstra o fracasso da análise jurídica racionalizadora de passar do primeiro passo para o segundo, ou seja, de passar da preocupação exclusiva ao gozo dos direitos para o da reimaginação e reconstrução institucional[84].

Assim, a questão central da teoria do direito em torno das decisões judiciais não merece toda essa importância, uma vez que se presta a esconder compromissos não democráticos como alimenta e impede o desenvolvimento e progresso da análise jurídica e seu papel de fortalecer reimaginações institucionais[85].

A análise do papel do juiz pelo experimentalismo institucional é feita tendo por base os seus pressupostos filosóficos, isto é, a "sociedade como artefato humano" e "tudo é política". Assim sendo, idealizando aplicabilidade a esses pressupostos, destaca-se como inacreditável que qualquer instituição, "como é o caso do juiz, ou programa metodológico de interpretação constitucional permaneça indiferente ao contexto institucional no âmbito do qual se opera a sua execução"[86].

Com isso, a análise jurídica, ao supervalorizar o papel do juiz como primordial, acabaria por provocar duas consequências principais. Primeiro, subordinaria a produção do direito ao que for produzido pelos juízes, o que, por sua vez, tanto seria uma infelicidade como caracterizaria clara interrupção ao avanço da democracia[87]. Além do mais, permitiria que forte influência de seletos personagens (juízes, funcionários públicos, juristas privados) fosse exercida na análise jurídica em favor de suas ambições e ansiedades, subordinando a análise

---

84. MUDROVITSCH, Rodrigo. **Desentrincheiramento da jurisdição constitucional.** São Paulo: Saraiva, 2014. p. 49.

85. GODOY, Arnaldo Moraes. **Notas para uma introdução ao pensamento de Roberto Mangabeira Unger.** Disponível em: <http://www.robertounger.com/pt/wp-content/uploads/2017/01/notas-para-introducao-unger.pdf>. Acesso em: 02 de fevereiro de 2018. p. 01-09. 2017. p. 06.

86. MUDROVITSCH, Rodrigo. **Desentrincheiramento da jurisdição constitucional.** São Paulo: Saraiva, 2014. p. 49.

87. MUDROVITSCH, Rodrigo. **Desentrincheiramento da jurisdição constitucional.** São Paulo: Saraiva, 2014. p. 49.

jurídica a "fazer pela república e seus cidadãos ao que ela pode fazer pelos juristas, conciliando suas ambições a suas ansiedades"[88].

A segunda seria a usurpação a um vasto campo imaginativo cujas práticas melhores e diferentes da análise jurídica pudessem ser desenvolvidas, impondo, assim, constrangimento e paralisia a própria reinvenção da análise jurídica[89].

Defende, portanto, que qualquer sociedade democrática e pluralista possui acordos incompletos a serem futuramente preenchidos, entretanto, o seu preenchimento e a reconstrução do direito não deve ser deixado exclusivamente a um grupo isolado de "mistagogos sob a forma de juristas" sob pena de fortalecimento de um Estado antidemocrático[90].

O direito não deve ser instrumento de apatia, mas sim de aceleração da democracia. Com este viés que Unger defende o reforjamento da análise jurídica dominante para fins de que a democracia não seja subtraída, bem como para que se desloque a centralidade do papel do juiz e transforme este em assistente técnico do cidadão para assim se proporcionar um maior espectro de experimentalismos.

Portanto, Unger, ao defender a análise jurídica reforjada, basicamente intenta fazer com que a reorientação da apreciação jurídica sirva como instrumento para fins de concretização de experimentalismos institucionais. Ou seja, "o cidadão e não o juiz deve ser o interlocutor primeiro da análise jurídica. O alargamento do sentido de possibilidade coletiva deve se tornar a missão precípua do pensamento jurídico"[91].

De tal modo a reorientação da análise jurídica e o seu consequente reforjamento dependem do afastamento das quatro raízes negativas da análise jurídica racionalizadora e da escolha da sociedade civil como fundamental interlocutora. Necessário também que a análise jurídica

---

88. UNGER, Roberto Mangabeira. **O direito e o futuro da democracia**. São Paulo: Boitempo, 2004. p. 139-40.

89. UNGER, Roberto Mangabeira. **O direito e o futuro da democracia**. São Paulo: Boitempo, 2004. p. 140.

90. UNGER, Roberto Mangabeira. **O direito e o futuro da democracia**. São Paulo: Boitempo, 2004. p. 137.

91. UNGER, Roberto Mangabeira. **O direito e o futuro da democracia**. São Paulo: Boitempo, 2004. p. 141.

reforjada reflita por um todo os postulados filosóficos do experimentalismo, ou seja, "a sociedade como artefato humano" e "tudo é política", transformando-se assim como instrumento para tanto[92].

Ao ser fiel ao seu postulado de que "tudo é política" Unger dá preferência à análise jurídica – ao direito –, enquanto instrumento de imaginação institucional e, assim, considera como importante fator para a criação de futuros alternativos nas democracias. E mais, exatamente por conta de compreender a sociedade como artefato humano propõe reorientar a análise jurídica para fins de que ela também abandone o fetichismo institucional[93].

A prática da análise jurídica como imaginação institucional divide-se em dois momentos. No primeiro, há o mapeamento. No segundo, há a crítica. No primeiro, há "a tentativa de descrever em detalhe a microestrutura institucional juridicamente definida da sociedade por relação aos seus ideais juridicamente enunciados". No segundo, a função é "explorar a interação entre as estruturas institucionais detalhadas da sociedade, tais como representadas pelo direito, e os ideais ou programas professados que essas estruturas frustram ou tornam realidade"[94].

Em síntese, o mapeamento seria o responsável por proporcionar matéria-prima a crítica, enquanto esta, por sua vez, responsabilizar-se-ia por fomentar o mapeamento com perspectivas e agendas futuras. O mapeamento busca protagonizar uma visão institucional de maneira oposta ao que a perspectiva racionalizadora realiza, ou seja, não é a partir de abstrações, mas sim em consonância para com a realidade, tentando, dessa forma, construir um retrato das instituições a partir dos materiais do direito e da doutrina jurídica. Enquanto isso a crítica busca radicalizar os objetivos programáticos fazendo ir além dos limites institucionais e alterando com continuidade seus significados[95].

---

92. MUDROVITSCH, Rodrigo. **Desentrincheiramento da jurisdição constitucional**. São Paulo: Saraiva, 2014. p. 50.

93. MUDROVITSCH, Rodrigo. **Desentrincheiramento da jurisdição constitucional**. São Paulo: Saraiva, 2014. p. 51.

94. UNGER, Roberto Mangabeira. **O direito e o futuro da democracia**. São Paulo: Boitempo, 2004. p. 160.

95. UNGER, Roberto Mangabeira. **O direito e o futuro da democracia**. São Paulo: Boitempo, 2004. p. 163-4.

Desta feita, a análise jurídica reforjada, enquanto instrumento de imaginação institucional, busca solucionar como combinar os dois momentos e o conflito entre "os compromissos programáticos e os arcabouços institucionais que frustram a realização desses"[96].

No que concernem às críticas a tese ungeriana de reforjamento da análise jurídica e do Direito como instrumento de experimentalismo institucional, destaque deve se dar a que é feita por Waldron[97] quando

---

96. MUDROVITSCH, Rodrigo. **Desentrincheiramento da jurisdição constitucional**. São Paulo: Saraiva, 2014. p. 52.

97. Jeremy Waldron no artigo denominado *Dirty Little Secret*, concorda com alguns pontos da obra de Roberto Mangabeira Unger, mas, sobretudo, foca na realização de uma revisão crítica a obra de Roberto Mangabeira Unger. A título introdutório e metodológico, Waldron inicia questionando sobre se haveria alguma razão para que os professores de direito fossem tão pioneiros nas séries para reformas sociais quando comparado com outros nichos acadêmicos e/ou cidadãos em geral. No mais, questiona também se a expertise jurídica realmente acrescenta algo ou se suas propostas são fortes e persuasivas assim para que os acadêmicos de direito estejam tanto na proeminência para reformas sociais. Com esses questionamentos chega ao título do livro de Roberto Unger e o questionamento principal que seria dedicado a responder e a ponderar, qual seja, o que deve ser uma análise jurídica? Destarte, Waldron pontua que a obra de Unger é uma reflexão sobre esse questionamento e sobre o papel que a lei pode desempenhar para fins de alternativas sociais. Para tanto, divide a análise de Unger em duas partes: análise negativa e análise positiva. Na análise negativa Unger pontua que a análise jurídica dominante aplicada se tornou incapaz de contribuir para sérias reformas sociais, sendo anuente, por sua vez, com os arranjos institucionais existentes. Além disso, Unger considera que a razão para tanto se dá pelo método e concepção de mudança política orientada quase exclusivamente para os tribunais e não para os espaços democráticos e agências de governo que realmente são legitimadas e mais capacitadas, democraticamente falando, para inovações. Quanto a esta parte negativa Waldron a considera como convincente, tanto que considera importante sua observância e reflexão. Na análise positiva feita por Unger é que Waldron dirige sua crítica, haja vista que considera inconvincente a posição de Unger de que a análise jurídica pode ser um estímulo para mudanças da imaginação institucional da sociedade.

Na primeira parte dessa revisão, Waldron menciona que o primeiro aspecto da abordagem da doutrina jurídica tradicional é denominada por Unger como análise jurídica racionalizadora e que consiste na tentativa de racionalizar as regras e doutrinas existentes como a expressão, geralmente imperfeitas, de princípios e de políticas públicas. Waldron continua abordando que para Unger os ideais desta não são correspondentes ao dos legisladores, pois as intenções são representadas pelas mistura de motivos e o objetivo da análise jurídica racionalizadora seria proporcionar a melhor face possível da lei, orientando-a, assim, para o desenvolvimento futuro, ou seja, a racionalização da análise jurídica seria uma questão de descoberta e não de construção. Segundo Waldron, Unger insiste na afirmação de que a jurisprudência dominante compromete-se não em construir, mas em descobrir ideais. Waldron destaca ainda que para Unger a analise jurídica tradicional são cautelosos em seu trabalho reconstrutivo, tomando cuidado para com as transformações radicais e tendo por preferencia as reformas mínimas necessárias, ou seja, em regra elas não devem vir a ser propostas a excessão de quando for em ritmo que não comprometa as instituições existentes e a legitimidade políticas dos tribunais em uma sociedade moderna.

Na segunda parte é que Waldron considera a crítica mais importante. O autor lembra que para Unger o foco acadêmico nos tribunais é importante, pois a obsessão neste acaba se tornando em obstáculo para qualquer reformulação do estudo jurídico. Waldron destaca que de acordo com Unger um dos pontos que os tribunais são preocupantes é o fato do discurso jurídico acadêmico minimizar as agências mais democráticas de agenda política, quais sejam, o parlamento legislativo. Ou seja, a concepção então consensual pelos juristas é a de que a legislação seria muito menos importante do que a comunidade civil pensa, portanto, há a aceitação da ideia de que uma vez a lei promulgada sobre ela se terá o dever de fazer o melhor possível. Por sua vez, o melhor possível significa entregar aos tribunais para fins de que estes exerçam o papel de revisão e reconstrução. Waldron concorda com essa questão levantada por Unger e menciona que essa marginalização daquela que deveria ser a fonte principal do direito em uma democracia não só é ofensivo para com uma sociedade dita democrática como vem sendo dominante na jurisprudência contemporânea. Como resultado Waldron, em consonância para com Unger, defende que há uma falha no desenvolvimento de uma filosofia do direito democrática e, por consequência, precedentes jurisprudenciais são desenvolvidas completamente em dissonância para uma sociedade livre e democrática, razão pela qual se tornaria necessário se construir uma jurisprudência apropriada para tanto.

Na terceira e última parte é que Waldron especificamente vem tecer críticas quanto à obra de Unger. De acordo com Waldron a parte não convincente de Unger é a defesa que o mesmo faz da análise jurídica como instrumento para experimentação institucional. Segundo Waldron, não há nenhum argumento que faça crer que a análise jurídica possa tornar a ter essa capacidade de pensar construtivamente para além do real. Além disso, Waldron defende que o mais razoável seria uma prática comparativa, ou seja, de se ter conhecimento comparativo para fins de que fossem adotadas e praticas alternativas institucionais que por ventura já tenham se tornado praticáveis, posto que de tal forma se evitaria que possibilidades institucionais se desintegrassem ao menor estresse ocorrido ou mesmo se mostrassem impraticáveis, e, principalmente, proporcionaria uma segurança para sistemas institucionais alternativos que fossem mais resistentes.

Com isso, a título conclusivo de sua revisão a obra de Unger, Waldron pontua que há uma frustração a obra de Unger quanto as sugestões positivas, embora considere o relato negativo do autor quanto a análise jurídica dominante como provocativa, bem como a crítica ao apego aos tribunais como importante e opor-

este defende um cosmopolitismo constitucional de viés claramente fetichista, pois, nesta, há a defesa de que a imaginação institucional deveria ser substituída pela observação as experiências de outros países e a absorção interna para aquelas ideias que se provarem mais resistentes segundo as condições práticas[98].

Acontece que a crítica de Waldron ao experimentalismo institucional é de nítida incongruência, uma vez que acaba por negar aquilo que foi uma de suas principais contribuições no que toca à teoria constitucional, qual seja, a crítica trazida pelo autor quanto ao fenômeno obsessivo ao papel da jurisdição constitucional pela análise jurídica[99].

Deve-se restar claro que, para a perfeita compreensão do projeto experimentalista, necessário se faz abandonar as quatro raízes negativas da análise jurídica racionalizadora, posto que, uma vez assim não acontecendo, as críticas incorrerão sempre em aspectos infundados e não coerentes.

Unger defende que a análise jurídica tenha, pelos juízes, uma postura modesta quando da interpretação das regras no momento de julgamento, fora deste, entretanto, a postura pode vir a ser ambiciosa. Além disso, a aplicação do direito deve ser praticada utilizando-se da analogia, contextualmente orientada na interpretação das leis e das decisões judiciais passadas[100].

Assim sendo, a prudência defendida por Unger quando da demarcação de critérios para que os juízes possam julgar, indubitável

---

tuna. No entanto, Waldron entende que a análise jurídica não será nada diferente do que já é e não se tornará mais aberta ao lado do experimentalismo democrático até que se torne algo que seja além da análise jurídica. Deste modo, Waldron considera que se continua sem resposta à pergunta sobre o que um estudioso jurídico poderia contribuir de diferente das outras áreas acadêmicas para uma reforma radical e que Unger apenas demonstra que o jurista deve se tornar um cientista social e, segundo Waldron, isso seria deprimente (WALDRON, 1998, p. 510-530).

98. MUDROVITSCH, Rodrigo. **Desentrincheiramento da jurisdição constitucional**. São Paulo: Saraiva, 2014. p. 55.

99. MUDROVITSCH, Rodrigo. **Desentrincheiramento da jurisdição constitucional**. São Paulo: Saraiva, 2014. p. 55-60.

100. MUDROVITSCH, Rodrigo. **Desentrincheiramento da jurisdição constitucional**. São Paulo: Saraiva, 2014. p. 57.

que as críticas dirigidas a sua obra, sobre o fato de que a aplicação dos pressupostos filosóficos, no âmbito da apreciação jurídica, acabariam proporcionando confusão entre direito e política, são equivocadas. A posição de modéstia na aplicação do direito permite que não mais seja percebida a ausência de diferenciação entre o direito e a política, porém, não significa que não possa haver, eventualmente, a possibilidade da atuação ativista dos juízes. No entanto, três pontos são de necessária observância:

> (a) a qualidade do ativismo judicial deve ser aferida pelas suas consequências dentro do contexto em que a postura se insere; (b) a aceitação do ativismo circunstancial não pode revelar preconceito da análise jurídica em relação a democracia, e, principalmente, (c) a ocupação do espaço político vazio por parte do juiz é preferível à manutenção do vácuo, notadamente quando a atuação judicial puder gerar aceleração democrática ou diminuição de crueldade na experiência cotidiana[101].

Com isso, o experimentalismo institucional defende uma prática voltada ao raciocínio analógico contextualmente orientado e fundamentado na interpretação legal e não uma preocupação inicial de que forma e como os magistrados devem julgar. Contudo, o experimentalismo admite a possibilidade de ativismo judicial desde que este não aconteça de maneira abstrata e sendo sempre preferível do que a manutenção do vazio imaginativo provocado pela indiferença democrática. Dessa forma, o ativismo é política judicial de caráter excepcional que, embora não desejada, deve sim ter sua intervenção circunstancial defendida quando da percepção da necessidade de retirada do marasmo para uma aceleração democrática[102].

Assim sendo, embora o Mangabeira critique veementemente o constitucionalismo, sobretudo, quanto ao papel do poder judiciário,

---

101. MUDROVITSCH, Rodrigo. **Desentrincheiramento da jurisdição constitucional**. São Paulo: Saraiva, 2014. p. 60.

102. MUDROVITSCH, Rodrigo. **Desentrincheiramento da jurisdição constitucional**. São Paulo: Saraiva, 2014. p. 60-4.

observa-se que o mencionado autor defende a atuação deste de maneira mais proativa desde que seja para retirar do momento de apatia democrática para um momento de aceleração e incentivo. Ou seja, embora alguns considerem uma contradição na postura do autor[103], a verdade é que sua posição mantém coerência com sua teoria experimentalista, pois, observa que inclusive o poder judiciário tem compromisso com o experimentalismo, desde que aja abstratamente e para retirar a democracia de determinado momento de inércia e apatia.

2.4. O SUPREMO TRIBUNAL FEDERAL E O EXPERIMENTALISMO INSTITUCIONAL

Por último, importa-se destacar que o tema do experimentalismo institucional/democrático vem se inserindo como argumento para fundamentar decisões no Supremo Tribunal Federal. Assim sendo, considerando as decisões filtradas já mencionadas, convém então analisar os fundamentos utilizados pelo STF quando se ampara com o tema.

As 5 (cinco) primeiras ADIs filtradas (a Ação Direta de Inconstitucionalidade 5.356/MS; a Ação Direta de Inconstitucionalidade 5.327/PR; a Ação Direta de Inconstitucionalidade 5.253/BA; a Ação Direta de Inconstitucionalidade 3.835/MS; a Ação Direta de Inconstitucionalidade 4.861/SC) foram julgadas em conjunto pelo STF, uma vez que a questão de fundo era a mesma.

Na oportunidade, o questionamento colocado em pauta era se os Estados Membros, ao disciplinarem sobre a obrigatoriedade de empresas – operadoras de telefonia celular – de instalar as suas expensas bloqueadores de sinal de telefonia celular em presídios estaduais, estariam usurpando a competência privativa da União de legislar sobre o direito às telecomunicações, conforme previsto no inciso XI do art. 21 da Constituição Federal de 1988.

---

103. GODOY, Arnaldo Moraes. **Notas para uma introdução ao pensamento de Roberto Mangabeira Unger.** Disponível em: <http://www.robertounger.com/pt/wp-content/uploads/2017/01/notas-para-introducao-unger.pdf>. Acesso em: 02 de fevereiro de 2018. p. 01-09. 2017.

Deste julgamento conjunto, a abordagem ao tema do experimentalismo institucional ocorrera especialmente no voto vencido do Ministro Edson Fachin e rasamente no voto do Ministro Luís Roberto Barroso.

Na ocasião, o Ministro Edson Fachin partiu do pressuposto de que a questão trata não de competência exclusiva da União, vide inciso XI do art. 21 da CRFB/88, mas sim de competência comum e concorrente, respectivamente, com fulcro nos artigos 23, inciso I combinado com o artigo 144 e o artigo 24, inciso I e VIII, uma vez que ali estaria discriminada a competência para tratar de assuntos de segurança pública e sobre direito penitenciário. Entendeu assim por considerar como "notório o prejuízo à incolumidade pública e à própria integridade de pessoas submetidas ao regime prisional no Brasil que o ingresso e uso de celulares em estabelecimentos prisionais provoca"[104].

Para consubstanciar sua posição, lança o experimentalismo institucional como fundamento para o abandono da concepção de federalismo centralizador, focado, exclusivamente, no papel da União, para uma concepção de federalismo cooperativo, em que possam ser fomentadas criatividades legislativas, de experimentalismos constitucionais, para fins de que situações calamitosas, tais como as que envolvem os temas da segurança pública e de direito penitenciário, sejam solucionadas.

Quanto à excessiva centralização de competências em favor da União, José Afonso da Silva[105] destaca:

> Numas a descentralização é mais acentuada, dando-se aos Estados federados competências mais amplas, como nos Estados Unidos. Noutras a área de competência da União é mais dilatada, restando limitado campo de atuação aos Estados-membros, como tem sido no Brasil, onde a existência de competências exclusivas dos Municípios comprime ainda mais a área estadual.

---

104. BRASIL. **Supremo Tribunal Federal**. Ação Direta de Inconstitucionalidade nº 5.356-MS, Relator Ministro Edson Fachin, Plenário, j. 03/08/2016. 2016f. p.30-4.

105. SILVA, José Afonso da. **Curso de direito constitucional positivo**. 35. ed. São Paulo: Malheiros, 2012. p. 477.

O próprio Supremo Tribunal Federal tem responsabilidade sobre essa excessiva centralização, especialmente, quando exerce o controle de constitucionalidade de lei ou ato federal e estadual e se utiliza de argumentos como o do "princípio da simetria" para considerar determinado ato normativo estadual como inconstitucional, forçando com isso uma leitura amplamente inflacionada àquilo que de vasta expansão já o é, que são as competências normativas da União[106]. Nesse ponto, o Ministro Fachin[107] também considera que a jurisprudência do STF é orientada para concentrar, na União, as principais competências, entretanto, alerta para a importância da construção e exploração de um federalismo mais cooperativo para que, assim, os problemas federativos possam ser melhor enfrentados e solucionados.

Logo, seria imprescindível compreender e recompreender o federalismo brasileiro não de maneira estagnada e imobilizada, mas sob a luz de experimentalismos democráticos. Ou seja, importante seria fazer releituras jurisprudenciais quanto ao federalismo brasileiro, bem como do sistema de competências previstas na Constituição Federal, para fins de evitar um excesso destas na União e, por consequência, não asfixiar a capacidade legiferante dos Estados Membros.

Portanto, o Ministro Fachin[108] fundamenta-se em Unger para se posicionar pela necessidade de um federalismo cooperativo e destaca quão importante é fazer um ajuste, bem como encontrar a zona coincidente entre as condições de progresso material quanto à de liberação do indivíduo proporcionando, consequentemente, ganhos inquestionáveis com o aprendizado coletivo. Ou seja, nitidamente defende e enxerga o Direito como ferramenta importante para o experimentalismo democrático.

---

106. BRASIL.**Supremo Tribunal Federal**. Ação Direta de Inconstitucionalidade nº 4.060-SC, Relator Ministro Luiz Fux, Plenário, j. 25/02/2015. 2015a. p. 8.

107. BRASIL. **Supremo Tribunal Federal**. Ação Direta de Inconstitucionalidade nº 5.356-MS, Relator Ministro Edson Fachin, Plenário, j. 03/08/2016. 2016f. p. 34.

108. BRASIL. **Supremo Tribunal Federal**. Ação Direta de Inconstitucionalidade nº 5.356-MS, Relator Ministro Edson Fachin, Plenário, j. 03/08/2016. 2016f. p. 35.

Assim sendo, ao aperfeiçoar o federalismo com uma leitura afinada com a concepção de experimentalismos democráticos, os Estados Membros viriam a servir como laboratórios legislativos em que, portanto, novas ideias e soluções diversificadas pudessem ser dadas para problemas e questionamentos comuns, e, com isso, tais resoluções poderiam ser incorporadas por outros Estados ou mesmo pela União quando da observância da necessária adoção de maneira geral[109].

Desta feita, o Ministro utiliza-se da doutrina ungeriana para se posicionar no sentido de permitir, através de um experimentalismo democrático que, pelo Direito, seja superada a dogmática jurídica atual de caráter excessivamente racionalizador.

Destarte, o Ministro Fachin utiliza-se do experimentalismo institucional como argumento para que novos ensaios, com base em vivência local, fossem estimulados e, quiçá, possam vir a servir futuramente como modelos para outros Estados incorporarem. Ou seja, defende um "olhar voltado para a otimização da cooperação entre os entes federados; um olhar voltado para a maximização do conteúdo normativo dos direitos fundamentais; direcionado para o respeito e efetividade do pluralismo com marca característica de um Estado Federado"[110].

Assim, no caso específico discutido nas ADIs, Fachin defendeu que os Estados Membros, ao transferirem aos particulares a instalação de bloqueadores de sinais telefônicos dentro de presídios ou solução alternativa diversa, estariam, na verdade, no exercício de sua capacidade de autonomia legislativa concorrente devidamente atribuída pela Constituição Federal, tanto no que toca à perspectiva da segurança pública, quanto do direito penitenciário.

No mais, o Supremo Tribunal Federal também se vê envolvido com o tema do experimentalismo institucional em outra

---

109. BRASIL. **Supremo Tribunal Federal**. Ação Direta de Inconstitucionalidade nº 5.356-MS, Relator Ministro Edson Fachin, Plenário, j. 03/08/2016. 2016f. p. 46-7.

110. BRASIL. **Supremo Tribunal Federal**. Ação Direta de Inconstitucionalidade nº 5.356-MS, Relator Ministro Edson Fachin, Plenário, j. 03/08/2016. 2016f. p. 48-50.

oportunidade. Desta vez, na ADI nº 3.330/DF, sob a relatoria do Ministro Ayres Britto.

Na ocasião, a ação movida pela Confederação Nacional dos Estabelecimentos de Ensino (CONFENEN), pelo Democratas (DEM) e pela Federação Nacional dos Auditores Fiscais da Previdência Social (FENAFISP) questionava a Medida Provisória nº 213/04, convertida na Lei nº 11.096/2005 que instituiu o Programa Universidade para Todos (PROUNI) sob o argumento de que o mesmo feriria o princípio da igualdade quando da disciplina sobre a reserva de bolsas de estudo para negros, indígenas, pessoas com deficiência e alunos da rede pública.

O Ministro relator Ayres Britto utilizou-se do experimentalismo institucional para aduzir que o PROUNI seria uma iniciativa cujo objetivo seria o de aproveitar a iniciativa privada no que toca à implementação de políticas públicas, no caso, de política pública voltada ao acesso ao ensino superior. Assim, não defendeu a aceitação de maneira inconteste do programa, mas o indiscutível reconhecimento de sua importância e da possibilidade que o mesmo poderia vir a proporcionar para que outros novos programas adaptados e melhorados surjam e, assim, construa-se um experimentalismo que faça da democracia brasileira uma democracia nova, viva e pulsante, ajudando-a a encontrar sempre novos caminhos para desenvolvimentos econômicos e sociais[111].

Portanto, ao considerar improcedente a ADI 3030/DF, considerou o PROUNI como uma política pública que intentou realizar experimentalismos institucionais novos no Brasil e que, por ventura, já teria logrado inquestionáveis êxitos, vide a quantidade de bolsas que já tinham sido concedidas, bem como o estímulo para que novos padrões de vida fossem alcançados pela sociedade civil[112].

Diante disso, observa-se não só a importância teórica, mas, sobretudo, a possibilidade prática do experimentalismo institucional.

---

111. BRASIL. **Supremo Tribunal Federal**. Ação Direta de Inconstitucionalidade nº 3.030-DF, Relator Ministro Ayres Britto, Plenário, j. 03/05/2012. 2012d. p. 123-7.

112. BRASIL. **Supremo Tribunal Federal**. Ação Direta de Inconstitucionalidade nº 3.030-DF, Relator Ministro Ayres Britto, Plenário, j. 03/05/2012. 2012d. p. 127.

Contudo, apesar desses julgados, a verdade é que a comunidade jurídica e o Supremo Tribunal Federal ainda devem debater e aplicar bem mais a concepção do experimentalismo institucional não só para o fortalecimento de nossa democracia, mas também para proporcionar sempre uma nova e genuína roupagem ao nosso federalismo.

2.5. DESFECHO

Neste primeiro capítulo, objetiva-se especificar as balizas do experimentalismo institucional, uma vez considerando-o como raiz teórica na qual as demais partes do presente trabalho estão estruturadas.

Para tanto, iniciou-se demonstrando os pressupostos filosóficos que sustentam o pensamento de Mangabeira Unger, quais sejam, o da "sociedade como artefato humano" e o de que "tudo é política". No primeiro, há a sustentação da ideia da não divindade das concepções societárias, mas sim que estas são frutos da própria vontade e liberalidade social. No segundo pressuposto, por sua vez, confirma a afirmação de que a sociedade não segue manuais, mas é constantemente construída, reformulada e reimaginada, ou seja, tem os olhos voltados ao futuro e nenhum apego ao passado ou as suas atividades políticas congeladas.

Em seguida, destacou-se a defesa de Unger por uma análise jurídica que se desapegue da dominante concepção racionalizadora que se preocupa tão somente com a efetivação dos direitos fundamentais sem se inquietar, portanto, com a restruturação institucional. Concepção essa voltada unicamente para oferecer ao direito e às instituições a melhor leitura e forma possível. Por sua vez, ficou demonstrado que Unger propõe um reforjamento da análise jurídica para fins de que esta sirva de instrumento para o experimentalismo institucional e, assim, convenha não só para efetivar os direitos fundamentais e também para reinventar e reimaginar as instituições.

Por fim, analisou-se que o experimentalismo institucional vem sendo discutido no âmbito da Suprema Corte brasileira, entretanto, ainda é indispensável que não só a comunidade jurídica, mas o próprio Supremo observe, debata, critique e aplique com maior constância a tese do experimentalismo institucional, uma vez considerando a sua importância não só para o fortalecimento de nossa democracia, mas, sobretudo, para construir um genuíno e próprio federalismo brasileiro.

Todavia, não obstante a defesa pela doutrina ungeriana do experimentalismo, importa-se, ainda que em título conclusivo, alertar para o fato de que se faz a defesa e estímulo desse arsenal teórico desde que o mesmo seja adotado com os devidos freios, quais sejam, as regras do jogo constitucionalmente previstas. Portanto, o estímulo aos experimentalismos democráticos deve acontecer nos lugares de deliberação que a Constituição expressamente reservar para o debate de alguns temas, enquanto que, o papel do STF deve ser, não de estímulo ao novo, não de fomento a criatividade legislativa, mas sim de freio aos abusos e exageros, uma vez considerando o seu papel típico e institucional de guarda da Constituição.

Capítulo 3

PARTICULARIDADES DE UM ESTADO FEDERALIZADO: O CASO BRASILEIRO

3.1. PROPOSTA DO CAPÍTULO

A segunda parte do presente trabalho partirá da ideia da presença do Estado na vida em sociedade, uma vez considerando sua responsabilidade de garantir a efetividade de direitos fundamentais constitucionalmente previstos, e, por consequência, proporcionar bem-estar à sociedade civil seja pela prestação de serviços indispensáveis, fornecimento de bens, ou mesmo organização da política econômica estatal.

Deste modo, o objetivo do capítulo perpassa em apresentar as particularidades de um Estado Federal, em específico, do modelo vivenciado no Brasil. Para tanto, o capítulo subdividir-se-á em seis partes.

Já na primeira, serão brevemente desenvolvidas as razões para a criação do Estado Político e o consequente abandono do Estado de Natureza, considerando, para isso, o momento de ampla desigualdade deste último e o estabelecimento de normatividades para controle dos ímpetos humanos. Locke e Rousseau serão imprescindíveis para provocar esse nível de reflexão. No mais, estabelecer-se-ão os fundamentos montesquerianos para uma separação de poderes que, com isso, equilibrar-se-ia funcionalmente os poderes e se evitaria qualquer concentração. Em complementariedade, abordar-se-ão as ideias dos federalistas para não só conceber uma separação de poderes horizontal, mas também vertical e descentralizar os poderes da União para os Estados.

Na segunda parte, sair-se-á dessa construção teórica e se avançará para o contexto histórico dos Estados Unidos da América e da passagem que esta nação fez do modelo confederativo para o federativo de Estado, passando a serem os principais responsáveis pela implementação deste último modelo de Estado.

Na terceira parte, avançar-se-á para as principais formas de Estado elencadas pela doutrina jurídico-constitucional, quais sejam, o Estado Unitário, o Estado Regional e Autonômico, a Confederação de Estados e o Estado Federal. Destacando, pormenorizadamente, as particularidades que caracterizam o modelo federalizado de Estado.

Em sequência, tratar-se-á da concepção do federalismo e do sistema de repartição de competências adotado no Brasil na Constituição de 1988 com destaque para o processo histórico e para o momento atual que a federação brasileira encontra-se.

De acordo com Raul Machado Horta[1] "a autonomia legislativa e a autonomia constitucional, situadas além do poder central, são novidades que o federalismo integrou na figura do Estado". Com essa inspiração, a quinta parte deste capítulo abordará os Estados Membros e a importância que os mesmos exercem para a construção de um federalismo genuíno, em que, suas capacidades de autonomia sejam preservadas e exercitadas.

Por último, na sexta parte capítulo, pretende-se desenvolver o que mais importa dentre as capacidades conferidas aos Estados Membros para o exercício de sua autonomia: a capacidade de auto-organização dos mesmos. Contudo, neste ponto, adentrar-se-á para o fato de o exercício da autonomia e, principalmente desta capacidade em específico, ser exercida esvaziada.

São esses os contornos que o presente capítulo pretende percorrer para dar continuidade no cumprimento dos objetivos da pesquisa e na busca pela resposta do problema inicialmente pensado.

---

1. HORTA, Raul Machado. **A autonomia do estado-membro no direito constitucional brasileiro**. Belo Horizonte: UFMG, Tese, 1964. p. 25.

3.2. DA FORMAÇÃO DO ESTADO POLÍTICO, DA SEPARAÇÃO E INDEPENDÊNCIAS DOS PODERES ÀS IDEIAS FEDERALISTAS

Sabe-se que John Locke publicou obras que, ainda hoje, servem como base para compreender a importância do Estado para a vida em comunidade. Dentre elas, destaque para o *Segundo Tratado* do livro "*Os Dois Tratados sobre o Governo Civil*". Nesta, por exemplo, há a posição do autor sobre o governo civil e a sua consequente origem, extensão e objetivo. Além disso, o autor posiciona-se em favor da concordância expressa dos governados como única e legítima fonte do poder político, excluindo, portanto, a tradição e a força[2].

Assim sendo, Locke[3] torna-se um dos representantes da teoria dos direitos naturais que acaba por defender a necessária transição do estado de natureza para o estado civil.

Segundo ele, o estado de natureza seria um estágio de: a) perfeita liberdade, ou seja, os homens poderiam dispor de suas posses e pessoas da maneira que lhe convir, observados, porém, os limites da lei da natureza, entretanto, sem depender da vontade e/ou autorização de qualquer outro homem; b) igualdade, ou seja, pessoas da mesma espécie devem ser iguais sem haver qualquer grau de submissão a outro qualquer[4].

Todavia, embora o estado de natureza seja um estado de liberdade e não de guerra[5], isso não significa que cada uma possui livre autorização para fazer o que bem quiser. Pelo contrário. O fato de o

---

2. WEFFORT, Francisco C. **Os clássicos da política**. São Paulo: Editora Ática, 2001. p. 83-4.

3. LOCKE, John. **Dois tratados sobre o governo**. Tradução: Júlio Fisher. São Paulo: Editora Martins Fontes. 1998. p. 382-3.

4. LOCKE, John. **Dois tratados sobre o governo**. Tradução: Júlio Fisher. São Paulo: Editora Martins Fontes. 1998. p. 381-2.

5. De acordo com Locke o estado de guerra é "um estado de inimizade e destruição, portanto, aquele que declara, por palavra ou ação, um desígnio firme e sereno, e não apaixonado ou intempestivo, contra a vida de outrem, coloca-se em estado de guerra com aquele contra quem declarou tal intenção e, assim, expõe sua própria vida ao poder dos outros, para ser tirada por aquele ou por qualquer um que a ele se junte em sua defesa ou adira a seu embate" (LOCKE, 1998, p. 395).

homem gozar de alta liberdade no estado de natureza não o licencia a fazer o exercício incontrolável e destrutivo desta, mas sim de exercer até o limite de conservação e defesa desta mesma liberdade. No real, cada um deve observância às leis da natureza que, por sua vez, pontuam limites e obrigações a todos, transmitindo, principalmente, ideias de que nenhuma pessoa deve prejudicar a outra seja em sua vida, saúde, liberdade e/ou bens[6].

Exatamente para impedir a invasão em direitos alheios e de prejuízo para com os outros é que, no estado de natureza, a execução da observância à lei da natureza ficava ao encargo individualizado de cada homem. Deste modo, a cada um ficaria a responsabilidade pela execução e punição para com aquele que transgrediu.

No entanto, o fato de a lei da natureza poder ser executada por todos poderia fazer com que desproporcionalidades viessem a ocorrer, haja vista que cada homem é movido por paixões e parcialidades próprias e que, com isso, podem conduzir punições extremas que, por ventura, resulte em conflitos e desordens no estado de natureza[7].

No mais, a ausência de um juiz imparcial e com a devida autoridade para a aplicação de punições frente às agressões sofridas carece de parâmetros amplamente aplicáveis, promovendo injustiças com a aplicação da lei pelas próprias mãos, ofendendo, inclusive, o próprio Direito Natural, bem como colocando o homem em estado de guerra[8].

Em função desta ausência de juiz para dirimir questões problemáticas que os indivíduos acabam por ficar em constante estado de guerra e em alerta uns com os outros[9].

Por consequência, Locke passa a admitir o governo civil como remédio adequado para suprir as inconveniências do estado de natureza,

---

6. LOCKE, John. **Dois tratados sobre o governo**. Tradução: Júlio Fisher. São Paulo: Editora Martins Fontes. 1998. p. 384-5.

7. LOCKE, John. **Dois tratados sobre o governo**. Tradução: Júlio Fisher. São Paulo: Editora Martins Fontes. 1998. p. 384-91.

8. LOCKE, John. **Dois tratados sobre o governo**. Tradução: Júlio Fisher. São Paulo: Editora Martins Fontes. 1998. p. 398.

9. WEFFORT, Francisco C. **Os clássicos da política**. São Paulo: Editora Ática, 2001. p. 86.

que, por certo, é de alto grau quando se considera o fato de ser aos homens transmitida a responsabilidade de serem juízes em suas próprias causas[10].

Evitar esse estado de guerra seria a motivação sobre a qual os homens unem-se em sociedade para abandonar o estado de natureza e, assim, não estarem a mercê de auto aplicações pelos homens das ofensas aos seus direitos vividos[11].

Tem-se, ainda, que, no estado de natureza, o trabalho é o fundamento principal da propriedade e esta já existia e era inerente ao indivíduo antes mesmo da existência do Estado, não podendo, portanto, vir a ser usurpada pelo mesmo. Deste modo, o trabalho investido por determinada pessoa em alguma coisa para tirá-la do estado comum sobre a qual se encontrava faz com que sobre esta seja fixada propriedade por quem ali investira seu trabalho[12].

Contudo, a aquisição da propriedade passou a se dar não só pelo trabalho, mas também pelo dinheiro, fator este que passara a provocar uma maior concentração de renda e desigualdade na distribuição de bens[13].

Também em função disso a criação do estado político torna-se imprescindível, pois os homens passam a pensar em se unir espontaneamente a fim de estabelecerem um contrato social e, assim, passarem do estado de natureza para o estado político ou civil, com o objetivo de garantir e preservar a propriedade, bem como a segurança da sociedade tanto no aspecto interno, quanto externo[14].

---

10. LOCKE, John. **Dois tratados sobre o governo**. Tradução: Júlio Fisher. São Paulo: Editora Martins Fontes. 1998. p. 391-2.

11. LOCKE, John. **Dois tratados sobre o governo**. Tradução: Júlio Fisher. São Paulo: Editora Martins Fontes. 1998. p. 400.

12. LOCKE, John. **Dois tratados sobre o governo**. Tradução: Júlio Fisher. São Paulo: Editora Martins Fontes. 1998. p. 410.

13. WEFFORT, Francisco C. **Os clássicos da política**. São Paulo: Editora Ática, 2001. p. 85-6.

14. WEFFORT, Francisco C. **Os clássicos da política**. São Paulo: Editora Ática, 2001. p. 86.

Portanto, passam a considerar como importante a passagem do estado de natureza para o estado político, por entender como adequado para solucionar as inconveniências surgidas no primeiro[15].

Assim, o homem renuncia ao seu império no estado de natureza que exercia sobre si mesmo, seus bens, bem como sua não submissão aos outros, pois, embora gozasse de tais vantagens, o mesmo não lograva proporcionalmente da proteção necessária para o usufruto de sua propriedade, ou seja, a defesa desta seria sempre movida por incertezas já que a todos os homens é permitido reinado igual. Logo, o homem busca se reunir em sociedade política, submetendo-se a um só governo, para fins de conservação de sua propriedade, compreendidas em temos específicos como a vida, liberdade e bens de cada um dos homens[16].

Neste sentido:

> [...] o contrato social é um pacto de consentimento em que os homens concordam livremente em formar a sociedade civil para preservar e consolidar ainda mais os direitos que possuíam originalmente no estado de natureza. No estado civil os direitos naturais inalienáveis do ser humano à vida, à liberdade e aos bens estão melhor protegidos sob o amparo da lei, do árbitro e da força comum de um corpo político unitário[17].

Desta maneira, a sociedade política existe onde os membros renunciam seu poder natural de autopreservação da propriedade e de punição dos demais componentes que, por ventura, atentem contra aquela. Com isso, transferindo esse poder para o corpo político, inclusive para usar a força quando necessária, passando a ser o árbitro de

15. LOCKE, John. **Dois tratados sobre o governo**. Tradução: Júlio Fisher. São Paulo: Editora Martins Fontes. 1998. p. 391.

16. LOCKE, John. **Dois tratados sobre o governo**. Tradução: Júlio Fisher. São Paulo: Editora Martins Fontes. 1998. p. 494-5.

17. WEFFORT, Francisco C. **Os clássicos da política**. São Paulo: Editora Ática, 2001. p. 86.

situações em que a liberdade e a propriedade de determinado homem esteja em conflito[18].

Para Locke, uma vez iniciada a sociedade política, pouco importaria a escolha pela comunidade da forma de governo[19], pois a finalidade a ser garantida por todo governo, seja lá qual for sua forma, é a propriedade dos indivíduos[20].

No entanto, uma vez escolhida a forma de governo, à maioria cabe a escolha do poder legislativo, pois seria este o poder supremo, na teoria de Locke, por representar a vontade daqueles que abriram mão de conviverem no estado de natureza. Considera, ainda, a existência de um poder executivo e um poder federativo, ambos subordinados ao poder legislativo, em que ao primeiro caberia a execução das leis e o último estaria encarregado de gerir a segurança e o interesse público no âmbito externo[21].

Cumpre-se destacar que os poderes federativo e executivo, embora distintos, não poderiam ser exercidos por pessoas diferentes, pois o exercício de ambos requer o cumprimento da força da sociedade e, portanto, a cessão disso a pessoas diversas poderia causar desencontros e desordens nada interessantes para a sociedade política[22].

Na ocasião de os poderes Legislativo e Executivo deixarem de cumprir o fim a que foram direcionados – de defenderem a propriedade e liberdade dos homens –, acabarão por se tornarem ilegais e tirânicos, colocando o governo em estado de guerra contra a sociedade, dissolvendo, assim, o estado civil e retornando ao estado de natureza,

---

18. LOCKE, John. **Dois tratados sobre o governo**. Tradução: Júlio Fisher. São Paulo: Editora Martins Fontes. 1998. p. 458-9.

19. Por sua vez, na escolha da forma governo, diferentemente de como Locke condiciona para a passagem do estado de natureza para o estado civil, não há a exigência da unanimidade, mas sim da maioria, sendo, por óbvio, respeitado também os direitos da minoria (WEFFORT, 2001, p. 87).

20. WEFFORT, Francisco C. **Os clássicos da política**. São Paulo: Editora Ática, 2001. p. 87.

21. WEFFORT, Francisco C. **Os clássicos da política**. São Paulo: Editora Ática, 2001. p. 87.

22. LOCKE, John. **Dois tratados sobre o governo**. Tradução: Júlio Fisher. São Paulo: Editora Martins Fontes. 1998. p. 516.

uma vez se considerando que o impasse terá que ser resolvido sob a luz da força[23].

De todo o exposto, pontua-se enquanto avanços trazidos por John Locke o fato do mesmo ter lançado as bases para a construção de uma democracia representativa moderna; ter dado uma ideia original à repartição dos poderes; controle e fiscalização do poder estatal e, por consequência, também ter dado mais força ao significado de estado de direito. Contudo, considera-se avanço principal a importância da formação do Estado, de uma sociedade política, civil, para garantir direitos como a liberdade e a propriedade, uma vez considerando a vulnerabilidade destes dentro de um estado de natureza.

De outro modo, Jean Jacques Rousseau descreve sua teoria com proximidade a de John Locke, entretanto, com algumas especificidades próprias.

Inicia questionando a ideia e o direito do mais forte e defende que a força nunca será o suficiente ao ponto de conseguir ser eternizada. Portanto, necessária seria a transformação da força em direito para fins de que a obediência passe a ser um dever e não uma imposição. Assim sendo, a força não faz o direito e a obrigação advém de poderes legítimos e não de quem seja, ou não, o mais forte[24].

Desse modo, se homem algum possui autoridade natural superior a seu semelhante e se a força não faz o direito, logo as convenções entre os homens seriam a saída para estabelecerem a base da autoridade legítima sob a qual a obrigação e o direito se solidificariam[25].

Os homens decidem unir suas forças para que, uma vez associados, possam defender e proteger seus bens e a si mesmos, não ficando, portanto, à mercê dos outros, mas sim a obedecerem a si e a todos e a permanecerem tão livres quanto antes. Portanto, cada indivíduo delega os direitos que possuíam no estado de natureza à comunidade

---

23. WEFFORT, Francisco C. **Os clássicos da política**. São Paulo: Editora Ática, 2001. p. 88.

24. ROUSSEAU, Jean Jacques. **Do contrato social e discurso sobre economia política**. 7. ed. São Paulo: Hemus Editora Limitada, 1999. p. 18-9.

25. ROUSSEAU, Jean Jacques. **Do contrato social e discurso sobre economia política**. 7. ed. São Paulo: Hemus Editora Limitada, 1999. p. 20.

e, com isso, passam a ser moralmente livres, autônomos e eliminam qualquer tirania e arbitrariedade, posto que passam a obedecer as leis formuladas por eles próprios ou por seus representantes[26].

A passagem do estado de natureza para o estado civil substituiu no instinto do homem o seu anseio pela justiça e passa a dar as suas ações o ar da moralidade outrora faltante. Destarte, com o contrato social, o homem, não obstante perca sua liberdade natural e seu direito ilimitado inicial, ganha, por outro lado, não apenas a liberdade civil, mas a propriedade de todos os bens que lhe convêm, ou seja, sua liberdade não passa mais a depender dos limites das forças dos indivíduos, mas sim a ter por limite a vontade geral e a propriedade, por sua vez, deixa de ser efeito de quem primeiro ocupar ou for mais forte para se fundar em um título positivo[27].

Dessa forma, uma vez o estado de natureza sendo marcado por desigualdades físicas entre os homens, seja quanto à força ou quanto ao gênio, com o contrato social, há a substituição por uma igualdade moral e legítima, pois todos passam a se tornar iguais por convenção e por direito[28].

Por consequência, passa a surgir a figura da vontade geral na qual somente ela direciona a força do Estado, pois sua finalidade é a instituição de um bem comum. Portanto, a vontade geral é idealizada para dar voz aos interesses individuais em comum com os demais, de modo que ao atender os direitos particulares também estarão sendo atendidos os interesses de todas as pessoas, ou seja, o indivíduo garante o exercício de sua liberdade por meio da vontade geral. A soberania representa o exercício da vontade geral e não pode ser alienada, tampouco dividida[29].

---

26. ROUSSEAU, Jean Jacques. **Do contrato social e discurso sobre economia política**. 7. ed. São Paulo: Hemus Editora Limitada, 1999. p. 26-7.

27. ROUSSEAU, Jean Jacques. **Do contrato social e discurso sobre economia política**. 7. ed. São Paulo: Hemus Editora Limitada, 1999. p. 32-3.

28. ROUSSEAU, Jean Jacques. **Do contrato social e discurso sobre economia política**. 7. ed. São Paulo: Hemus Editora Limitada, 1999. p. 36.

29. ROUSSEAU, Jean Jacques. **Do contrato social e discurso sobre economia política**. 7. ed. São Paulo: Hemus Editora Limitada, 1999. p. 37-40.

Com isso, Rousseau contribuiu com avanços, sobretudo, por ser precursor da democracia e por privilegiar a politização dos indivíduos por meio da igualdade de participação direta no poder soberano em prol do bem comum da comunidade.

Partindo das considerações de pensadores políticos como John Locke e Rousseau e dos pensadores políticos que antecedem a Montesquieu e que são adeptos de uma teoria contratualista cuja preocupação circunda em torno da natureza do poder político. Porém, de outro modo, Montesquieu preocupa-se com a estabilidade dos governos, o que, por sua vez, corresponde ao regime e ao modo de funcionamento das instituições políticas[30].

Assim sendo, Montesquieu destaca duas dimensões de funcionamento das instituições políticas, sendo elas, a natureza e o princípio de governo.

A natureza corresponde para quem ficaria a responsabilidade da detenção do poder. Nesse sentido, destaca três: o despótico, no qual a vontade de apenas uma pessoa prevaleceria, sem a necessidade de observância de lei e regra; o monárquico, também apenas um governa, entretanto sob a necessária observância das leis, regras e instituições; e, por último, a república cujo povo deteria o poder de governar[31].

Para Montesquieu[32], diferencia-se a natureza do princípio do governo porque a natureza "seria aquilo que o faz ser como é, e seu princípio, o que o faz atuar. Aquela é sua estrutura particular, esta, as paixões humanas que o põem em movimento". O princípio, portanto, seria um sentimento indispensável ao funcionamento de determinado regime.

Destarte, o princípio de governo seria o modo como o poder é exercido, logo, seriam três os princípios que cada um teria relação para uma natureza de governo: a honra, que teria relação com

---

30. WEFFORT, Francisco C. **Os clássicos da política**. São Paulo: Editora Ática, 2001. p. 116-7.

31. MONTESQUIEU, Charles de Secondat, Baron de. **O espírito das leis**. Apresentação Renato Janine Ribeiro. Tradução: Cristina Murachco. São Paulo: Editora Martins Fontes. 2000. p. 19.

32. MONTESQUIEU, Charles de Secondat, Baron de. **O espírito das leis**. Apresentação Renato Janine Ribeiro. Tradução: Cristina Murachco. São Paulo: Editora Martins Fontes. 2000. p. 31.

a monarquia; a virtude, relação com a república; e o medo que teria relação com o despotismo. Destes, apenas a virtude seria uma paixão política, uma vez que preza pela supremacia dos interesses públicos frente aos particulares[33].

O despotismo seria uma ameaça ao futuro, pois não só está condenado a autofagia, como necessariamente direciona a desagregação ou as rebeliões. Por outro lado, a república seria inviável no presente, uma vez que seu genuíno espaço se dera no passado em que igualdade de costumes e de riquezas existia entre os homens. Pensa nas repúblicas antigas porque existia assembleia do povo e não de representantes do povo. Dessa forma, considera o regime do presente a monarquia, entretanto, não defende com os privilégios irrestritos a nobreza, mas sim o poder dividido e contrariado um pelo outro.

Segundo Montesquieu[34], não obstante a liberdade tenha recebido diferentes significados, a verdade é que esta deve ser entendida como o direito que se tem de fazer tudo aquilo que as leis permitem, posto que se um cidadão pudesse fazer até aquilo que fosse proibido por lei não gozaria de real liberdade, pois todos os outros cidadãos também gozariam desse poder.

Nesse sentido, a liberdade política encontrar-se-ia apenas nos governos moderados, desde que não se abusasse do poder, embora a tendência do homem com poder seja o abuso, isto é, seja sempre de ir de encontro aos limites. Para que não se abuse do poder é preciso que o próprio "poder freie o poder"[35].

Defende enquanto essência do Estado de Direito a separação e a independência entre os poderes executivo, legislativo e judiciário[36].

---

33. WEFFORT, Francisco C. **Os clássicos da política**. São Paulo: Editora Ática, 2001. p. 116-7.

34. MONTESQUIEU, Charles de Secondat, Baron de. **O espírito das leis**. Apresentação Renato Janine Ribeiro. Tradução: Cristina Murachco. São Paulo: Editora Martins Fontes. 2000. p. 166.

35. MONTESQUIEU, Charles de Secondat, Baron de. **O espírito das leis**. Apresentação Renato Janine Ribeiro. Tradução: Cristina Murachco. São Paulo: Editora Martins Fontes. 2000. p. 166-7.

36. WEFFORT, Francisco C. **Os clássicos da política**. São Paulo: Editora Ática, 2001. p. 118-9.

Essa defesa não significaria total separação, mas moderação entre os poderes, ou seja, a possibilidade de um poder complementar ou contrariar o outro correlacionando, assim, as devidas forças. De tal forma se evitaria que algum poder se sobrepusesse perante o outro[37].

Locke, por exemplo, tinha proposto uma separação de poder para fins de evitar a concentração. De outo modo, Montesquieu acentuou o equilíbrio funcional com a possibilidade da interpenetração de um poder sobre o outro para que haja a possibilidade de limitação entre os mesmos.

Desta feita, a separação de poderes trata-se de uma correlação de forças. Montesquieu[38] pensa especificamente em três espécies de poderes: legislativo; poder executivo das coisas que dependem do direito das gentes; e poder executivo das coisas que dependem do direito civil.

Ao primeiro, ficaria a capacidade de fazer, corrigir ou revogar as leis. O segundo seria o responsável pela "a paz ou a guerra, envia ou recebe embaixadas, estabelece a segurança, previne as invasões", ou seja, é o considerado poder executivo do Estado. Por fim, o terceiro seria o responsável por ter o poder de julgar, portanto, seria o considerado poder judiciário[39].

Para evitar que um cidadão tenha temor com o outro, Montesquieu [40] entende como imprescindível que os três poderes não sejam exercidos pelo mesmo homem ou grupo de homens (quer sejam estes oriundos do povo ou da nobreza). Defende, portanto, um governo moderado, misto, entre monarquia, aristocracia e democracia para ser

---

37. WEFFORT, Francisco C. **Os clássicos da política**. São Paulo: Editora Ática, 2001. p. 119-20.

38. MONTESQUIEU, Charles de Secondat, Baron de. **O espírito das leis**. Apresentação Renato Janine Ribeiro. Tradução: Cristina Murachco. São Paulo: Editora Martins Fontes. 2000. p. 166-7

39. MONTESQUIEU, Charles de Secondat, Baron de. **O espírito das leis**. Apresentação Renato Janine Ribeiro. Tradução: Cristina Murachco. São Paulo: Editora Martins Fontes. 2000. p. 167-8.

40. MONTESQUIEU, Charles de Secondat, Baron de. **O espírito das leis**. Apresentação Renato Janine Ribeiro. Tradução: Cristina Murachco. São Paulo: Editora Martins Fontes. 2000. p. 168.

impedida a degeneração institucional. Essa, por sua vez, transforma-se na essência do arranjo institucional pensado pelo autor.

O poder de julgar seria autoneutralizado por razão de duas características, quais sejam, o modo de formação dos tribunais e o modo de decidir dos juízes. Quanto à primeira, destaca-se que os tribunais seriam formados por pessoas do povo, durante tempo necessário, possibilitando que a pessoa a ser julgada possa, juntamente com a lei, escolher os juízes para, garantir a condição de que o acusado será julgado por seus pares evitando perseguições de classes. Quanto à segunda, Montesquieu confere aos juízes papel diminuto ao defender que os mesmos apenas teriam a função de ser "a boca que pronunciam as palavras da lei", ou seja, adotando flagrantemente a escola exegética do direito como norte[41].

Com essa postura, Montesquieu busca garantir segurança jurídica a evitar que as pessoas em sociedade sejam constantemente surpreendidas com compromissos novos que não sabiam ter assumidos[42].

Quanto ao poder executivo das coisas que dependem do direito das gentes, ou melhor, poder executivo do Estado, entende Montesquieu[43] que este deveria ficar nas mãos de um só monarca, uma vez considerando as necessidades de ações momentâneas, bem como o fato da administração ser melhor executada por um do que por muitos[44].

Sobre o poder legislativo destaca a existência da nobreza e do povo, portanto, se estas viessem a se confundir no parlamento, a liberdade política se degeneraria em escravidão. Em razão disso que

41. MONTESQUIEU, Charles de Secondat, Baron de. **O espírito das leis**. Apresentação Renato Janine Ribeiro. Tradução: Cristina Murachco. São Paulo: Editora Martins Fontes. 2000. p. 169-70.

42. AMARAL JÚNIOR, José Levi Mello do. **Sobre a organização de poderes em Montesquieu**: Comentários ao Capítulo VI do Livro XI de "O espírito das leis". 2008. p. 06.

43. MONTESQUIEU, Charles de Secondat, Baron de. **O espírito das leis**. Apresentação Renato Janine Ribeiro. Tradução: Cristina Murachco. São Paulo: Editora Martins Fontes. 2000. p. 172-3.

44. MONTESQUIEU, Charles de Secondat, Baron de. **O espírito das leis**. Apresentação Renato Janine Ribeiro. Tradução: Cristina Murachco. São Paulo: Editora Martins Fontes. 2000. p. 172-3.

defende duas câmaras legislativas, ambas, porém, componentes do mesmo poder. Uma ficaria confiado a nobreza hereditária e para a outra os representantes eleitos. Assim se materializa o bicameralismo de Montesquieu[45].

Diferentemente do poder de julgar, os dois poderes supracitados (Poder Executivo e Poder Legislativo) se neutralizariam pelas comuns e precípuas funções conferidas a cada um deles[46].

O poder legislativo de Montesquieu é formado pela câmara alta (nobreza hereditária) e câmara baixa (representantes eleitos) que se limitariam em razão de comungar das mesmas faculdades de estatuir e de impedir, ou seja, só quando da compatibilidade de vontades da nobreza hereditária com a de representantes eleitos é que o poder legislativo conseguiria estatuir[47].

Portanto, uma vez não havendo essa compatibilidade de vontades, uma câmara neutralizaria a outra, ou seja, a câmara alta serviria de contrabalança a câmara baixa.

No entanto, compatibilizando as vontades e o poder legislativo vindo a exercer sua faculdade de estatuir será necessário ainda que o poder executivo exerça a sua faculdade de impedir, ou não, a decisão parlamentar[48].

Assim sendo o poder executivo e as duas câmaras legislativas limitam-se comumente, isto é, são neutralizadas não pela estrita separação de suas funções, mas pela comunhão de suas faculdades de estatuir e de impedir[49].

---

45. AMARAL JÚNIOR, José Levi Mello do. **Sobre a organização de poderes em Montesquieu**: Comentários ao Capítulo VI do Livro XI de "O espírito das leis". 2008. p. 10.

46. AMARAL JÚNIOR, José Levi Mello do. **Sobre a organização de poderes em Montesquieu**: Comentários ao Capítulo VI do Livro XI de "O espírito das leis". 2008. p. 10.

47. AMARAL JÚNIOR, José Levi Mello do. **Sobre a organização de poderes em Montesquieu**: Comentários ao Capítulo VI do Livro XI de "O espírito das leis". 2008. p. 10.

48. AMARAL JÚNIOR, José Levi Mello do. **Sobre a organização de poderes em Montesquieu**: Comentários ao Capítulo VI do Livro XI de "O espírito das leis". 2008. p. 11.

49. AMARAL JÚNIOR, José Levi Mello do. **Sobre a organização de poderes em Montesquieu**: Comentários ao Capítulo VI do Livro XI de "O espírito das leis". 2008. p. 11-2.

Dessa forma, destaca-se o fato de residir nesta técnica a essência do pensamento de Montesquieu, haja vista que esses três poderes acabam exercendo o recomendado governo moderado para impedir a degeneração institucional, pois o rei exerce o elemento monárquico, a câmara alta, o elemento aristocrático e a câmara baixa, o elemento democrático[50].

Assim sendo, as influências e atualidades deste teórico circundam, sobretudo, na teoria da separação dos poderes, da qual restara claro a necessidade de arranjos institucionais que impedisse que algum poder viesse a prevalecer sobre os demais. Embora cada poder tivesse uma função definida materialmente, haveria interlocução de possibilidades, neutralidade entre os mesmos, a fim de travar seus eventuais abusos.

Além disso, Montesquieu é responsável também por iniciar as bases para o bicameralismo, não obstante sua proposta seja diferente do modelo de bicameralismo vivenciado. Portanto, foi com ele que se deu a introdução da ideia de dualidade das câmaras significando atualmente a representatividade ao povo e aos Estados Membros de uma federação.

De outra sorte, "O Federalista" de Hamilton, Madison e Jay (2003) vem representar um amadurecimento e uma complementariedade às teorias de John Locke e de Montesquieu, pois o objetivo passa a ser implantar a teoria na realidade.

Destaca-se que foi a primeira oportunidade em que uma teoria passa a trabalhar e a se basear no conceito moderno de Constituição, que consiste em um documento formalizado no qual não só explicita o passado de uma nação como direciona para o seu futuro com base em valores maiores.

A título preliminar, cumpre destacar que a forma de governo proposta pelos Federalistas funda-se em princípios republicanos. Consideram como governo republicano "aquele em que todos os poderes procedem direta ou indiretamente do povo e cujos administradores

---

50. AMARAL JÚNIOR, José Levi Mello do. **Sobre a organização de poderes em Montesquieu**: Comentários ao Capítulo VI do Livro XI de "O espírito das leis". 2008. p. 13.

não gozam senão de poder temporário cada, a arbítrio do povo ou enquanto bem se portarem"[51].

Por sua vez, Montesquieu defendia que a república teria como barreira o espaço territorial, ou seja, apenas serviriam como modelo para os pequenos países com governo e soberania própria. Contudo, os federalistas rompem com essa concepção passando a estender a grandes países e defendendo a república como única forma de governo onde se caracterizaria por aquele Estado onde haveria um pequeno grupo de cidadãos eleitos para representarem um grande número de cidadãos. Portanto, formalizando a concepção de governo representativo[52].

Em síntese, segundo a concepção dos Federalistas, as repúblicas teriam certas vantagens frente as democracias puras por duas razões: primeiro por delegar as funções do governo a número menor de cidadãos; segundo por aumentar o espaço territorial e o número de cidadãos sob a égide e a jurisdição de um único governo. Quanto a esta última razão, destaca-se:

> [...] à segunda característica distintiva das repúblicas deve-se a principal contribuição para evitar o mal das facções. Sob um território mais extenso e com um número maior de cidadãos cresce o número de interesses em conflito, de tal sorte que ou não existe um interesse que reúna a maioria dos cidadãos, ou, na pior das hipóteses, será difícil que se organize para agir. Ou seja, através da multiplicação das facções chega-se à sua neutralização recíproca, tornando impossível o controle exclusivo do poder por uma facção. Impede-se, assim, que qualquer interesse particular tenha condições de suprimir a liberdade[53].

Porém, a preocupação que acometia os federalistas era a dos grupos movidos por paixões comuns que atuam em contrariedade aos

51. HAMILTON, Alexander; MADISON, James; JAY, John. **O federalista**. Belo Horizonte: Editora Líder, 2003. p. 236-7.

52. HAMILTON, Alexander; MADISON, James; JAY, John. **O federalista**. Belo Horizonte: Editora Líder, 2003. p. 237.

53. WEFFORT, Francisco C. **Os clássicos da política**. São Paulo: Editora Ática, 2001. p. 254.

interesses da comunidade ou dos direitos dos cidadãos. Para tanto, a alternativa pensada pelos mesmos era a de organizar as instituições de modo a fazer com que elas resistem e evitem que o sistema de governo ficasse refém de alguns em detrimento de todos, ou seja, no governo republicano de suma importância seria a participação da maioria da sociedade e não só de alguns[54].

Em razão disso, dois grandes mecanismos institucionais são pensados, quais sejam, o Federalismo, no que toca ao princípio da separação dos poderes, e a concepção mais completa e elaborada de "freios e contrapesos".

Quanto ao federalismo há que se destacar, preliminarmente, que Montesquieu apenas havia pensado na separação de poderes do tipo horizontal, ou seja, com a criação de funções típicas equivalentes as funções legislativa, executiva e judiciária. Em complementariedade, os Federalistas pensaram também em uma separação de poderes do tipo vertical em que se descentralizaria os poderes entre União e Estados, por meio da divisão de competências, de modo a conformar uma República de território grande e populoso. Ou seja, a defesa pela aplicação do princípio da separação dos poderes encontra-se imbuída para controlar e frear mutuamente todas aquelas características não virtuosas dos homens, como as ambições para uso exclusivo seu e de seus interesses e por acúmulo de poder[55].

A adoção do princípio da separação dos poderes significa evitar a tirania em que, por sua vez, há a garantia de cada um agir e deter poder suficiente para resistir às ameaças dos outros poderes, bem como mantenha suas devidas ações àquilo que a pertence dentro dos limites constitucionalmente previstos[56].

Portanto, os federalistas defendem que a acumulação dos Poderes Legislativo, Executivo e Judiciário não fique nas mãos de uma só

---

54. HAMILTON, Alexander; MADISON, James; JAY, John. **O federalista**. Belo Horizonte: Editora Líder, 2003. p. 236-7.

55. WEFFORT, Francisco C. **Os clássicos da política**. São Paulo: Editora Ática, 2001. p. 251.

56. WEFFORT, Francisco C. **Os clássicos da política**. São Paulo: Editora Ática, 2001. p. 251.

pessoa, ou de um só conjunto de pessoas, ainda que seja por intermédio de eleição ou de conquista, sob risco de caracterizar uma tirania. No mais, destaca que a maneira adequada que evitaria essas acumulações nas mãos de um ou de poucos consiste em oferecer "àquelas que os exercitam meios suficientes e interesse pessoal para resistir às usurpações[57].

Quanto à institucionalização do sistema de "freios e contrapesos" a novidade está na instituição de uma separação de poderes com funções típicas e atípicas, isto é, os Poderes Legislativo, Executivo e Judiciário não só teriam competência de exercício de função própria de seus poderes, como também poderiam dialogar com os outros poderes ao possuírem também funções atípicas as suas funções[58].

Dentre estes, o Poder Legislativo passa a ser dividido em duas partes com princípios e interesses diferentes e que, por sua vez, são orientadas ao controle de um pelo outro.

Nesse diapasão, rememora-se ao princípio da separação dos poderes que um equilíbrio perfeito entre os poderes não encontra o mesmo ponto em um só governo, ou seja, para cada forma de governo haverá um poder mais forte em que pode advir maiorias que podem ameaçar as liberdades. No caso da república, por exemplo, o legislativo configura-se como o poder mais forte e, consequentemente, seria o que fator de poder a ameaçar a liberdade. Para tanto, a instituição de um Poder Legislativo dividido em duas partes visa exatamente a diminuir essa ameaça, pois com a "instituição do Senado [...], uma segunda câmara legislativa composta a partir de princípios diversos daqueles presentes na formação da Câmara dos Deputados, sendo previsível que a ação de uma leve a moderação da outra"[59].

No mais, o Judiciário passou de uma concepção de poder "neutro" acima visto, para um poder de interferência da produção do Legislativo, considerando a agora sua competência típica para declarar

57. HAMILTON, Alexander; MADISON, James; JAY, John. **O federalista**. Belo Horizonte: Editora Líder, 2003. p. 318.

58. HAMILTON, Alexander; MADISON, James; JAY, John. **O federalista**. Belo Horizonte: Editora Líder, 2003. p. 317.

59. WEFFORT, Francisco C. **Os clássicos da política**. São Paulo: Editora Ática, 2001. p. 251.

inconstitucionais as leis ou os atos normativos outrora provindos dos outros poderes com típica função para tanto. Fortalece essa concepção ao também defender a instituição de tribunais na qual os juízes que ali compõem somente perderem seus cargos por más condutas[60]. Ou seja, a duração dos cargos aos juízes dependeria tão somente de seu comportamento[61].

Desta feita, quanto ao Poder Judiciário, defendem que, por exceção, desviem do princípio de que suas nomeações saiam do povo, pois faz-se necessário que sejam escolhidas pessoas tecnicamente preparadas e com conhecimentos particulares para o exercício de tal função, bem como deve ser considerado o fato de que os juízes devem ser vitalícios para que sua imparcialidade não fique comprometida em razão daqueles a quem deverem sua nomeação[62].

Com isso, o legado deixado pelos Federalistas foi a contribuição maciça para o desenvolvimento de uma democracia representativa, promoção do equilíbrio dos poderes, instauração do modelo de controle judicial das leis e ter representado um exemplo concreto de tornar realidade um sistema federativo.

De todo o exposto, a lição a ser tirada para a continuidade deste capítulo é a de que os referidos autores foram os teóricos iniciais que despertaram para a importância da formação de um Estado político, bem como de poderes separados e independentes uns dos outros, com o controle mútuo entre os mesmos, para fins de melhor gerência e fiscalização do poder estatal e, assim, exercerem o seu fim último de proteção aos direitos e as liberdades dos cidadãos. Além disso, foram responsáveis por desenvolver as premissas de um sistema federativo, de uma democracia por representação, do bicameralismo e de um modelo em que o Poder Judiciário tivesse o controle judicial sobre as leis quando estas afrontassem a Constituição.

---

60. WEFFORT, Francisco C. **Os clássicos da política**. São Paulo: Editora Ática, 2001. p. 251-2.

61. HAMILTON, Alexander; MADISON, James; JAY, John. **O federalista**. Belo Horizonte: Editora Líder, 2003. p. 238.

62. HAMILTON, Alexander; MADISON, James; JAY, John. **O federalista**. Belo Horizonte: Editora Líder, 2003. p. 318.

3.3. OS ESTADOS UNIDOS DA AMÉRICA E SUA PASSAGEM PELO MODELO CONFEDERATIVO AO FEDERATIVO

Inicialmente, destaca-se que a conceituação de federalismo intenta dificuldades, entretanto, sua teorização é necessária, pois auxilia na "compreensão dos fenômenos para a identificação de pontos comuns e de relações entre certas práticas e determinadas consequências"[63].

Este trabalho adotará como concepção, relativamente unívoca, a ideia de que o termo federação significa a junção entre duas sociedades políticas independentes a fim de cumprir um interesse comum, ou melhor, significa pacto, aliança ou união de Estados[64].

Além disso, sobre o federalismo sabe-se que sua formação advém de um fenômeno moderno cuja caracterização plena advém, sobretudo, do processo de formação histórica dos Estados Unidos da América, compromisso sobre o qual este tópico do trabalho se propõe a analisar.

Os colonos da América do Norte foram influenciados a declararem independência à metrópole Inglesa pelas ideias liberais que afloravam na Europa. Embora distintas, as razões merecem destaque, qual seja: o fato das características socioculturais das colônias serem diversas dos valores sociais e costumes políticos outrora defendidos na metrópole[65].

Ademais, a Inglaterra atuava fortemente para restringir a autonomia colonial, o que, portanto, incentivaram os colonos, influenciados também pelas ideias liberais europeias, a combaterem o arbítrio da Coroa Inglesa, considerando o desrespeito desta em relação aos direitos humanos e, sobretudo, às liberdades individuais dos colonos[66].

---

63. RAMOS, Dircêo Torrecillas. **O federalismo assimétrico**. 2. ed. Rio de Janeiro: Forense, 2000. p. 22-3.

64. RAMOS, Dircêo Torrecillas. **O federalismo assimétrico**. 2. ed. Rio de Janeiro: Forense, 2000. p. 20-5.

65. PEREIRA, Fábio Franco. **A federação no constitucionalismo brasileiro**. 2010. 214 f. Dissertação (Mestrado em Direito) – Faculdade de Direito da Universidade de São Paulo. 2010. p. 12.

66. PEREIRA, Fábio Franco. **A federação no constitucionalismo brasileiro**. 2010. 214 f. Dissertação (Mestrado em Direito) – Faculdade de Direito da Universi-

Contudo, a busca pelo liberalismo e o combate dos colonos americanos ao absolutismo obtiveram resultados diferentes acerca das revoluções liberais burguesas da Europa. Estes resultaram em uma monarquia constitucional, haja vista que a ideia não era o rompimento com o rei, mas fazer este se submeter a uma Constituição para contenção de sua atuação estatal e a garantia de direitos e separação de poderes. Por outro lado, no caso das colônias americanas alcançarem essa mesma finalidade, necessário era que também se rompesse com a monarquia. Assim sendo, as revoluções liberais na América vieram acompanhadas por declaração de independência pelas colônias[67].

Dessa forma, as treze colônias inglesas da América do Norte romperam com a Coroa Inglesa e declararam sua independência, bem como formaram alianças externas e de uma confederação entre as colônias. Com isso, as colônias americanas tornaram-se estados soberanos, ou seja, tornaram-se livres da Inglaterra e independentes dos demais Estados soberanos também criados[68].

A Confederação dos Estados Unidos da América tinha enquanto objetivo "formar uma forte liga de amizade para promover a defesa comum, a segurança das liberdades e o bem-estar comum, devendo os Estados assistirem uns aos outros contra ataques que lhes fossem dirigidos em razão da religião, de sua soberania, do comércio ou de qualquer outra pretensão"[69].

Ocorre que a efetividade desta foi colocada em dúvidas por motivos diversos, principalmente pelo fato da Confederação não ter poderes para criação de impostos e em razão disso ficar à mercê da vontade dos Estados para que contribuíssem com o tesouro comum,

---

dade de São Paulo. 2010. p. 18.

67. PEREIRA, Fábio Franco. **A federação no constitucionalismo brasileiro**. 2010. 214 f. Dissertação (Mestrado em Direito) – Faculdade de Direito da Universidade de São Paulo. 2010. p. 18-9.

68. PEREIRA, Fábio Franco. **A federação no constitucionalismo brasileiro**. 2010. 214 f. Dissertação (Mestrado em Direito) – Faculdade de Direito da Universidade de São Paulo. 2010. p. 19.

69. PEREIRA, Fábio Franco. **A federação no constitucionalismo brasileiro**. 2010. 214 f. Dissertação (Mestrado em Direito) – Faculdade de Direito da Universidade de São Paulo. 2010. p. 22.

considerando não haver como os obrigar. Outra problemática era o fato das deliberações na Confederação exigirem uma maioria muito qualificada, impedindo, com isso, céleres soluções. Além disso, era ainda de extrema dificuldade alterar os Artigos da Confederação, visto que havia a exigência da unanimidade de aprovação de tais mudanças, pois, além da necessária aprovação pelo Congresso, era preciso que o Poder Legislativo de todos os Estados confederados também aprovasse[70].

Diante disso, a ausência de efetividade da Confederação comprometeu significativamente seu exercício no plano fático. A razão, para tanto, é atribuída à característica de soberania conferida aos Estados confederados, posto que os limites sejam poucos, vide, por exemplo, o fato de terem plena liberdade para denunciar o pacto confederativo e de se retirar da Confederação.

Portanto, embora a Confederação tenha exercido importante papel devido ao expressivo sentimento de lealdade e cumplicidade entre os Estados e o anseio pela preservação da independência, a realidade vivenciada, no caso americano, demonstrou sua fragilidade e ineficiência o que, portanto, exigiu uma mudança no modelo de Estado[71].

Por conta desse contexto ficou claro que a manutenção da união entre os Estados era necessária, entretanto, não mais na forma confederativa, uma vez que graves problemas foram apercebidos. O desafio passou ser a promoção da efetividade de um poder nacional e a garantia de liberdade no que toca o direito de autogoverno do povo[72].

Com isso, surge a defesa pela formação de um Estado em que a manutenção da união entre os mesmos permaneça, entretanto, por um modelo diferente, qual seja, um modelo federativo de Estado. Essa defesa foi feita pelos chamados "federalistas" quando do envio

---

70. PEREIRA, Fábio Franco. **A federação no constitucionalismo brasileiro**. 2010. 214 f. Dissertação (Mestrado em Direito) – Faculdade de Direito da Universidade de São Paulo. 2010. p. 23.

71. PEREIRA, Fábio Franco. **A federação no constitucionalismo brasileiro**. 2010. 214 f. Dissertação (Mestrado em Direito) – Faculdade de Direito da Universidade de São Paulo. 2010. p. 25.

72. PEREIRA, Fábio Franco. **A federação no constitucionalismo brasileiro**. 2010. 214 f. Dissertação (Mestrado em Direito) – Faculdade de Direito da Universidade de São Paulo. 2010. p. 26.

de delegados à convenção da Filadélfia para discussão e/ou revisão dos Artigos da Confederação dos Estados Unidos da América[73].

Contudo, havia quem discordasse dessas ideias, eram denominados os "antifederalistas". Por sua vez, defendiam o abandono do modelo de Confederação de Estado para um modelo de Federação por destacáveis motivos, dentre os quais, o alerta para o perigo da perda da liberdade conquistada pelos Estados Unidos frente à Inglaterra, bem como os riscos ao pleno exercício das liberdades individuais, uma vez considerando que cada Estado soberano possuía suas peculiaridades e, por consequência, ordenamentos jurídicos condizentes para fins de garantia dos direitos humanos fundamentais dos cidadãos[74].

Além disso, os "antifederalistas" fundamentavam sua posição sob a luz de que: primeiro, a deliberação democrática e conjunta dos cidadãos só seria possível em um Estado pequeno, portanto, a formação de um País extenso de modelo federal poderia centralizar as competências e comprometer um governo democrático e republicano; segundo, a excessiva centralização de competências no poder federal acabaria fazendo com que houvesse uma homogeneização forçada quanto ao tratamento legislativo dos demais Estados, inobservadas as diversidades locais[75].

Do outro modo, os "federalistas" argumentavam que república e democracia não se confundiam e que, em país de grande extensão, a existência de ambos não seria em nada ameaçada. Além disso, o respeito à diversidade dos Estados dentro de uma federação não poderia ser comprometido, haja vista que uma das características deste modelo é o exercício da autonomia legislativa, organizativa e administrativa dos Estados, ou seja, nada mais do que a mantença

---

73. PEREIRA, Fábio Franco. **A federação no constitucionalismo brasileiro**. 2010. 214 f. Dissertação (Mestrado em Direito) – Faculdade de Direito da Universidade de São Paulo. 2010. p. 29-30.

74. PEREIRA, Fábio Franco. **A federação no constitucionalismo brasileiro**. 2010. 214 f. Dissertação (Mestrado em Direito) – Faculdade de Direito da Universidade de São Paulo. 2010. p. 29-32.

75. PEREIRA, Fábio Franco. **A federação no constitucionalismo brasileiro**. 2010. 214 f. Dissertação (Mestrado em Direito) – Faculdade de Direito da Universidade de São Paulo. 2010. p. 32.

e respeito pelas peculiaridades de cada um, embora não mais sob a batina da soberania[76].

Assim, o modelo de um Estado Federal é inovador por fazer surgir um Estado soberano composto por Estados dotados de autonomia por meio de laços que os associam institucionalmente. Desse modo, o conceito de federalismo tem por base "a posição coordenada e independente dos diferentes centros de governo. O que era necessário [...] era que cada governo se limitasse a sua própria esfera e, dentro dessa esfera, fosse independente do outro"[77].

Assim, no contexto constitucional americano, há que se ter a ideia chave de uma divisão de poderes entre o governo nacional e os estados. Ao governo nacional ficaram ofertados poderes enumerados. Por outro lado, aos estados foram conferidos poderes residuais, ou seja, todos aqueles poderes que não foram ofertados ao governo federal[78].

Dessa forma, os Estados cederam sua soberania e retiveram a autonomia e considerável parte de suas competências antes possuídas quando eram soberanos, uma vez que ao ente federal ficou adstrito tão somente o que fosse de interesse geral e o que fosse vedado aos Estados. Por consequência, aos Estados ficou permitida a autonomia e a consequente possibilidade de legislar e atuar sobre grande parte dos assuntos[79].

A preocupação circundava em assegurar que a criação do Governo nacional não fosse poderosa o suficiente para oprimir a autoridade dos Estados, uma vez que estes deveriam continuar com poderes inalterados e garantidos, exceto quanto aos que haviam sido cedidos à União. Para

---

76. PEREIRA, Fábio Franco. **A federação no constitucionalismo brasileiro**. 2010. 214 f. Dissertação (Mestrado em Direito) – Faculdade de Direito da Universidade de São Paulo. 2010. p. 32-4.

77. SCWARTZ, Bernard. **O federalismo norte-americano atual**. Rio de Janeiro: Editora Forense Universitária, 1984. p. 09.

78. SCWARTZ, Bernard. **O federalismo norte-americano atual**. Rio de Janeiro: Editora Forense Universitária, 1984. p. 13.

79. PEREIRA, Fábio Franco. **A federação no constitucionalismo brasileiro**. 2010. 214 f. Dissertação (Mestrado em Direito) – Faculdade de Direito da Universidade de São Paulo. 2010. p. 36.

tanto, limitou-se o governo federal ao enumerar seus poderes e deixar o restante ao encargo dos Estados[80].

Contudo, não obstante ao governo federal lhe sejam conferidos poderes enumerados, sua autoridade não se encontra por completo minimamente detalhada, o que, portanto, lhe é "reconhecido como possuindo não simplesmente aqueles poderes a ele dados específica ou expressamente, mas também aqueles necessários e apropriados para o efetivo exercício de tais poderes expressos". A isso, a doutrina denominou de poderes implícitos, pois permitiu que o governo federal também pudesse lidar com matérias que não fossem mencionadas na Constituição de maneira direta[81].

Outra proteção dada foi a adoção do princípio da separação de poderes pelo mecanismo de freios e contrapesos. Observa-se a presença deste quando, por exemplo, encontramos previsões constitucionais de institutos como *impeachment* dos membros dos demais poderes – decididos pelo Legislativo –, veto das leis deliberadas pelo Legislativo por parte do poder Executivo e controle de nomeação dos integrantes do Poder Judiciário pelo chefe do Poder Executivo[82].

Ao juntar o modelo de Estado Federal com o princípio da separação dos poderes sob o mecanismo dos freios e contrapesos, este modelo torna-se quase que imune aos abusos e arbítrios[83]. Com isso, o federalismo se sedimenta pela formação histórica dos Estados Unidos da América, razão pela qual a primazia deste modelo cabe também a esta nação.

O que de significância prática se retira do sistema americano é o fato de tanto o governo federal quanto o estadual, observadas

80. SCWARTZ, Bernard. **O federalismo norte-americano atual**. Rio de Janeiro: Editora Forense Universitária, 1984. p. 09.

81. SCWARTZ, Bernard. **O federalismo norte-americano atual**. Rio de Janeiro: Editora Forense Universitária, 1984. p. 14-6.

82. PEREIRA, Fábio Franco. **A federação no constitucionalismo brasileiro**. 2010. 214 f. Dissertação (Mestrado em Direito) – Faculdade de Direito da Universidade de São Paulo. 2010. p. 37.

83. PEREIRA, Fábio Franco. **A federação no constitucionalismo brasileiro**. 2010. 214 f. Dissertação (Mestrado em Direito) – Faculdade de Direito da Universidade de São Paulo. 2010. p. 37.

as suas especificidades, possuírem atuação direta sobre todos aqueles que dentro de sua jurisdição territorial existem, ou seja, cada centro de governo é capaz de executar suas leis e decretos. Por consequência, tanto a Nação quanto os Estados possuem importante grau de independência de um pelos outros[84].

Desta forma, estabelece-se como premissa que o federalismo teve incidência inicial nos Estados Unidos da América e repercutiu por vários outros países como, por exemplo, o Brasil.

Entretanto, cumpre-se saber se na federação americana, a descentralização própria deste modelo de Estado é fatidicamente presenciada, bem como se o equilíbrio entre os entes União e Estados acontece. Esta análise precede de suma importância, quanto mais que servirá como base para apreciar o federalismo adotado no Brasil e o sistema de repartição de competências consequentemente adotado.

Enquanto pressuposto, pontua-se que a federação americana partiu da influência liberal e da ideia de que a autonomia dos Estados Membros não poderia ser enfraquecida, pois, embora a união fosse necessária, a excessiva centralização, por sua vez, tinha que ser evitada para que a liberdade individual dos cidadãos se preservasse[85].

Por conta disso, o federalismo americano foi taxado por agregação, visto que por razão de justificativa histórica, a autonomia dos Estados Membros se tornou maior, haja vista que foram cedidos por estes, parte daquilo que era de sua antiga soberania, para a União. Cessão feita para formar a federação deixando, portanto, a maior parte em seu poder[86].

O modelo federal de Estado adotado no contexto americano distribuiu as atribuições enumerando taxativamente as competências do âmbito federal e deixando como remanescentes, residuais, as

---

84. SCWARTZ, Bernard. **O federalismo norte-americano atual**. Rio de Janeiro: Editora Forense Universitária, 1984. p. 17.

85. PEREIRA, Fábio Franco. **A federação no constitucionalismo brasileiro**. 2010. 214 f. Dissertação (Mestrado em Direito) – Faculdade de Direito da Universidade de São Paulo. 2010. p. 42.

86. RAMOS, Dircêo Torrecillas. **O federalismo assimétrico**. 2. ed. Rio de Janeiro: Forense, 2000. p. 47-8.

competências dos Estados Membros. A isto convencionou chamar de técnica de repartição horizontal de competências, uma vez que a União não poderia atuar em matéria de competência dos Estados, nem vice-versa[87].

Esse modelo de repartição foi direcionando, inicialmente, o federalismo americano a um tipo denominado pela doutrina de dual, cuja característica principal é a separação estanque de competência entre os entes. Dessa forma, o federalismo dual toma por base que tanto o governo federal quanto o estadual têm poderes definidos de maneira rígida e definida. Portanto, neste caso, o equilíbrio necessário a um sistema federal seria garantido pela demarcação da autoridade estadual e federal, pois, por estes serem rivais iguais, a forma de garantir uma não ruptura entre eles perpassa pela rígida demarcação de suas competências[88].

O federalismo dual tem relação direta com a concepção de Estado liberal, com os defensores do *laissez-faire*, tanto que ajudou na efetivação do liberalismo, pois permitiu que a regulação estatal no campo da economia e do social fosse inexistente. Assim, o federalismo dual ajudou no implemento de uma ideia liberal de Estado em que apenas a igualdade formal seria o suficiente, tampouco importando se materialmente essa igualdade fosse vivida. Portanto, tanto o Estado liberal favorecia um federalismo dual como este favorecia o primeiro ao impedir, em razão da divisão estanque de competências, que o Estado agisse para retirar da sociedade as desigualdades vivenciadas[89].

Como exemplo dessa relação, Bernard Schwartz[90] destaca o caso *Hammer versus Dagenhart*, ou mais conhecido como o Caso do

---

87. FERREIRA FILHO, Manoel Gonçalves. **Comentários à Constituição brasileira de 1988**. São Paulo: Saraiva, 1990. p. 155.

88. SCWARTZ, Bernard. **O federalismo norte-americano atual**. Rio de Janeiro: Editora Forense Universitária, 1984. p. 26.

89. PEREIRA, Fábio Franco. **A federação no constitucionalismo brasileiro**. 2010. 214 f. Dissertação (Mestrado em Direito) – Faculdade de Direito da Universidade de São Paulo. 2010. p. 46-7.

90. SCWARTZ, Bernard. **O federalismo norte-americano atual**. Rio de Janeiro: Editora Forense Universitária, 1984. p. 28-9.

Trabalho Infantil[91]. Neste caso, a Suprema Corte adotou o conceito de federalismo dual enquanto complemento ao *laissez-faire* ao defender que a lei federal para o combate ao trabalho infantil era inconstitucional, haja vista que interferia em uma matéria reservada aos estados, qual seja a autoridade destes sobre a produção local.

Ocorre que esse cenário identificado acima foi modificado em razão de vários motivos históricos, econômicos e sociais, pois passou a surgir fortemente uma ideia de Estado completamente diferente do que o liberalismo e os defensores do *laissez-faire* pregavam e, por consequência, uma perspectiva de federalismo que não mais combinaria com essa falta de diálogo entre as competências dos entes federativos.

O cenário que passou a se vivenciar foi marcado por graves desigualdades na sociedade e péssimas condições e remunerações para a subsistência própria de grande parte dos cidadãos e de suas famílias. Com isso, a preocupação tão somente por igualdade formal não mais subsistia, era preciso que o Estado não só garantisse a liberdade, mas que desse para a maioria os meios suficientes para o exercício desta. Surgiu a necessidade, então, de um Estado mais intervencionista para melhores condições de vida e de subsistência dos cidadãos[92].

A ingerência disto dentro do contexto constitucional surgiu, sobretudo, com a Constituição de Weimar que, de maneira inédita, substituiu o constitucionalismo liberal pelo social, ou seja, fez a escolha por um constitucionalismo em que os direitos deveriam não só ser garantidos, mas prestados pelo Estado de maneira direta[93].

---

91. Envolveu a constitucionalidade de uma lei do Congresso que proibia o transporte, no comércio interestadual, de produtos feitos numa fábrica que empregasse crianças de uma idade especificada. O objetivo do Congresso, ao aprovar esta lei, foi ajudar a supressão do trabalho infantil por meio do fechamento dos mercados do comércio interestadual àqueles que procurassem lucrar com ele. Isto, porém, decidiu a Corte Suprema, estava acima do poder do legislativo federal. Através da promulgação desta lei, o Congresso procurou, principalmente, regulamentar a maneira pela qual os estabelecimentos manufatureiros eram conduzidos. Esta era, essencialmente, matéria de preocupação local cuja regulamentação estava reservada aos estados (SCHWARTZ, 1984, p. 28).

92. SCWARTZ, Bernard. **O federalismo norte-americano atual**. Rio de Janeiro: Editora Forense Universitária, 1984. p. 30-1.

93. PEREIRA, Fábio Franco. **A federação no constitucionalismo brasileiro**. 2010. 214 f. Dissertação (Mestrado em Direito) – Faculdade de Direito da Universi-

Observado isto, o federalismo originalmente estabelecido nos Estados Unidos sofreu mudanças, ou seja, com o crescimento da ideia de um Estado social, a repartição de competências de maneira estanque passou a se tornar frágil.

Desse modo, a concepção de um federalismo dual foi abandonada em favor de um federalismo cooperativo em que a repartição de competências se comunique entre os entes para fins de melhor efetividade e intervenção estatal de temas socialmente relevantes[94]. Tanto é que mudanças ocorreram na jurisprudência da Corte americana, inclusive no próprio Caso do Trabalho Infantil, vejamos:

> Em 1941, o tribunal americano foi além e revogou expressamente sua decisão no Caso do Trabalho Infantil, que, como vimos, havia aplicado estritamente o federalismo dual para restringir a ação federal que pudesse invadir a autoridade regulamentadora estadual. A Lei dos Padrões de Trabalho Justo, promulgada pelo Congresso em 1938, dispões sobre a fixação de salários mínimos e número máximo de horas de trabalho por um órgão do Governo Federal. Proíbe a remessa, no comércio interestadual, de bens manufaturados por empregados cujos salários sejam inferiores ao mínimo prescrito ou cujas horas de trabalho sejam superiores ao máximo prescrito. Nisto não é diferente da lei em questão no Caso do Trabalho Infantil, que havia proibido o transporte, no comércio interestadual, de bens produzidos pelo trabalho infantil. Naquele caso, é de lembrar, a Corte Suprema havia decidido que tal lei constituía uma tentativa inconstitucional, da parte do Congresso, de regulamentar a maneira pela qual a produção seria realizada – matéria reservada exclusivamente aos estados, individualmente. Em sua decisão de 1941 sobre o caso Estados Unidos versus Darby, **a Corte Suprema recusou-se a seguir sua decisão sobre o trabalho infantil. Em vez disto, declarou especificamente**

dade de São Paulo. 2010. p. 48-9.

94. RAMOS, Dircêo Torrecillas. **O federalismo assimétrico**. 2. ed. Rio de Janeiro: Forense, 2000. p. 49-52.

que sua decisão anterior repousava numa concepção de poder federal-estadual agora desatualizada e que a própria decisão precisava ser considerada revogada[95].

O federalismo cooperativo mescla a técnica horizontal de repartição de competências com a técnica vertical envolvendo, com isso, a atribuição de competências concorrentes e comuns aos entes. Isso proporciona uma maior elevação estatal, sobretudo, efetuada por uma maior ação da União[96].

Bernard Schwartz[97] analisa essa alteração do equilíbrio entre o poder nacional em detrimento ao poder estadual sob três perspectivas, quais sejam: a) da regulamentação do comércio; b) do poder de tributação; e c) subvenções.

Quanto à regulamentação do comércio, destacando a mudança de posicionamento da corte americana sobre o Caso do Trabalho Infantil, menciona que "a antiga opinião de que o poder federal sobre o comércio não podia ser exercido sobre transações locais que estavam dentro da área exclusiva da autoridade estadual, foi substituída pela noção de um poder absoluto do Governo nacional sobre o comércio". Assim, passou a inexistir qualquer espaço de autoridade estadual sobre o comércio que não pudesse ter o exercício também do poder federal[98].

Aduziu que por meio do Congresso Federal e de seu poder de tributar haveria a legítima e admissível possibilidade de inferir sobre matéria que antes fosse considerada de inteira competência dos estados[99].

---

95. SCWARTZ, Bernard. **O federalismo norte-americano atual**. Rio de Janeiro: Editora Forense Universitária, 1984. p. 33.

96. PEREIRA, Fábio Franco. **A federação no constitucionalismo brasileiro**. 2010. 214 f. Dissertação (Mestrado em Direito) – Faculdade de Direito da Universidade de São Paulo. 2010. p. 52-3.

97. SCWARTZ, Bernard. **O federalismo norte-americano atual**. Rio de Janeiro: Editora Forense Universitária, 1984. p. 45.

98. SCWARTZ, Bernard. **O federalismo norte-americano atual**. Rio de Janeiro: Editora Forense Universitária, 1984. p. 36.

99. SCWARTZ, Bernard. **O federalismo norte-americano atual**. Rio de Janeiro: Editora Forense Universitária, 1984. p. 40.

Além disso, destacou que pelas subvenções federais os Estados poderiam reabilitar suas economias e ajudar os indivíduos que ali residissem, ou seja, poderiam realizar políticas públicas de qualidade e, por consequência, tomar iniciativas para medidas necessárias em vários campos de sua jurisdição[100].

Por conta destas três perspectivas de análise que Bernard Schwartz[101] (1984, p. 45-65) defende que o sistema federal americano passou a se caracterizar por uma supremacia do poder nacional em detrimento do poder estadual, o que, por consequência, seria um efeito pendular contrário para equilibrar o que fora desequilibrado. A este crescimento do poder federal destacou como o "novo federalismo".

No entanto, há quem defenda que essa ação da União não necessariamente resultara em um uma transformação dos Estados Unidos em um modelo de Estado Unitário, tampouco em uma excessiva centralização de competências em torno do poder central. Pelo contrário, a autonomia dos Estados Membros, respeitadas suas diversidades locais, continuou fortemente defendida tendo em vista a manutenção de suas competências para tratar aspectos próprios de acordo com seus ideais interesses e necessidades, quer seja quanto à organização política de suas instituições e/ou de participação do povo no poder, observando os princípios e garantias previstos na Constituição Federal[102].

Dessa forma, com o federalismo cooperativo nos Estados Unidos, a solução dos principais problemas econômicos e sociais da população passaram a ser solucionados de maneira menos isolada pelos Estados e em conjunto com a União, haja vista o claro objetivo por uma maior interpenetração entre os entes da federação para fins de maior efetividade e promoção de bem-estar social[103].

---

100. SCWARTZ, Bernard. **O federalismo norte-americano atual**. Rio de Janeiro: Editora Forense Universitária, 1984. p. 41-4.

101. SCWARTZ, Bernard. **O federalismo norte-americano atual**. Rio de Janeiro: Editora Forense Universitária, 1984. p. 45-65.

102. PEREIRA, Fábio Franco. **A federação no constitucionalismo brasileiro**. 2010. 214 f. Dissertação (Mestrado em Direito) – Faculdade de Direito da Universidade de São Paulo. 2010. p. 53.

103. PEREIRA, Fábio Franco. **A federação no constitucionalismo brasileiro**. 2010. 214 f. Dissertação (Mestrado em Direito) – Faculdade de Direito da Universidade de São Paulo. 2010. p. 54-5.

Pela importância dos Estados no contexto americano, Bernard Schwartz destaca que:

> Os estados americanos podem estar sob crescente controle federal. Contudo, é improvável que em qualquer época venham a ter de buscar em Washington a determinação de seu comportamento como todas as áreas de governo municipal na Europa ainda têm de buscar no centro governamental antes de poderem tomar decisões ou fazer inovações importantes. Os estados americanos continuarão a ter um papel vital na garantia dos valores que até mesmo um federalismo diluído ainda possuirá[104].

Diante do exposto, pontua-se, resumidamente, que os Estados Unidos da América alcançaram sua independência da metrópole Inglesa para se afastarem do arbítrio desta e alcançarem o pleno gozo da liberdade, igualdade e garantia de direitos individuais próprios da condição humana. Com a independência, transformaram-se em Estado Confederado e passaram de um estágio de extrema restrição para uma fase de forte soberania e liberdade. Contudo, neste segundo momento, problemas residiram quanto à efetividade na promoção da defesa comum, segurança das liberdades e o bem-estar comum, posto que a soberania de todos os entes sem a presença de uma figura central dispersava e dificultava muito o diálogo e a efetivação de várias necessidades comuns. Em decorrência disso, surgiu um terceiro momento americano, relacionado à defesa pelos federalistas de um modelo de Estado Federal que inicialmente perpassa por uma concepção dual, em diálogo com o liberalismo estatal, para uma concepção cooperativa, alinhada com o conhecido *Welfare State*, ou Estado de bem-estar social, implanta um federalismo em que fosse favorecida a implementação de direitos e garantias fundamentais pelo Estado sob a luz de uma repartição de competências que fomentaria a interpenetração entre os entes e o poder central.

---

104. SCWARTZ, Bernard. **O federalismo norte-americano atual**. Rio de Janeiro: Editora Forense Universitária, 1984. p. 77.

Dessa forma, é necessário conhecer os pressupostos caracterizadores de um Estado Federal.

3.4. AS CARACTERÍSTICAS E FINALIDADES DO ESTADO FEDERAL

Antes de adentrarmos nas características específicas do federalismo, importa identificar as diferenças deste modelo para as outras formas de organização política, tais como a confederação e o Estado Unitário.

O Estado Confederativo chega a ser entendido por alguns autores como forma de Estado e por outros como apenas a junção de Estados. Nada obstante, neste trabalho se adotará a Confederação como uma forma de Estado.

A Confederação caracteriza-se por uma distribuição geográfica do poder político pelos entes em que estes são todos dotados de soberania. Seu nascimento se dá por meio de um tratado internacional, ou seja, por meio de um acordo entre os entes soberanos que deduzem em uma Confederação[105]. Por sua vez, este tratado pode ser chamado de constituição, mas sua essência é de tratado internacional, uma vez que parte de um acordo entre entes soberanos[106].

Portanto, a Confederação tem enquanto pressuposto caracterizador principal a presença desta soberania a todos os entes que o compunham.

---

105. FERNANDES, Bernardo Gonçalves. **Curso de direito constitucional**. 3. ed. Rio de Janeiro: Lumen Juris, 2011. p. 731.

106. Em razão da forte presença da soberania neste modelo de formação de Estado, importa-se destacar o que significaria o conceito de soberania. Segundo Sylvia Lenz, utilizando-se dos ensinamentos de Jean Bodin, destaca que soberania seria o exercício da autoridade do Estado sobre as famílias de maneira absoluta, vitalícia, única e pessoal e que, acima desta, tão somente existiria o poder de Deus enquanto superior. Desta forma, a soberania atrela e legitima os atos do Estado a uma concepção divina (LENZ, 2004, p. 128).
Neste sentido, Manoel Gonçalves Ferreira Filho (1995, p. 40) disciplina que soberania seria a ausência de subordinação de uma ordem estatal para outra ordem estatal de mesma espécie. Por sua vez, para Miguel Reale (1970, p. 127), soberania seria "o poder que tem uma Nação de organizar-se juridicamente e de fazer valer dentro de seu território a universalidade de suas decisões nos limites dos fins éticos de convivência".

Além disso, no modelo confederativo de Estado existe a possibilidade de secessão dos seus entes, ou seja, em razão da soberania inerente a todos, há a possibilidade de cada um requerer a ruptura ou a sua saída individual do pacto confederativo pela razão que bem lhe convir. No mais, no seio de uma Confederação não há um órgão do Poder Judiciário para dirimir conflito entre os entes, visto que todos eles são dotados de soberania e possuem individualmente seus próprios órgãos de cúpula judiciária para resolver seus conflitos internos[107].

De outro modo, o Estado Unitário define-se como aquele onde há uma distribuição geográfica do poder político em função do território. Assim, somente o polo central seria o emissor e distribuidor de normas. Todavia, esta é a concepção do Estado Unitário puro que, posteriormente foi abandonada para um formato de Estado Unitário descentralizado. Descentralização esta administrativa para fins de que este modelo de Estado se mantivesse dentro da Europa[108].

Além destes, existe também a figura do Estado Regional e do Estado Autonômico em que o diferencial dos Estados Unitários, por exemplo, seria não só a existência de descentralização administrativa, mas também de descentralização legislativa. Dessa forma, nesses modelos há um polo central emanador de normas e este, por sua vez, aloca às demais regiões não só competências administrativas, mas legislativas também.

A razão para o surgimento tanto do Estado Regional quanto do Estado Autonômico está no fato de que países como Itália e Espanha sofriam problemas não só de democratização (isto é, de aproximação do poder central com a população) e de burocratização, mas também de manutenção da unidade territorial do Estado.

A diferença entre Estado Regional para Estado Autonômico está no fato de que a descentralização regional é de cima para baixo, isto é, sem a participação das regiões, enquanto que a do Estado Autonômico é de baixo para cima, com, portanto, a participação na formação de suas competências.

---

107. FERNANDES, Bernardo Gonçalves. **Curso de direito constitucional**. 3. ed. Rio de Janeiro: Lumen Juris, 2011. p. 731.

108. RAMOS, Dircêo Torrecillas. **O federalismo assimétrico**. 2. ed. Rio de Janeiro: Forense, 2000. p. 15-6.

Por sua vez, o modelo de Estado Federal possui características distintas dos modelos acima descritos. Primeiro, o Estado Federal possui como base jurídica uma Constituição, e não, portanto, um tratado. Possui uma Constituição, pois é por meio desta que os Estados retiveram sua autonomia e cederam à soberania, bem como é por ela que os poderes da União, dos Estados Membros e dos demais entes políticos autônomos estão descritos. É na constituição que as repartições de competências entre os entes de uma federação estão normatizadas, juntamente com toda a sua organização[109].

A segunda característica é que, como já mencionado, foi retirada a soberania dos Estados federados, entretanto, o exercício da autonomia foi garantido. Com isso, outra diferença em relação aos demais modelos é que esses entes federados não podem deixar a federação. Ao Estado Membro está vedado o seu direito de secessão. Essa característica possui diferença, principalmente, quanto ao modelo de Confederação[110].

A justificativa para o não direito de secessão dos entes de uma Federação encontra fundamento justamente na crítica feita ao modelo de Confederação: a de que neste modelo de Estado era difícil a formação de um governo central que pudesse manter a união e não ficar refém dos humores dos Estados Membros. A saída, como já visto, foi a perda da soberania por parte destes entes e o ingresso na federação tão somente com o exercício da autonomia[111].

Destaca-se como terceira e essencial característica do modelo de Estado Federal a autonomia conferida aos Estados Membros, ou seja, o fato destes abandonarem a condição de soberano e passarem a autônomos[112].

---

109. PEREIRA, Fábio Franco. **A federação no constitucionalismo brasileiro**. 2010. 214 f. Dissertação (Mestrado em Direito) – Faculdade de Direito da Universidade de São Paulo. 2010. p. 75-6.

110. PEREIRA, Fábio Franco. **A federação no constitucionalismo brasileiro**. 2010. 214 f. Dissertação (Mestrado em Direito) – Faculdade de Direito da Universidade de São Paulo. 2010. p. 76.

111. PEREIRA, Fábio Franco. **A federação no constitucionalismo brasileiro**. 2010. 214 f. Dissertação (Mestrado em Direito) – Faculdade de Direito da Universidade de São Paulo. 2010. p. 76.

112. PEREIRA, Fábio Franco. **A federação no constitucionalismo brasileiro**. 2010. 214 f. Dissertação (Mestrado em Direito) – Faculdade de Direito da Universi-

No sistema federalizado de Estado há tão somente um ente soberano, o Estado federal. Os Estados Membros detêm apenas de autonomia, ou seja, detêm um poder não supremo, mas subordinado. Possuem um poder próprio para o exercício de três capacidades: autoadministração, auto legislação e auto-organização, entretanto, o exercício destas capacidades de maneira não ilimitada tendo, portanto, que observar os princípios e normas ditadas pela Constituição Federal. Entretanto, cumpre-se destacar que os Estados Membros não devem qualquer subordinação ao governo central uma vez que estes também são autônomos e devem observância à Constituição[113].

Inclusive, essa é a principal característica que diferencia este modelo de todos os demais modelos de organização política, pois é esta que dá forma à federação e proporciona a descentralização e o equilíbrio federativo imprescindível a este modelo de Estado[114].

Por sua vez, a não centralização garantiria o compartilhamento dos poderes entre os entes federados, podendo estes, inclusive, participar na formação das atividades governamentais nacionais e agir autonomamente nas áreas abertas para o exercício autônomo[115].

Destarte, a quarta característica da federação é exatamente a repartição de competências entre os entes para que conflitos federativos sejam evitados, bem como para que recursos não sejam desnecessariamente gastos e esferas distintas engrenem esforços para o mesmo fim. Esta característica é decorrência da própria noção de autonomia, pois, sem a repartição de competências, o exercício da autonomia dentro de uma federação se esvairia em razão de fracas possibilidades de efetivação[116].

---

dade de São Paulo. 2010. p. 77.

113. PEREIRA, Fábio Franco. **A federação no constitucionalismo brasileiro**. 2010. 214 f. Dissertação (Mestrado em Direito) – Faculdade de Direito da Universidade de São Paulo. 2010. p. 80-1.

114. PEREIRA, Fábio Franco. **A federação no constitucionalismo brasileiro**. 2010. 214 f. Dissertação (Mestrado em Direito) – Faculdade de Direito da Universidade de São Paulo. 2010. p. 82.

115. RAMOS, Dircêo Torrecillas. **O federalismo assimétrico**. 2. ed. Rio de Janeiro: Forense, 2000. p. 41.

116. PEREIRA, Fábio Franco. **A federação no constitucionalismo brasileiro**. 2010. 214 f. Dissertação (Mestrado em Direito) – Faculdade de Direito da Universi-

No mais, esta distribuição de competências deve ser equilibrada para manter a preservação da autonomia dos diversos entes e para evitar a centralização e a supremacia em torno de um ente específico[117]. O equilíbrio na distribuição de competências é essencial para que se caracterize determinado modelo de Estado como federativo.

A quinta característica do federalismo é a repartição de rendas, ou seja, a cada esfera de competência deve ser destinada verba especificada e suficiente para que os deveres ali impostos sejam devidamente cumpridos. A razão para tanto se dá pelo fato de que sem a correta repartição de rendas a eficiência administrativa seria prejudicada e, por consequência, os serviços públicos não serão devidamente prestados o que, portanto, resultaria em desvirtuamento do modelo federalista[118].

Por último, um outro elemento que caracteriza o Estado Federal é a possibilidade que os entes federados têm de participar da formação da vontade nacional, ou seja, que a vontade nacional seja sempre fruto da soma das decisões tomadas no âmbito das vontades locais. Por sua vez, essa característica pode ser efetivada de maneiras diversas, como, por exemplo, a instituição de uma câmara parlamentar própria para a representação dos Estados dentro do processo legislativo federal, formando, assim, o bicameralismo[119].

Dessas características denota-se que as principais finalidades de um Estado Federal são: a) limitar o poder e, ao repartir as competências entre os entes federados, impedir que haja um acúmulo de poderes em determinada pessoa ou órgão estatal; b) permitir a participação de uma união forte em temas gerais, tais como defesa nacional e promoção de políticas públicas iguais e, concomitantemente, manter a autonomia; c) favorecer a democracia, pois está intimamente ligada a esse regime

---

dade de São Paulo. 2010. p. 84.

117. PEREIRA, Fábio Franco. **A federação no constitucionalismo brasileiro**. 2010. 214 f. Dissertação (Mestrado em Direito) – Faculdade de Direito da Universidade de São Paulo. 2010. p. 85.

118. PEREIRA, Fábio Franco. **A federação no constitucionalismo brasileiro**. 2010. 214 f. Dissertação (Mestrado em Direito) – Faculdade de Direito da Universidade de São Paulo. 2010. p. 87.

119. BARACHO, José Alfredo de Oliveira. **Teoria geral do federalismo**. Rio de Janeiro: Forense, 1986. p. 50-1.

ao impedir a concentração de poder nas mãos de poucos e aproximar governantes de governados, bem como assegurar maior participação do poder político local nas vontades nacionais; d) garantir as diversidades locais quando proporciona devida autonomia aos entes federados[120].

Com tudo isso, observa-se que a caracterização de um Estado Federal perpassa peculiaridades próprias que não permitem confundi-lo com qualquer outro modelo de Estado. No Brasil, este modelo foi adotado com algumas peculiaridades próprias em razão, principalmente, do percurso histórico de sua formação.

3.5. A CONCEPÇÃO DE FEDERALISMO E O SISTEMA CONSTITUCIONAL DE REPARTIÇÃO DE COMPETÊNCIAS ADOTADOS NO BRASIL NA CONSTITUIÇÃO DE 1988

Nos diversos países, a implantação do federalismo possui processos históricos distintos, o que faz com que ganhe conformações que diferenciam o modelo federativo de um Estado para o outro. No caso do Brasil, a formação histórica fez com que suas peculiaridades não sejam vistas em outros países, nem mesmo no país de origem inspiradora do modelo de Estado, os Estados Unidos da América.

Após o período ditatorial, a Constituição do Brasil foi promulgada em 05 de outubro de 1988 e, dentre os princípios fundamentais descritos, previu o princípio federativo e que o Brasil seria formado pela união indissolúvel dos Estados, Municípios e do Distrito Federal, consoante disciplina do artigo 1º.

O princípio federativo é de suma importância no texto constitucional que se encontra previsto como limitação material expressa para emenda constitucional tendente a abolir, ou seja, é impedimento expresso ao poder constituinte derivado reformador, consoante artigo 60, §4º da Constituição Federal de 1988[121].

---

120. PEREIRA, Fábio Franco. **A federação no constitucionalismo brasileiro**. 2010. 214 f. Dissertação (Mestrado em Direito) – Faculdade de Direito da Universidade de São Paulo. 2010. p. 89-91.

121. RAMOS, Dircêo Torrecillas. **O federalismo assimétrico**. 2. ed. Rio de Janeiro: Forense, 2000. p. 37.

Ocorre que, em alguns aspectos, o federalismo brasileiro se aproxima do federalismo americano e em outros pontos se afasta. No que se aproxima, destaque inicial para a ausência do direito de secessão, ou seja, há na Constituição de 1988 a previsão do princípio da indissolubilidade do vínculo federativo o que, portanto, veda aos Estados Membros se retirarem da federação. Tanto que a Constituição prevê em regra que a União não pode intervir nos Estados, não obstante outras causas previstas em rol taxativo, exceto para manter a integridade nacional[122].

Entretanto, as diferenças do modelo de federação brasileiro para o americano denotam desde a origem histórica até a estrutura básica. Neste, por exemplo, observa-se que, diferente do que acontece nos Estados Unidos, o Distrito Federal além de compor a federação ainda sedia o governo da União[123].

Contudo, é no aspecto de origem histórica do federalismo brasileiro que sua diferença para o contexto americano denota destaque, pois o primeiro, acerca a origem, pode ser caracterizado como centrífugo, enquanto que o federalismo americano tem origem centrípeta.

A origem centrípeta significa um movimento realizado da periferia para o centro, ou seja, é um movimento em que os entes abrem mão da soberania que detinham para passar a deter tão somente de autonomia e permitirem que um só ente apenas detenha de soberania. Esse movimento foi o que aconteceu na realidade americana, uma vez que antes de se tornar um Estado Federal os Estados Unidos eram uma Confederação na qual os seus integrantes detinham soberania. Entretanto, ambos abriram mão disso para fins de formar um federalismo, passando a deter tão somente de autonomia e permitir que a um só ente fosse permitido deter o caráter de soberano[124].

---

122. PEREIRA, Fábio Franco. **A federação no constitucionalismo brasileiro**. 2010. 214 f. Dissertação (Mestrado em Direito) – Faculdade de Direito da Universidade de São Paulo. 2010. p. 142.

123. PEREIRA, Fábio Franco. **A federação no constitucionalismo brasileiro**. 2010. 214 f. Dissertação (Mestrado em Direito) – Faculdade de Direito da Universidade de São Paulo. 2010. p. 142-3.

124. FERNANDES, Bernardo Gonçalves. **Curso de direito constitucional**. 3. ed. Rio de Janeiro: Lumen Juris, 2011. p.733.

No caso brasileiro, o federalismo se classifica como centrífugo por conta de o movimento ter acontecido do centro para periferia, haja vista que o Brasil, quando do Império na Constituição de 1824, era um Estado Unitário, ou seja, era um Estado onde não havia distribuição geográfica do poder político e apenas o polo central era o instituidor e emanador de normas. Portanto, configurava-se como um Estado altamente centralizador. Todavia, com o advento da República surge também a ideia do federalismo[125].

Desse modo, a construção histórica do federalismo brasileiro aconteceu do centro para periferia, pois sai de um Estado altamente centralizador, com um polo central responsável por instituir e emanar norma, para um Estado Federal em que há descentralização e entes dotados de autonomia e soberania capazes de instituição e emissão normas.

Destarte, no Brasil, o que ocorreu não foi uma associação de Estados soberanos, mas uma descentralização promovida pelo poder central. Portanto, foi o "poder central que conferiu as competências e a autonomia às entidades descentralizadas que ele mesmo criou ao separar o Estado Unitário imperial"[126].

Desta feita, a diferença acerca da origem do federalismo para esses países proporciona consequências distintas. Por exemplo, no caso americano, observa-se um federalismo de origem centrípeta, que em relação ao aspecto de concentração possui o cunho centrífugo, ou seja, de maior descentralização do poder. Isso se dá exatamente porque os entes que antes eram soberanos se dirigem ao centro, ou seja, abrem mão da soberania para terem autonomia e, em troca, possuem maior incremento em seu poder e não em poder do ente central. Por outro lado, no Brasil, acontece completamente diferente. A origem do federalismo brasileiro é centrífuga e, consequentemente, a concentração

125. FERNANDES, Bernardo Gonçalves. **Curso de direito constitucional**. 3. ed. Rio de Janeiro: Lumen Juris, 2011. p. 733-4.

126. PEREIRA, Fábio Franco. **A federação no constitucionalismo brasileiro**. 2010. 214 f. Dissertação (Mestrado em Direito) – Faculdade de Direito da Universidade de São Paulo. 2010. p. 197.

de poder é muito mais centralizada. Com isso, o ente central passa a deter uma gama de competências bem maior[127].

Assim, não obstante, o federalismo brasileiro se inspirou no norte-americano, e as diferenças são profundas, sobretudo no que toca ao enfraquecimento dos Estados Membros frente à União[128].

Ocorre que o ideal deve ser que o federalismo brasileiro fosse menos concentrado em torno do ente central e fosse mais equilibrado, portanto, um federalismo que em relação à concentração de poder não fosse nem centrípeto nem centrífugo, mas equânime acerca deste aspecto.

É importante mencionar que o ente dotado de soberania é a República Federativa do Brasil haja vista o fato de ser esta a pessoa jurídica de direito público internacional. Por outro lado, a União, os Estados Membros, o Distrito Federal e Municípios são os entes que detêm a autonomia.

Dos entes dotados de autonomia, destaque a ser dado ao Distrito Federal, pois ganhou autonomia na Constituição Federal de 1988. Todavia, apesar de deter características e competências dos Estados e Municípios, não é nenhum dos dois especificamente, ou seja, sua natureza é *sui generis*, pois é ente dotado de autonomia, de personalidade jurídica de direito público interno, que não está dividido em municípios e que é a capital do Brasil[129].

Além disso, os Municípios também merecem destaque, pois, diferentemente do federalismo americano, são entes federativos dotados de autonomia, deixando, portanto, de ser unidades puramente de descentralização dos Estados Membros. Contudo, parte da doutrina chega a criticar isso por motivos que vão desde o fato de inexistir nos Municípios Poder Judiciário próprio, de os mesmos não possuírem

---

127. FERNANDES, Bernardo Gonçalves. **Curso de direito constitucional**. 3. ed. Rio de Janeiro: Lumen Juris, 2011. p. 734-8.

128. PEREIRA, Fábio Franco. **A federação no constitucionalismo brasileiro**. 2010. 214 f. Dissertação (Mestrado em Direito) – Faculdade de Direito da Universidade de São Paulo. 2010. p. 197.

129. PEREIRA, Fábio Franco. **A federação no constitucionalismo brasileiro**. 2010. 214 f. Dissertação (Mestrado em Direito) – Faculdade de Direito da Universidade de São Paulo. 2010. p. 143-4.

representantes que participem na formação da vontade nacional e também quanto ao Supremo Tribunal Federal não deter competência para solucionar conflitos federativos em que os Municípios figurem em um dos polos da lide[130].

Entretanto, após a Constituição Federal de 1988, os Municípios, indiscutivelmente, passaram a integrar a federação e, semelhante aos Estados Membros e União, são dotados de autonomia, possuindo também as capacidades de auto-organização, autoadministração e autogoverno[131].

Portanto, a federação brasileira de maneira inovadora se caracteriza por possuir uma descentralização dividida em três graus, quais sejam: municipal, estadual e federal. Por mais diferente que seja do modelo americano, isso, por si só, não chega a macular o caráter federativo do Estado brasileiro. No entanto, consequências foram levantadas acerca do sistema de repartição de competências, bem como ao exercício da autonomia dos Estados Membros[132].

Ultrapassado o regime militar e do consequente momento de gigantismo da União, passou a ser imprescindível o aumento da esfera de autonomia dos Estados Membros, haja vista a necessidade de correção das disfunções que vinham acontecendo nas últimas décadas. Portanto, com o advento da Constituição Federal de 1988, para que a autonomia estadual fosse alcançada e as distorções que corromperam o federalismo fossem corrigidas, alterações no sistema constitucional de repartição de competências foram realizadas[133].

---

130. MENDES, Gilmar Ferreira; COELHO, Inocêncio Mártires; BRANCO, Paulo Gustavo Gonet. **Curso de direito constitucional**. 2. ed. São Paulo: Saraiva, 2008. p. 815.

131. PEREIRA, Fábio Franco. **A federação no constitucionalismo brasileiro**. 2010. 214 f. Dissertação (Mestrado em Direito) – Faculdade de Direito da Universidade de São Paulo. 2010. p. 146.

132. PEREIRA, Fábio Franco. **A federação no constitucionalismo brasileiro**. 2010. 214 f. Dissertação (Mestrado em Direito) – Faculdade de Direito da Universidade de São Paulo. 2010. p. 146.

133. ALMEIDA, Fernanda Dias Menezes de. **Competências na Constituição de 1988**. São Paulo: Editora Atlas, 1991. p. 82-3.

Com isso, o modelo de repartição de competências adotado mesclou os sistemas horizontais e verticais, proporcionando, assim, com que os entes federativos detivessem competências privativas e concorrentes, tanto executivas quanto legislativas. No mais, o aumento de competências concorrentes proporcionou uma maior descentralização e habilitou para que um federalismo de equilíbrio pudesse ser construído[134].

Nesta senda, há quem defenda que a alteração do sistema de competências favoreceu os entes locais, pois tornou o federalismo brasileiro mais descentralizado. Contudo, tal defesa pode não se confirmar quando da análise dos contextos fáticos atuais, razão pela qual torna-se imprescindível uma análise detalhada sobre a repartição de competências adotada na Constituição de 1988, para assim verificar, conclusivamente, se os fins pautados estão seguramente sendo cumpridos[135].

Antes de adentrar especificamente nas competências privativas, cumpre-se discutir acerca da questão terminológica, qual seja se as expressões "competências privativas" e "competências exclusivas" seriam sinônimas.

Para parte da doutrina, a diferença está no fato de que as competências exclusivas seriam aquelas próprias de uma entidade federativa sem possibilidade de delegação a outra entidade, enquanto que as competências privativas seriam aquelas próprias de uma entidade federativa, mas com possibilidade de delegação, no todo ou em parte, a outro ente federal[136].

No entanto, há entendimento doutrinário também no sentido de que, por mais válida que seja essa diferenciação, em razão do critério da delegação, o que não pode é extremar isso, uma vez considerando que lexicamente tanto o termo "privativo" como "exclusivo" significam

---

134. ALMEIDA, Fernanda Dias Menezes de. **Competências na Constituição de 1988**. São Paulo: Editora Atlas, 1991. p. 79.

135. ALMEIDA, Fernanda Dias Menezes de. **Competências na Constituição de 1988**. São Paulo: Editora Atlas, 1991. p. 82-3.

136. SILVA, José Afonso da. **Curso de direito constitucional positivo**. 35. ed. São Paulo: Malheiros, 2012. p. 413.

a ideia do que é de titularidade de um ente com exclusão do outro. Portanto, com base nisso, alguns adotam a concepção de que competências privativas e competências exclusivas seriam indistintas, ou seja, sinônimas[137]. Em relação a isso, acompanha-se este posicionamento.

Da análise individualizada das competências é importante destacar, inicialmente, sobre as privativas. Inicia-se com esta, pois são as responsáveis por demonstrar se há a predominância de uma distribuição de poder político mais centralizadora ou descentralizadora. Isto é, se determinada federação deslocar mais competências privativas à União, pode haver redução do papel dos demais entes, bem como escaparia de se observar um genuíno Estado Federal[138].

Especificamente, as competências privativas são as responsáveis por permitirem a determinado ente uma atuação legislativa ou material a título privativo sobre determinado tema, portanto, sem qualquer interferência de qualquer outro. Desta feita, na Constituição Federal de 1988, adotou-se a regra de definir as competências privativas da União (artigos 21 e 22) e dos Municípios (artigo 30) de maneira expressa, enquanto que aos Estados Membros ficaram as residuais (artigo 25, §1º). O Distrito Federal, em razão do seu caráter *sui generis*, possui as competências legislativas conferidas aos Municípios e aos Estados[139].

No caso da União, suas competências privativas são divididas em materiais e legislativas. As competências materiais, dispostas no artigo 21 da Constituição Federal, estabelecem o que a União está credenciada a fazer em conjunto com os Poderes Executivo e Legislativo. Quanto ao seu conteúdo, observa-se que o constituinte originário inseriu matérias que fazem parte da essência nuclear das competências materiais da União, como, por exemplo, o de manter relações com Estados estrangeiros, participar de organizações internacionais, bem como

---

137. ALMEIDA, Fernanda Dias Menezes de. **Competências na Constituição de 1988**. São Paulo: Editora Atlas, 1991. p. 85-7.

138. PEREIRA, Fábio Franco. **A federação no constitucionalismo brasileiro**. 2010. 214 f. Dissertação (Mestrado em Direito) – Faculdade de Direito da Universidade de São Paulo. 2010. p. 150.

139. PEREIRA, Fábio Franco. **A federação no constitucionalismo brasileiro**. 2010. 214 f. Dissertação (Mestrado em Direito) – Faculdade de Direito da Universidade de São Paulo. 2010. p. 150.

declarar guerra e celebrar a paz. Além disso, o dispositivo mencionado não esgota as competências materiais privativas da União, pois outros se encontram previstos no decorrer do texto constitucional[140].

Das competências materiais previstas no artigo 21 constata-se uma ampliação das competências federais, o que, por sua vez, já nos direciona para uma ótica prejudicada de equilíbrio federativo[141].

Acontece que algumas competências arroladas no artigo 21 poderiam ser transferidas ao artigo 23, ou seja, poderiam ser descritas como competências comuns, como por exemplo, a competências de planejar e promover a defesa permanente contra as calamidades públicas, bem como a de executar a inspeção do trabalho[142].

Por outro lado, as competências privativas legislativas da União – dispostas, não exaustivamente, no artigo 22 da Constituição Federal de 1988 – são as responsáveis por "estabelecer as leis que vão reger as suas próprias atividades, sem subordinação hierárquica e sem a intromissão das demais esferas de poder, que se traduz fundamentalmente a autonomia de cada uma dessas esferas". Portanto, estas são o ponto central da repartição de competências em uma Federação, haja vista que é por meio delas que os poderes políticos expressam-se, que o exercício da autonomia é realizado pelas unidades federativas[143].

Quanto ao conteúdo, observa-se que o seu elenco não se esgota no artigo 22, pois, há outras destas competências no decorrer da Carta Magna de 1988. Além disso, este dispositivo arrolou competências antes não previstas para a União, como, por exemplo, legislar sobre informática, organização do sistema nacional de emprego e sistema de consórcios e sorteios[144].

---

140. ALMEIDA, Fernanda Dias Menezes de. **Competências na Constituição de 1988**. São Paulo: Editora Atlas, 1991. p. 92-7.

141. ALMEIDA, Fernanda Dias Menezes de. **Competências na Constituição de 1988**. São Paulo: Editora Atlas, 1991. p. 98.

142. ALMEIDA, Fernanda Dias Menezes de. **Competências na Constituição de 1988**. São Paulo: Editora Atlas, 1991. p. 98-9.

143. ALMEIDA, Fernanda Dias Menezes de. **Competências na Constituição de 1988**. São Paulo: Editora Atlas, 1991. p. 104.

144. ALMEIDA, Fernanda Dias Menezes de. **Competências na Constituição de 1988**. São Paulo: Editora Atlas, 1991. p. 105-7.

Novamente, as vastas matérias em favor da União demonstram a primazia destas na produção legislativa do Estado Federal Brasileiro. Para fins de melhorias, defende-se que algumas destas competências previstas no artigo 22 sejam transferidas para o rol das competências concorrentes, ou mesmo para o rol das competências privativas dos outros entes federados, como exemplo o caso da competência da União para editar normas gerais sobre licitação[145][146].

Com isso, avanços se confirmariam em direção à descentralização das competências legislativas, bem como as precípuas finalidades de um genuíno Estado Federal[147].

Ainda no que toca ao artigo 22 da Constituição Federal, cumpre-se tecer comentários sobre o parágrafo único deste dispositivo. Este, por sua vez, prevê que lei complementar poderá autorizar que os Estados legislem sobre algumas matérias descritas neste artigo.

Essa delegação é vista com reservas porque a repartição de competências é tema vital de uma Federação e, portanto, deveria ser resolvida no âmbito da própria Constituição, ou seja, a responsabilidade seria do poder constituinte e a este caberia definir as competências de cada entidade federativa e em que medida seria o seu exercício[148].

No mais, outro tom crítico seria pelo fato de que o constituinte originário ao dar esse aval ao legislador federal acaba por permitir

---

145. Neste ponto, a autora é bem enfática ao afirmar: "Mas justamente por se cuidar de temas de Direito Administrativo é que definitivamente não deveria a União ditar regras, ainda que gerais, para os Estados e Municípios. Já há um grande número de princípios e regras condicionadores da Administração Pública em geral, assentados pelo próprio constituinte nos artigos 37 a 41. Inclusive a submissão das contratações à previa licitação é uma exigência do inciso XXI do artigo 37. Pode-se dizer, assim, que o norte já está na Constituição e a partir dele deveria cada entidade política cuidar dos seus assuntos administrativos, não tendo cabimento a interferência do legislador federal nesse processo" (ALMEIDA, 1991, p. 111).

146. ALMEIDA, Fernanda Dias Menezes de. **Competências na Constituição de 1988**. São Paulo: Editora Atlas, 1991. p. 108-9.

147. ALMEIDA, Fernanda Dias Menezes de. **Competências na Constituição de 1988**. São Paulo: Editora Atlas, 1991. p. 111.

148. ALMEIDA, Fernanda Dias Menezes de. **A constituição do estado federal e das unidades federadas**. 1987. p. 116.

que sejam delegadas aos Estados as competências que, de maneira alguma, deveriam sair do plano normativo federal, como exemplo, sistema monetário, comércio exterior e requisições civis e militares em tempo de guerra[149].

De todo modo, não obstante seja uma inovação do constituinte originário de 1988 para fins de descentralização normativa, a verdade é que efetividade alguma vem provocando, visto que essa lei complementar se quer já veio a ser editada[150].

Cumpre-se mencionar que os artigos 21 e 22 da Constituição Federal mostram correlação entre as matérias que discriminam, uma vez que os desempenhos das atividades descritas dependem, por vezes, da participação do Poder Executivo e do Poder Legislativo[151].

De outro modo, quanto aos municípios, a Constituição não demarcou a área de suas competências, mas destacou categoria genérica, ou seja, das competências outrora destacadas aos Municípios, parte delas enumerou e outra parte deixou como implícitas, a serem identificadas sempre para fins do peculiar interesse local. Este termo, por sua vez, deve ser compreendido como o interesse predominante do Município[152].

Por último, as competências privativas dos Estados são destacadas de maneira excludente, ou seja, o que não for incluído como competências enumeradas ou implícitas da União e dos Municípios, tampouco incidir nos limites constitucionais, ficará com os Estados. Assim, para conhecer as competências dos Estados Membros é necessário não só se ater às competências da União e dos Municípios,

---

149. ALMEIDA, Fernanda Dias Menezes de. **A constituição do estado federal e das unidades federadas**. 1987. p. 118.

150. PEREIRA, Fábio Franco. **A federação no constitucionalismo brasileiro**. 2010. 214 f. Dissertação (Mestrado em Direito) – Faculdade de Direito da Universidade de São Paulo. 2010. p. 153-4.

151. ALMEIDA, Fernanda Dias Menezes de. **A constituição do estado federal e das unidades federadas**. 1987. p. 91.

152. ALMEIDA, Fernanda Dias Menezes de. **A constituição do estado federal e das unidades federadas**. 1987. p. 122-4.

mas também às vedações que lhes foi imposta, vide artigo 25 §1 da Constituição Federal de 1988[153].

Por outro lado, acerca das competências concorrentes, o constituinte trata sobre elas separando-as no artigo 23, em competências gerais ou de execução e em competências legislativas. As primeiras estão previstas no artigo 23 e as segundas no artigo 24 da Constituição Federal. Ambas são atribuídas a todos os entes da federação brasileira[154].

No artigo 23, a Constituição de 1988 traz um rol específico de competências materiais, cujo exercício desta seria comum entre os entes da federação. O artigo 24 aborda sobre competências legislativas concorrentes entre os entes. Entretanto, embora os termos "comum" e "concorrente" sejam distintos, ambos produzem o mesmo significado, qual seja a de que os entes da federação devem cooperar para alcançar os objetivos dos artigos normativos da Constituição[155].

Estas surgem enquanto tentativa de reverter a tendência centrípeta da federação brasileira. Desta feita, buscou-se inicialmente descentralizar as competências materiais para fins de que políticas públicas fossem concretizadas e direcionadas a peculiaridades locais, bem como transformasse a administração pública em uma maior eficiência. No mais, buscou-se aumentar a participação dos demais entes da federação nas competências legislativas, não obstante a necessária uniformização em determinadas aspectos estatais[156].

Portanto, a Constituição Federal de 1988, além de especificar as competências privativas de cada ente da federação, almejou também interligar as competências de execução ou legislativa entre estes, fortalecendo, com isso, um sistema de repartição vertical de competências[157].

153. ALMEIDA, Fernanda Dias Menezes de. **A constituição do estado federal e das unidades federadas**. 1987. p. 128-9.

154. ALMEIDA, Fernanda Dias Menezes de. **A constituição do estado federal e das unidades federadas**. 1987. p. 139.

155. ALMEIDA, Fernanda Dias Menezes de. **A constituição do estado federal e das unidades federadas**. 1987. p. 139.

156. PEREIRA, Fábio Franco. **A federação no constitucionalismo brasileiro**. 2010. 214 f. Dissertação (Mestrado em Direito) – Faculdade de Direito da Universidade de São Paulo. 2010. p. 172.

157. PEREIRA, Fábio Franco. **A federação no constitucionalismo brasileiro**. 2010. 214 f. Dissertação (Mestrado em Direito) – Faculdade de Direito da Universi-

Desse modo, a competência concorrente foi versada pelo constituinte como toda aquela em que não só um ente político seria competente para tratar. Assim, concorre a competência entre mais de um ente político para realizar e praticar aquela determinada matéria[158].

Estes dispositivos tentam resgatar a concepção de um federalismo cooperativo, para desconcentrar a federação brasileira e, assim, equilibrar os poderes conferidos aos entes. Logo, esta concepção defende tanto nos aspectos sociais, econômicos e culturais que as ações devem ser conjuntas, não dispersas e não sobrepostas, ou seja, devem acontecer por meio de colaboração entre os componentes da federação para que assim não seja deixado de implementar determinada matéria prevista constitucionalmente[159].

Para o caso das competências comuns, a cooperação implicaria na participação de todos os entes da federação no processo decisório, entretanto, deveriam ser definidas no âmbito federal as medidas que seriam tomadas de maneira uníssona pelos demais componentes da federação. Em ato posterior, os Estados, Distrito Federal e Municípios adequariam as suas necessidades e peculiaridades[160].

Ocorre que, para essa cooperação existir, resta imprescindível haver regulamentação por parte do legislador infraconstitucional, consoante o parágrafo único do artigo 23.

Assim, se fixariam "as bases políticas e as normas operacionais disciplinadoras da forma de execução dos serviços e atividades cometidos concorrentemente a todas as pessoas políticas", ou seja, se especificaria como essa cooperação iria acontecer para que não tivesse desperdício de esforços[161].

---

dade de São Paulo. 2010. p. 173.

158. ALMEIDA, Fernanda Dias Menezes de. **A constituição do estado federal e das unidades federadas**. 1987. p. 139-40.

159. PEREIRA, Fábio Franco. **A federação no constitucionalismo brasileiro**. 2010. 214 f. Dissertação (Mestrado em Direito) – Faculdade de Direito da Universidade de São Paulo. 2010. p. 173-4.

160. PEREIRA, Fábio Franco. **A federação no constitucionalismo brasileiro**. 2010. 214 f. Dissertação (Mestrado em Direito) – Faculdade de Direito da Universidade de São Paulo. 2010. p. 176.

161. ALMEIDA, Fernanda Dias Menezes de. **A constituição do estado federal e das unidades federadas**. 1987. p. 144-45.

Entretanto, esta regulamentação nunca foi realizada, o que evidencia que a descentralização eficaz no que toca as competências matérias comuns nunca existira[162].

Para o caso das competências legislativas concorrentes, destaca-se que algumas matérias descritas no artigo 24 da Constituição Federal de 1988 já estavam sob o domínio compartilhado previsto na Constituição anterior. Todavia, houve o incremento de várias outras matérias com a inclusão de temas como meio ambiente, consumidor e procedimento de matéria processual, o que, portanto, conclui-se que foi conferido aos Estados um leque bem mais amplo de poderio legislativo do que no regime constitucional anterior[163].

Assim, a autonomia estadual nas competências concorrentes parece ter se fortalecido, proporcionando, assim, um aparente equilíbrio federativo. No entanto, essa análise prescinde o aspecto normativo, ou seja, é necessário que se confirme também no âmbito da prática jurisprudencial e política[164].

De todo modo, nas competências legislativas concorrentes à União competiria uniformizar o que for necessário por intermédio do incremento das denominadas "normas gerais". Por outro lado, os entes parciais operacionalizariam de acordo com suas necessidades e diversidades, ou seja, por meio do exercício de sua autonomia decidiriam normativamente como adequar as normas gerais federais as suas realidades parciais[165].

---

162. PEREIRA, Fábio Franco. **A federação no constitucionalismo brasileiro**. 2010. 214 f. Dissertação (Mestrado em Direito) – Faculdade de Direito da Universidade de São Paulo. 2010. p. 176-8.

163. PEREIRA, Fábio Franco. **A federação no constitucionalismo brasileiro**. 2010. 214 f. Dissertação (Mestrado em Direito) – Faculdade de Direito da Universidade de São Paulo. 2010. p. 179.

164. PEREIRA, Fábio Franco. **A federação no constitucionalismo brasileiro**. 2010. 214 f. Dissertação (Mestrado em Direito) – Faculdade de Direito da Universidade de São Paulo. 2010. p. 179.

165. PEREIRA, Fábio Franco. **A federação no constitucionalismo brasileiro**. 2010. 214 f. Dissertação (Mestrado em Direito) – Faculdade de Direito da Universidade de São Paulo. 2010. p. 180.

Ocorre que o desafio central estaria na identificação hermenêutica da expressão "normas gerais". Vejamos:

> Não é fácil conceituar "normas gerais", pelo ângulo positivo. Pode-se afirmar, e corretamente, que "normas gerais são princípios, bases, diretrizes que hão de presidir todo um subsistema jurídico. Sempre haverá, no entanto, em face de casos concretos, dúvida até onde a norma será efetivamente geral, a partir de onde ela estará particularizando. Mais fácil é determinar o que sejam "normas gerais", pelo ângulo negativo. Quer dizer, indicar os caracteres de uma norma que não é "geral", é, consequentemente, específica, particularizante, complementar. Realmente, são particularizantes as normas que visem a adaptar princípios, bases, diretrizes a "necessidades e peculiaridades regionais", como está na parte final do art. 24, §3[166].

Considerando as múltiplas interpretações apresentadas pela doutrina há, por exemplo, quem considere o contrário do acima avençado, ou seja, há quem defenda posições no sentido de uma maior restrição à autonomia dos Estados, Distrito Federal e Municípios. Desta feita, defendem uma criatividade legislativa mínima e mais refém ao cumprimento das normas gerais da União[167].

Há também posicionamento no sentido diverso, ou seja, no sentido onde a centralização seja de menor intensidade, em favor de um maior equilíbrio federativo. Portanto, as normas gerais se assemelhariam a uma "lei quadro, uma moldura legislativa" que aos demais entes federativos caberiam adequar de acordo com suas necessidades e peculiaridades próprias[168].

---

166. FERREIRA FILHO, Manoel Gonçalves. **Comentários à Constituição brasileira de 1988**. São Paulo: Saraiva, 1990. p. 195-96.

167. PEREIRA, Fábio Franco. **A federação no constitucionalismo brasileiro**. 2010. 214 f. Dissertação (Mestrado em Direito) – Faculdade de Direito da Universidade de São Paulo. 2010. p. 181.

168. HORTA, Raul Machado. **Direito constitucional**. 5ª edição revisada e atualizada por Juliana Campos Horta. Belo Horizonte: Del Rey, 2010. p. 413-6.

Neste sentido, a doutrina por maioria também a acompanha, entretanto, esta não é a realidade da federação brasileira, pois, se fosse, um maior equilíbrio seria vivenciado. A razão para tanto se dá pela prática jurisprudencial e pelo exercício político que, no campo das competências concorrentes, também está adstrito ao centralismo, pois, embora as conceituações ainda conseguem reduzir o espaço interpretativo, ainda assim o subjetivismo remanesce, fortalecendo a eclosão de conflitos federativos no exercício das competências concorrentes que muitas vezes são direcionadas às normas especificas da União[169].

Desta feita, a definição de normas gerais advém, muitas vezes, do Poder Judiciário, pois a este cabe solucionar, casuisticamente, os problemas federativos advindos. Assim, resta como notória a importância do papel do Supremo Tribunal Federal enquanto árbitro constitucional do federalismo[170].

Todavia, a dificuldade ainda continua em razão da própria Corte Suprema não possuir uma definição uníssona sobre o significado de normas gerais, o que, portanto, ainda acende consequências deletérias ao federalismo brasileiro, vide a permanência da multiplicidade de interpretações que, em sua maioria, são no sentido de restringir a autonomia dos Estados Membros[171].

Destarte, o ganho constitucional com o incremento das competências concorrentes, para fins de fortalecer as ordens periféricas, não surtiu efeito, pois foi mitigada pela prática jurisprudencial e política.

Dessa forma, a análise das competências privativas, das comuns e das concorrentes evidencia que o centralismo, em regra, não foi enfraquecido. Ou seja, não vingou o equilíbrio federativo defendido pela Constituição de 1988[172].

---

169. PEREIRA, Fábio Franco. **A federação no constitucionalismo brasileiro**. 2010. 214 f. Dissertação (Mestrado em Direito) – Faculdade de Direito da Universidade de São Paulo. 2010. p. 183.

170. ALMEIDA, Fernanda Dias Menezes de. **A constituição do estado federal e das unidades federadas**. 1987. p. 161.

171. PEREIRA, Fábio Franco. **A federação no constitucionalismo brasileiro**. 2010. 214 f. Dissertação (Mestrado em Direito) – Faculdade de Direito da Universidade de São Paulo. 2010. p. 186.

172. PEREIRA, Fábio Franco. **A federação no constitucionalismo brasileiro**. 2010. 214 f. Dissertação (Mestrado em Direito) – Faculdade de Direito da Universi-

A consequência prática é um centralismo federal que mitiga o Estado Membro a um papel de insignificância política e jurídica, bem como impede a evolução da federação, pois fortalece uma concepção de mundo padronizado e não de diversidades. Neste sentido, a solução perpassaria por: a) reformulação do sistema de repartição de competências, conferindo, aos Estados Membros maior protagonismo; b) mudanças nas orientações jurisprudências e práticas políticas para que não condicionem a limitação à autonomia dos Estados Membros para além do que a Constituição já o faz.

Dessa forma, é preciso reconhecer a importância da autonomia estadual não só no plano das ideias, mas, principalmente, no plano fático, fortalecendo, assim, os entraves existentes acerca da capacidade de auto-organização dos Estados Membros. Para tanto, seria imprescindível não somente editar Emendas à Constituição, mas também superar os ideais centralistas advindos das práticas políticas e jurisprudenciais[173].

Com isso, uma vez sendo revertido o centralismo da federação brasileira, o precípuo ideal federalista passa a se constituir, qual seja, proporcionar um equilíbrio entre a União e os Estados, sobretudo considerando a suma importância deste último para toda a estrutura de um Estado Federal.

3.6. OS ESTADOS MEMBROS BRASILEIROS E A SUA IMPORTÂNCIA PARA A ESTRUTURA FEDERATIVA

Analisadas as formas de Estado elencadas pela doutrina jurídico-constitucional e observada a forma federativa de Estado como o modelo adotado em grande parte da América Latina, inclusive, no Brasil. Desta feita, por hora, cumpre-se destacar o papel dos Estados Membros e sua importância para perfeita configuração no plano fático desta estrutura de Estado.

---

dade de São Paulo. 2010. p. 192.

173. PEREIRA, Fábio Franco. **A federação no constitucionalismo brasileiro**. 2010. 214 f. Dissertação (Mestrado em Direito) – Faculdade de Direito da Universidade de São Paulo. 2010. p. 200-1.

Compreende-se que a interferência do Estado na vida em sociedade é importante para proporcionar ao povo bem-estar tanto pelo fornecimento de bens, prestação de serviços, regulação de atividades indispensáveis à sociedade ou mesmo por meio da organização de políticas econômicas. Para tanto, quanto mais próximo o Estado estiver da sociedade, mais essas promessas serão cumpridas.

Deste modo, o papel do Estado Membro e seu pleno exercício autônomo em um modelo federal é imprescindível, pois da sua proximidade com a sociedade, os anseios destas são facilmente identificados e, consequentemente, resolvidos de maneira mais célere[174].

Neste sentido que a Constituição Federal de 1988, em seu artigo 25, cumulado com o que preceitua o artigo 11 do Ato das Disposições Constitucionais Transitórias, direciona para uma interpretação no sentido de que aos Estados Membros é permitido organizar-se e reger-se pelas "Constituições e leis que adotarem, observados os princípios desta Constituição".

Desse modo, o exercício da autonomia pelos Estados Membros é característica essencial do Estado Federal, uma vez que nos outros modelos de Estado coisa igual não se é prevista[175].

Segundo Horta[176], a "relação necessária entre a autonomia e a criação de normas próprias, para constituir ordenamento típico, é suficiente para justificar a noção jurídica de autonomia". Em sintonia, Assumpção se posiciona que a autonomia seria uma "faculdade reconhecida a uma coletividade pública subordinada, de organizar, dentro de certos limites, o seu governo, para a administração do que respeite aos seus peculiares interesses"[177].

De tudo isso, defende-se que a autonomia é aquela capacidade que os Estados Membros possuem para expedir normas próprias e assim organizarem, preencherem e desenvolverem todo o seu ordenamento

---

174. HORTA, Raul Machado. **Direito constitucional**. 5ª edição revisada e atualizada por Juliana Campos Horta. Belo Horizonte: Del Rey, 2010. p. 329.

175. HORTA, Raul Machado. **Direito constitucional**. 5ª edição revisada e atualizada por Juliana Campos Horta. Belo Horizonte: Del Rey, 2010. p. 329.

176. HORTA, Raul Machado. **Direito constitucional**. 5ª edição revisada e atualizada por Juliana Campos Horta. Belo Horizonte: Del Rey, 2010. p. 332.

177. ASSUMPÇÃO, Antônio de Castro. **Estado Federal**: Anotações Jurídico-Doutrinárias-Conceito. Rio de Janeiro: Laemmert, 1963. p. 34.

jurídico correspondente ao seu território e em correspondência ao ordenamento jurídico nacional e soberano.

Além do mais, o seu exercício pressupõe o desenvolvimento de quatro capacidades distintas, quais sejam, a da auto-organização, da autolegislação, da autoadministração e do autogoverno[178].

A capacidade de autogoverno confere aos Estados Membros o poder de organizar o seu próprio governo por meio de eleição de seus representantes tanto no âmbito do poder Executivo quanto do poder Legislativo. De outra forma, a autoadministração já diz respeito à capacidade que o Estado Membro terá para gerenciar propriamente os seus interesses seja no aspecto administrativo, legislativo ou tributário, nos termos da disposição legal da Constituição Federal de 1988. Por outro lado, a autolegislação é a capacidade conferida aos Estados Membros para criarem as suas próprias legislações com âmbito de incidência no território que o corresponde. Por fim, a auto-organização diz respeito à capacidade para os Estados Membros produzirem sua própria Constituição[179].

Assim sendo, observa-se com mais clareza que a essência do Estado Federal está nessa interação entre os governos centrais e subnacionais[180].

Em complemento, Raul Machado Horta assim se manifesta:

> Poderes de organização constitucional e de legislação e poderes reservados são as fontes da competência exclusiva dos Estados-Membros, que irão abastecer o ordenamento jurídico estadual com as normas hierarquicamente escalonadas da Constituição e das leis. Demonstra-se, deste modo, que os Estados-Membros, além de partes constitutivas da República Federal, são titulares de personalidade

---

178. FERRAZ, Anna Cândida da Cunha. **Poder constituinte do estado-membro**. São Paulo: Revista dos Tribunais, 1979. p. 54.

179. ROBL FILHO, Ilton Norberto. **Autogoverno e autolegislação dos estados--membros na jurisprudência do Supremo Tribunal Federal:** ações diretas de inconstitucionalidade e art. 25 da Constituição Federal Brasileira. p. 186.

180. ROBL FILHO, Ilton Norberto. **Autogoverno e autolegislação dos estados-membros na jurisprudência do Supremo Tribunal Federal:** ações diretas de inconstitucionalidade e art. 25 da Constituição Federal Brasileira. p. 186.

> autônoma de Direito Público, possuindo capacidade de ação e vontade independente[181].

Ocorre que o exercício das duas últimas capacidades elencadas (auto-organização e autolegislação) não se dá de maneira desregrada, visto que o artigo 25, caput, e §1º, da Constituição Federal é claro ao determinar: "Os Estados organizam-se e regem-se pelas Constituições e leis que adotarem, observados os princípios desta Constituição. §1º São reservados aos Estados as competências que não lhes sejam vedadas por esta Constituição". No entanto, esta observância nada deve ser entendida como dever de cópia ou de reprodução do modelo federal pelo constituinte estadual[182].

Portanto, os Estados Membros tanto quanto as suas capacidades de autolegislação quanto de auto-organização não estão alheios aos limites, uma vez que ambas se inserem dentro de um contexto maior, qual seja a da autonomia, e esta, por sua vez, pressupõe limites para impedir dissonância da organização estadual para com a organização federativa.

Desta feita, no contexto da Constituição de 1988, a autonomia do Estado Membro se insere em um círculo de competência que ora está sujeito a contrações e ora a dilatações. Esse movimento pendular demonstra os caminhos percorridos pelo federalismo brasileiro, bem como deixa inequívoca a natureza limitada e não soberana da sua competência autonômica[183].

Assim, o princípio do federalismo não deve ser visto como uma estrutura estática de Estado, mas dinâmica, pois movimentos pendulares ocorrem para rearranjar o modo de organização do federalismo ao longo dos acontecimentos e necessidades históricas. Portanto, resta claro que "em sentido material, o federalismo possui um caráter mutante e histórico, independentemente das estruturas formais linguisticamente formatas no texto constitucional"[184].

181. HORTA, Raul Machado. **Direito constitucional**. 5ª edição revisada e atualizada por Juliana Campos Horta. Belo Horizonte: Del Rey, 2010. p. 298.

182. IVO, Gabriel. **Constituição estadual**: competência para elaboração da Constituição do Estado-Membro. Max Limonad, 1997. p. 141.

183. HORTA, Raul Machado. **Direito constitucional**. 5ª edição revisada e atualizada por Juliana Campos Horta. Belo Horizonte: Del Rey, 2010. p. 298.

184. MARRAFON, Marco Aurélio. Federalismo brasileiro: reflexões em torno da dinâmica autonomia e centralização. In: CLÈVE, Clèmerson Merlin (coord.).

Para Raul Machado Horta[185] (2010, p. 299), a Constituição Federal "adota a técnica da autonomia controlada, sem incorrer nos excessos centralizadores da Constituição de 1967". Estas limitações impostas aos Estados Membros, em especial sobre o exercício de sua auto-organização, podem desfigurar esta capacidade, reduzindo-a a um papel de simples reprodução do que já estabelece a Constituição Federal[186].

Desta feita, importa-se cuidado a observância destes limites genericamente postos ao exercício da autonomia dos Estados Membros, para que não comprometa a organização federativa estabelecida no Brasil. Neste quesito, o Brasil corre mais risco em razão do histórico de formação do Federalismo ser por segregação, pois, nesta forma, o processo de descentralização de Estado Unitário para unidades autônomas fortalece a União em detrimento da autonomia estadual[187].

Dentro deste contexto, o que se defende no trabalho não é o fim da imposição de limites ao exercício da autonomia dos Estados Membros. Mesmo porque a defesa desta posição, consequentemente, direcionaria para o amparo de outro modelo de Estado que não o federalizado. A ideia central que se advoga é a de considerar legítima a fixação de limites, entretanto, de alertar que o esvaziamento da autonomia não o é, uma vez ser esta característica importante para individualizar um Estado como federal.

3.7. A CAPACIDADE DE AUTO-ORGANIZAÇÃO DOS ESTADOS MEMBROS E O SEU EXERCÍCIO DESFIGURADO

Como alertado, as limitações impostas aos Estados Membros de maneira desregrada e genérica podem desfigurar o exercício

---

Direito Constitucional Brasileiro: Organização do Estado e dos Poderes. São Paulo: Saraiva, 2014, p. 98-9.

185. HORTA, Raul Machado. **Direito constitucional.** 5ª edição revisada e atualizada por Juliana Campos Horta. Belo Horizonte: Del Rey, 2010. p. 299.

186. ASSUMPÇÃO, Antônio de Castro. **Estado Federal**: Anotações Jurídico-Doutrinárias-Conceito. Rio de Janeiro: Laemmert, 1963. p. 35.

187. ALMEIDA, Fernanda Dias Menezes de. **A constituição do estado federal e das unidades federadas.** 1987. p. 177.

constitucionalmente conferido aos mesmos da autonomia, em especial quanto a sua capacidade de auto-organização. Entretanto, antes de confirmarmos ou não este ponto, é importante abordar, especificamente, sobre o poder constituinte dos Estados Membros e os seus limites.

A completa apreensão da capacidade de auto-organização dos Estados importa tecer considerações sobre o designado poder constituinte, para, posteriormente, sabermos quais os limites desta capacidade e, por consequência, de parcela da autonomia dos Estados Membros.

Tem-se como poder constituinte decorrente aquele conferido aos Estados Membros para o exercício do seu poder de auto-organização, isto é, para fins de que os mesmos elaborem Constituições próprias. De outro modo, o poder constituinte derivado condiz ao poder de revisão ou de reforma voltado à adaptação do texto constitucional às circunstâncias sociais e políticas vindouras[188].

O poder decorrente, embora seja conferido pela Constituição Federal, possui nítido caráter constituinte, pois coopera com o Poder Constituinte originário para efetivar e instituir o Estado Federal e inicia a supremacia da Constituição do Estado Membro dentro daquele contexto territorial, passando, assim, a servir como fundamento de validade tanto das leis quanto dos atos normativos estaduais[189].

Contudo, como já dito, o exercício desta auto-organização (e, por consequência, do poder constituinte decorrente), não está alheio a limites e quanto a estes tem a inexistência de uma classificação expressa e clara na Constituição Federal, razão pela qual o papel da doutrina surge como imprescindível tanto para assinalar os limites previstos no texto constitucional quanto para colocar parâmetros acerca da atuação do Supremo Tribunal Federal quando da realização do controle judicial de constitucionalidade[190].

---

188. MELO, Adriana Zawada. **A limitação material do poder constituinte derivado**. 2008. p. 32-3.

189. FERRAZ, Anna Cândida da Cunha. **Poder constituinte do estado-membro**. São Paulo: Revista dos Tribunais, 1979. p. 67-9.

190. ROBL FILHO, Ilton Norberto. **Autogoverno e autolegislação dos estados--membros na jurisprudência do Supremo Tribunal Federal:** ações diretas de inconstitucionalidade e art. 25 da Constituição Federal Brasileira. *Prisma Jur*. São Paulo. 2016. p. 189.

Não obstante, pode-se afirmar que os limites sobre a atuação autônoma dos Estados Membros se materializam nas chamadas normas de observância obrigatória. Estas normas estão consagradas tanto de maneira expressa quanto implícita, ou mesmo por meio de um mandamento ou vedação. É por elas que a Constituição Federal delimita o exercício do poder constituinte estadual[191].

Destrinchando cada uma: normas expressas consistem naquelas em que o constituinte federal não deixa dúvida de qual o limite e a delimitação do exercício autônomo do ente estadual; normas implícitas, embora com questionamentos quanto a sua constitucionalidade, são aquelas em que não há delimitação expressa, mas há uma presunção lógica e indireta do caráter que está a limitar o exercício da autonomia dos entes estaduais; as normas mandatórias se destacam como aquelas que impõem aos Estados Membros a imposição de tarefas; por sua vez, as normas vedatórias proíbem determinadas condutas dos Estados Membros e, consequentemente, o afastamento do exercício de sua autonomia neste ponto[192].

No mais, estas normas de observância obrigatória são agrupadas em distintas classificações. Por exemplo, Léo Ferreira Leoncy[193] faz a distinção em quatro tipos normativos, quais sejam: os princípios sensíveis, as normas de preordenação institucional, os princípios estabelecidos e as normas extensíveis. De outro modo, José Afonso da Silva[194] distingue em princípios sensíveis e princípios constitucionais estabelecidos.

Os princípios sensíveis significariam o que de mais essencial tem na organização do Estado Federal brasileiro, portanto, uma vez

191. LEONCY, Léo Ferreira. **Controle de constitucionalidade estadual**: as normas de observância obrigatória e a defesa abstrata da Constituição do Estado-Membro. São Paulo: Saraiva, 2007. p. 15.

192. LEONCY, Léo Ferreira. **Controle de constitucionalidade estadual**: as normas de observância obrigatória e a defesa abstrata da Constituição do Estado-Membro. São Paulo: Saraiva, 2007. p. 15-8.

193. LEONCY, Léo Ferreira. **Controle de constitucionalidade estadual**: as normas de observância obrigatória e a defesa abstrata da Constituição do Estado-Membro. São Paulo: Saraiva, 2007. p. 14.

194. SILVA, José Afonso da. **Curso de direito constitucional positivo**. 35. ed. São Paulo: Malheiros, 2012. p. 611.

não vindo a ser observado pelos Estados Membros terão, enquanto consequência, a intervenção federal[195]. Por conta disso, os princípios sensíveis podem ser tão facilmente reconhecidos[196].

Por outro lado, os princípios estabelecidos são aqueles que a Constituição Federal previamente revela e direciona para a atividade do poder constituinte decorrente, seja ao estabelecer, por exemplo, o regime normativo a ser observado para aquela determinada matéria ou a quem cabe a iniciativa legislativa[197].

Por sua vez, as normas de preordenação institucional são aquelas em que o texto constitucional federal discrimina a matéria sobre a qual o texto constitucional estadual terá que versar para sua organização institucional. A título de exemplo, as normas que se referem ao sistema de eleição nos Estados[198].

Por último, as normas ou princípios extensíveis se referem a todo aquele conjunto de normas organizacionais referentes à União que também poderia ser aplicado, de maneira estendida, aos Estados Membros[199].

Não obstante, há a defesa de que esses tipos de normas se encontram eliminadas no atual ordenamento constitucional. A verdade é que ainda são vários os dispositivos desta Constituição Federal, sobretudo as

---

195. SILVA, José Afonso da. **Curso de direito constitucional positivo**. 35. ed. São Paulo: Malheiros, 2012. p. 612.

196. ROBL FILHO, Ilton Norberto. **Autogoverno e autolegislação dos estados-membros na jurisprudência do Supremo Tribunal Federal:** ações diretas de inconstitucionalidade e art. 25 da Constituição Federal Brasileira. *Prisma Jur.* São Paulo. 2016. p. 189.

197. LEONCY, Léo Ferreira. **Controle de constitucionalidade estadual**: as normas de observância obrigatória e a defesa abstrata da Constituição do Estado-Membro. São Paulo: Saraiva, 2007. p. 25.

198. ARAÚJO, Marcelo Labanca Corrêa de. Federalismo e princípio da simetria: entre unidade e diversidade. In: TAVARES, André Ramos; LEITE, George Salomão; SARLET, Ingo Wolfgang (Coords.). **Estado constitucional e organização do poder**. Saraiva, 2010. p. 541.

199. LEONCY, Léo Ferreira. **Controle de constitucionalidade estadual**: as normas de observância obrigatória e a defesa abstrata da Constituição do Estado-Membro. São Paulo: Saraiva, 2007. p. 25.

que se referem ao âmbito organizacional, que são aplicáveis aos Estados Membros, embora não seja fácil a sua identificação[200].

Exatamente em razão da dificuldade de identificação dessas normas ou princípios extensíveis surge o problema central: o real limite do que de fato deve ou não ser estendido aos Estados Membros sem que acabe por violar o exercício de sua autonomia.

É em torno deste contexto que o princípio da simetria vem ganhando forma e força, visto que em nada se relaciona com os princípios sensíveis, com as normas de preordenação institucional ou com os princípios estabelecidos, mas com as normas e os princípios que têm seu escopo de interpretação e aplicação estendidos também para os Estados Membros[201].

Neste sentido, mas lastreado por uma classificação distinta de normas de observância obrigatória[202], Ilton Norberto Robl Filho[203] destaca que os princípios constitucionais explícitos e implícitos determinam o retraimento da autonomia estadual, tendo o princípio da separação dos poderes como exemplo de princípio limitador implícito à auto-organização e auto legislação. Ademais, é exatamente quando da interpretação pelo Supremo Tribunal Federal desta categoria de

---

200. LEONCY, Léo Ferreira. **Controle de constitucionalidade estadual**: as normas de observância obrigatória e a defesa abstrata da Constituição do Estado-Membro. São Paulo: Saraiva, 2007. p. 24.

201. ARAÚJO, Marcelo Labanca Corrêa de. Federalismo e princípio da simetria: entre unidade e diversidade. In: TAVARES, André Ramos; LEITE, George Salomão; SARLET, Ingo Wolfgang (Coords.). **Estado constitucional e organização do poder**. Saraiva, 2010. p. 542.

202. Para Ilton, as principais limitações da autonomia estadual de acordo com o texto constitucional são: a) normas de preordenação; b) princípios sensíveis; c) demais princípios constitucionais explícitos e implícitos e d) sistema de distribuição de competências legislativas e administrativas entre entes federativos (ROBL FILHO, 2016, p. 189).

203. ROBL FILHO, Ilton Norberto. **Autogoverno e autolegislação dos estados-membros na jurisprudência do Supremo Tribunal Federal:** ações diretas de inconstitucionalidade e art. 25 da Constituição Federal Brasileira. *Prisma Jur.* São Paulo. 2016. p. 190.

limitações e, ainda mais, com ênfase na separação dos poderes, que se desenvolve o princípio da simetria[204].

Além disso, são identificadas como normas que condicionam a autonomia dos Estados Membros todas aquelas que se encontram dispostas no Título I da Constituição Federal, corriqueiramente conhecidas como princípios fundamentais. As outras normas que servem como limite ao poder constituinte estadual decorrem original e logicamente destes princípios fundamentais. Neste sentido, Gabriel Ivo[205] ponta que: "[...] todos os limites à competência criadora da Constituição Estadual brotam direta ou indiretamente dos princípios fundamentais prescritos no Título I da Constituição Federal, que terminam por desenhar a competência".

Destaca-se que ao poder constituinte decorrente são direcionadas não só limitações materiais, mas também de naturezas formais como, por exemplo, a da Constituição do Estado Membro ser criada por autoridade competente mediante procedimento legislativo competente, ou seja, ser elaborada pela respectiva Assembleia Legislativa, cujos componentes foram eleitos para tanto, com quórum de aprovação diferenciado ao de lei ordinária[206].

Desta feita, da exposição dos limites, observou-se o quão genéricos estes são, somatizados, ainda, com o exercício centralizador da jurisdição constitucional pelo Supremo Tribunal Federal. Quanto a esta postura, destaca-se:

> O Supremo Tribunal Federal brasileiro, enquanto importante árbitro dos conflitos federativos e guardião da Constituição Federal, protege com grande intensidade as competências nacionais/federais e os poderes e as prerrogativas

204. ROBL FILHO, Ilton Norberto. **Autogoverno e autolegislação dos estados-membros na jurisprudência do Supremo Tribunal Federal:** ações diretas de inconstitucionalidade e art. 25 da Constituição Federal Brasileira. *Prisma Jur.* São Paulo. 2016. p. 190.

205. IVO, Gabriel. **Constituição estadual**: competência para elaboração da Constituição do Estado-Membro. Max Limonad, 1997. p. 160.

206. MELO, Adriana Zawada. **A limitação material do poder constituinte derivado**. 2008. p. 34.

> do Governador do estado-membro. De outro lado, o STF intervém intensamente na auto-organização dos estados-membros, ou seja, nas decisões tomadas pelo Poder Constituinte Decorrente, assim como na produção e na revisão das constituições estaduais. Também as ADIs julgadas pela Corte Constitucional brasileira declaram inconstitucionais com grande frequência as leis infraconstitucionais estaduais.[207]

Assim sendo, o exercício da autonomia dos Estados Membros, em especial de sua capacidade de auto-organização, vem sendo desfigurado e enfraquecido pela vagueza e imprecisão de seus limites, sobretudo quanto aos princípios extensíveis, e também pela atuação interpretativa do Supremo Tribunal Federal de restrição da autonomia vide argumentos, por exemplo, como o do princípio da simetria.

Diante do exposto, defende-se a ideia de que dentro de um cenário federalizado de Estado, a inovação institucional e constitucional deve ocorrer e, para tanto, precisa ser fortalecida, sobretudo, dentro do contexto estadual em respeito às bases centrais do Estado Federal.

A inovação dentro do contexto estadual, por exemplo, proporciona a vantagem de uma vez não gerando resultados positivos, não ter suas consequências sentidas nacionalmente, entretanto, uma vez vindo a ter resultados exitosos, poder se ampliar a outros entes federativos. Entretanto, para cumprir tais finalidades é imprescindível a garantia da autonomia dos Estados Membros tanto para a elaboração quanto para a reforma de seus próprios textos constitucionais, evitando, assim, toda e qualquer desfiguração[208].

As autonomias estaduais são fontes de pluralidade e de inovações institucionais dentro do contexto de um Estado Federal, portanto, seu

---

207. ROBL FILHO, Ilton Norberto. **Autogoverno e autolegislação dos estados-membros na jurisprudência do Supremo Tribunal Federal:** ações diretas de inconstitucionalidade e art. 25 da Constituição Federal Brasileira. *Prisma Jur.* São Paulo. 2016. p. 200-1.

208. ROBL FILHO, Ilton Norberto. **Autogoverno e autolegislação dos estados-membros na jurisprudência do Supremo Tribunal Federal:** ações diretas de inconstitucionalidade e art. 25 da Constituição Federal Brasileira. *Prisma Jur.* São Paulo. 2016. p. 190-1.

exercício deve ser garantido e não desfigurado por limites genéricos, vagos e imprecisos, tampouco fortalecidos por princípios constitucionais imprecisos, tais como o princípio da simetria constitucional.

3.8. DESFECHO

Neste capítulo, objetivou-se apresentar as balizas que particularizam um Estado federalizado, em especial o Estado brasileiro. Para tanto, o capítulo se subdividiu em seis partes.

Iniciou-se abordando sobre a formação do estado político, a separação e independência dos poderes e as ideias federalistas. Isto é, trabalhou-se, inicialmente, com teóricos que despertaram para a importância da formação de um Estado político, bem como para a necessária separação e independência de um poder para com os outros a fim de que o constante controle mútuo entre estes aconteça. Além disso, tratou-se sobre as premissas que originaram e sustentam a ideia e a importância de um Estado federalizado, de uma democracia por representação, do bicameralismo e de um modelo em que o Poder Judiciário exerça o controle judicial sobre as leis que, por ventura, afrontem a Constituição.

Em sequência, pontuou sobre o contexto histórico dos Estados Unidos de passagem do modelo confederativo para o federativo de Estado, posto que foram os responsáveis por inaugurar este último modelo. Para tanto, observou-se inicialmente que os americanos declararam sua independência da metrópole Inglesa para conquistar liberdade e garantia de direitos individuais. Com essa independência, tornaram-se um Estado Confederado de forte soberania e liberdades. Contudo, problemas surgiram nos quesitos de defesa comum, segurança das liberdades e bem-estar comum, pois faltava um ente central que fomentasse o diálogo e a efetivação de necessidades comuns. Por conta disso que surgiu o modelo de Estado Federal americano que inicialmente era vinculado à concepção dual e, posteriormente, passou a se vincular a uma concepção cooperativa, alinhada cada uma destas concepções com um pensamento distinto sobre qual deveria ser o papel do Estado na vida em sociedade.

No terceiro momento, importou-se diferenciar o modelo de Estado Federal dos demais modelos, tais como o Estado Confederativo, o Estado Unitário, o Estado Regional e o Estado Autonômico. Posteriormente, destacaram-se as peculiaridades caracterizadoras próprias do Estado Federal que, por consequência, não permitem confundi-lo com qualquer outro tipo de modelo de Estado.

No quarto subtópico, tratou-se da concepção de federalismo e do sistema de repartição de competências adotado no Brasil na Constituição de 1988, destacando que o processo histórico em que a federação brasileira se encontra é de superação do centralismo e a necessidade de garantir um equilíbrio real entre a União e os Estados, considerando a destacável importância deste último para toda estrutura de um Estado Federal.

Em complemento a essa ideia, o quinto subtópico veio destacar o papel dos Estados Membros e a importância enquanto característica que individualiza um Estado como federal. Desta análise, foi pontuada a importância da efetividade real ao do exercício de sua autonomia, por meio das diferentes capacidades, sem, porém, isso significar qualquer defesa pela não atribuição de limites aos mesmos. Defendeu-se como legítima a fixação de limites ao exercício da autonomia dos Estados Membros, contanto que isso não signifique a atribuição de limites de maneira ampla e vaga, sob o risco de vir a produzir o esvaziamento desta autonomia.

Por fim, destacou-se que o exercício da autonomia dos Estados Membros, em especial quanto a sua capacidade de auto-organização, vem sendo desfigurada e enfraquecida em razão da vagueza e imprecisão de seus limites, sobretudo dos princípios extensíveis, e também pela postura interpretativa do Supremo Tribunal Federal de ampliação extensiva destas restrições com fundamento no princípio da simetria.

Portanto, considerando duas premissas, quais sejam: a) que dentro de um Estado Federal a inovação institucional e constitucional deve ocorrer e não ser enfraquecida; b) que a inovação dentro do contexto estadual proporciona a vantagem de uma vez não sendo positivo, não gerar consequências em âmbito nacional, e uma vez sendo inovações exitosas poder se ampliar a outros entes federativos; concluiu-se que no contexto federativo brasileiro tais premissas não vêm sendo cumpridas, porque a autonomia conferida aos Estados Membros, que poderia favorecer essas premissas em destaque, não são efetivadas no plano fático em razão da vagueza e imprecisão dos seus limites e, principalmente, em função da postura centralizadora do Supremo Tribunal Federal, encapuzada em argumentos também imprecisos e vagos como o do princípio da simetria constitucional.

Capítulo 4

O PRINCÍPIO DA SIMETRIA CONSTITUCIONAL DE ACORDO COM A JURISPRUDÊNCIA DO SUPREMO TRIBUNAL FEDERAL E A DOUTRINA BRASILEIRA E SUA RELAÇÃO COM A AUTONOMIA DOS ESTADOS MEMBROS

4.1. PROPOSTA DO CAPÍTULO

Este capítulo dedicar-se-á à análise conceitual sobre o que definitivamente deve ser entendido como princípio da simetria constitucional e, por ventura, a relação deste para o exercício da autonomia dos Estados Membros na federação brasileira, em especial acerca da capacidade de auto-organização destes.

No que toca ao objetivo da conceituação, duas perspectivas serão adotadas para tanto, quais sejam: a perspectiva jurisprudencial – representada pelas decisões do Supremo Tribunal Federal – e a perspectiva da doutrina brasileira.

Na primeira parte do capítulo, trabalhar-se-á com a perspectiva jurisprudencial. Nesta, o conceito de princípio da simetria constitucional será abstraído a partir de duas perspectivas de análise. Na primeira, se realiza uma análise quantitativa da incidência do tema em decisões prolatadas no STF. Na segunda, avaliam-se qualitativamente os fundamentos dessas decisões utilizadas pela Corte para fins de assim conseguirmos um conceito jurisprudencial do princípio da simetria constitucional.

O estudo das decisões selecionadas se deu por meio de pesquisa no sítio eletrônico do Supremo Tribunal Federal, utilizando-se os termos de pesquisa "princípio" e "simetria", o que resultou num total de 159 decisões, sendo duas delas consideradas como "repercussão geral" pelo STF.

Destaca-se que a atualização das decisões findou no dia 28 de fevereiro de 2018, termo final da pesquisa, uma vez considerando como termo inicial a promulgação da Constituição Federal vigente desde 5 de outubro de 1988.

No que toca a análise quantitativa dessas decisões, cumpre-se destacar que quatro gráficos foram elaborados. No primeiro, se destaca o demonstrativo do número de decisões filtradas envolvendo os termos "princípio" e "simetria" entre outubro de 1988 e 28 de fevereiro de 2018. No segundo, se demonstra os instrumentos processuais utilizados para discutir o princípio da simetria no âmbito do STF, uma vez considerando a importância de se observar por meio do instrumento processual que a questão do princípio da simetria costuma ser levantada e discutida no STF. No terceiro, há ênfase sobre os eixos temáticos em relação aos quais houve aplicação do princípio da simetria no STF, destes, observou-se os seguintes eixos: a) invasão de competência de iniciativa no processo legislativo; b) atribuições e prerrogativas do chefe do poder executivo; c) atribuições e prerrogativas dos Membros do Poder Legislativo; d) estruturação e competência do poder legislativo; e) estruturação e competência dos tribunais de contas; f) estruturação e competência do poder judiciário; g) estruturação das funções essenciais à justiça; h) instituição de medida provisória e/ou reclamação; i) proibição da prática de nepotismo; j) criação e exercício de cargos públicos. Por fim, no quarto gráfico, se demonstra qual Ministro do Supremo Tribunal Federal mais utilizou o argumento do "princípio da simetria" em decisões que vieram a ser relatores.

Ademais, pontua-se que foram analisados tanto os acórdãos quanto as decisões monocráticas, pois ambas, de diferentes medidas, representam o entendimento da Corte a respeito do tema ora em estudo.

Desta maneira, do total de decisões selecionadas pelo filtro de pesquisas, somente 124 decisões foram selecionadas (Apêndice B).

As demais, no total de 35 (trinta e cinco) decisões foram excluídas, sendo três do ano de 2017: o Agravo Regimental no Recurso Extraordinário n.º 1.038.673/ES; o Agravo Regimental na Ação Rescisória n.º 2.512/DF e o Agravo Regimental nos Embargos de Declaração em Mandado de Segurança n.º 29.083/DF; uma do ano de 2016: o Agravo Regimental nos Embargos de Declaração em Mandado de Segurança n.º 29.032/DF; uma do ano de 2015: a Medida Cautelar na Ação Direta de Inconstitucionalidade n.º 4.552/DF; uma do ano de 2014: o Recurso Ordinário em Habeas Corpus 108.496/RJ; três do ano de 2013: o Habeas Corpus 111.351/MG, o Agravo Regimental no Agravo de Instrumento 809.719/MG e o Embargo de Declaração no Recurso Extraordinário com Agravo 703.790/RJ; uma do ano de 2012: a Extradição 1.255 República da Áustria; duas do ano de 2011: o Habeas Corpus 95.485/AL e o Habeas Corpus 104.957/GO; duas do ano de 2010: o Agravo Regimental na Ação Cautelar 2.209/MG e o Habeas Corpus 102.732/DF; duas do ano de 2009: o Referendo em Medida Cautelar em Ação Direta de Inconstitucionalidade 4.307/DF e o Agravo Regimental no Recurso Extraordinário 512.891-1/MG; uma do ano de 2008: a Ação Direta de Inconstitucionalidade 307/CE; duas do ano de 2007: a Ação Direita de Inconstitucionalidade 3.566/DF e a Ação Direta de Inconstitucionalidade 3.853-2/MS; uma do ano de 2006: o Recurso Extraordinário 421.256/SP; oito do ano 2004: o Recurso Extraordinário 276.546-5/SP, o Recurso Extraordinário 273.844-1/SP, o Recurso Extraordinário 266.994-6/SP, o Recurso Extraordinário 199.522-0, o Recurso Extraordinário 282.606/SP, o Recurso Extraordinário 274.384/SP, o Recurso Extraordinário 300.343/SP e o Recurso Extraordinário 197.917/SP; uma do ano de 1997: o Recurso Extraordinário 176.881/RS; uma do ano de 1996: a Medida Cautelar na Ação Direta de Inconstitucionalidade 1441-2/DF; duas do ano de 1995: a Ação Direta de Inconstitucionalidade 1021-2/SP e Ação Direta de Inconstitucionalidade 978-8/PB; e, por fim, três do ano de 1973, quais sejam: Representação 892/RS, Representação 70.728/Guanabara e Representação 74.193/Guanabara, cujo teor em absolutamente nada tem relação para com o objeto em estudo na presente pesquisa (Apêndice C).

Na segunda parte do estudo, ainda no objetivo de conceituação do princípio da simetria constitucional, se trabalhará com a perspectiva da doutrina brasileira e sua ótica com o princípio da simetria constitucional. Para tanto, se utilizará como bases teóricas principais, não únicas, Marcelo Labanca Côrrea de Araújo e Léo Ferreira Leoncy, posto o nível de profundidade que ambos trabalharam sobre o tema. Além disso, nessa parte também se terá como objetivo a relação do tema do princípio da simetria constitucional para com o exercício da autonomia dos Estados Membros na federação brasileira. Especificamente na investigação das consequências da aplicação do princípio da simetria constitucional para o exercício da autonomia dos Estados Membros, tomando por base, sobretudo, a postura decisionista que o STF vem aplicando ao tema e ao reflexo que a doutrina faz sobre a temática. Desta feita, manifesta-se sobre o princípio da simetria constitucional, nos moldes do que foi aplicado no Brasil, estaria cumprindo a finalidade de preservação ou de esvaziamento da autonomia dos Estados Membros e, por reflexo, do federalismo brasileiro.

Por último, busca-se confirmar, ou não, a hipótese inicialmente construída, qual seja, a de que o princípio da simetria constitucional seria um fator de não favorecimento de experimentalismos constitucionais positivos nos Estados Membros, portanto, o regramento desta argumentação seria fator de suma importância para fins de fortalecimento do exercício da autonomia destes, em especial no que toca a sua capacidade de auto-organização.

4.2. ANÁLISE QUANTITATIVA E QUALITATIVA DOS CASOS EM QUE HOUVE O MANEJO DO ARGUMENTO DO PRINCÍPIO DA SIMETRIA E O SEU CONCEITO DE ACORDO COM O SUPREMO TRIBUNAL FEDERAL

Considerando a data de julgamento das decisões coletadas, tem-se que a decisão paradigma, ou seja, a decisão que serve como marco temporal do presente trabalho, foi a Ação Direta de Inconstitucionalidade n.º 952/1993, sob a relatoria do Ministro Sdyney Sanches, uma vez que fora esta que inaugurou, no âmbito do Supremo Tribunal Federal, pós Constituição Federal de 1988, o tema do princípio da simetria enquanto fundamento para decisões que envolvessem conflitos federativos.

Partindo dessa premissa, em termos quantitativos, julgados no ano de 1993, há apenas uma decisão envolvendo o filtro de pesquisa, qual seja, "princípio" e "simetria". Em 1997, houve um aumento, pois foram duas decisões. Entretanto, nos anos de 1998, 1999 e 2000, o número de decisões envolvendo o termo de pesquisa voltou a ser de apenas uma. Em 2001, aumentou novamente para três decisões. Já em 2002, observou-se o primeiro forte pico de crescimento, pois o número de decisões subiu para doze. Em 2003, houve uma queda para cinco decisões, entretanto, em 2004, houve um novo crescimento alcançando o número de sete decisões. No ano de 2005, foi uma decisão; em 2006, foram duas decisões; em 2007, foram seis decisões; em 2008, voltou para duas decisões; em 2009, foram cinco decisões; em 2010, foram quatro decisões; em 2011, foram sete decisões; em 2012 e 2013, foram três decisões. Entretanto, em 2014, houve um considerável aumento de decisões envolvendo tais termos de pesquisa, atingindo a quantidade de vinte decisões. Em 2015 e 2016, foram dez decisões, enquanto que em 2017 foram doze e, em 2018, foram seis decisões.

Assim, cumpre-se esclarecer, ainda, que do intervalo entre os anos de 1988 a 1993 se encontrou decisões no sítio eletrônico do STF na qual tivesse sido utilizado como argumento o princípio da simetria, especificamente no ano de 1973, entretanto, foram excluídas em razão de não guardar qualquer relação com o objetivo da presente pesquisa, portanto, não entraram nos termos quantitativos acima identificados e que abaixo será melhor discriminado.

Além do mais, é importante destacar o instrumento por meio do qual os termos de pesquisa "princípio" e "simetria" costumam ser mais levantados em debate no âmbito do Supremo Tribunal Federal. Acerca disso há 124 decisões selecionadas: uma foi levada ao STF por meio do Embargo de Declaração no Recurso Extraordinário; uma foi levada por meio de Recurso em *Habeas Corpus*; uma por meio de Agravo Regimental na Medida Cautelar na Reclamação; uma por meio de Ação Cível Originária; uma por meio de Agravo Regimental nos Embargos de Declaração em Mandado de Segurança; uma por meio de Agravo Regimental no Recurso Extraordinário; uma por meio de Agravo Regimental no Recurso Extraordinário com Agravo; duas por meio de Repercussão Geral no Recurso Extraordinário; duas por meio de Agravo Regimental no Agravo de

Gráfico 01 – Número de decisões filtradas envolvendo os termos "princípio" e "simetria" entre outubro de 1988 e 28 de fevereiro de 2018

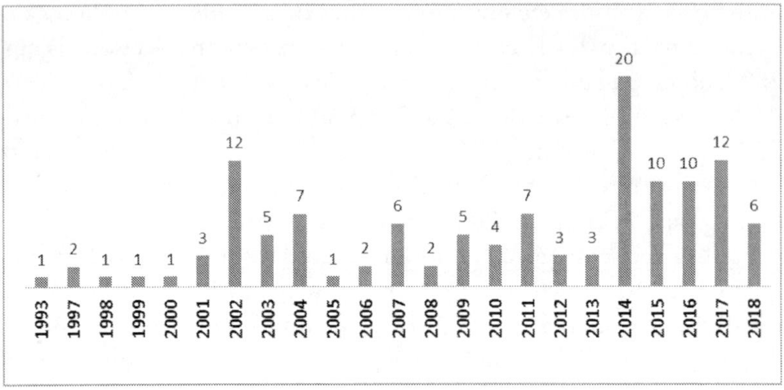

Fonte: Autoria própria.

Instrumento; três foram levadas por meio de Agravo Regimental no Recurso Extraordinário com Agravo; quatro por meio de Agravo Regimental no Recurso Extraordinário; oito por meio de Recurso Extraordinário; dez foram levadas por meio de Agravo Regimental na Reclamação; treze por meio de Medida Cautelar na Ação Direta de Inconstitucionalidade e, por último, observou-se que o instrumento processual que mais foi utilizado para levantar a discussão em torno do princípio da simetria, no âmbito da Suprema Corte, foi a Ação Direta de Inconstitucionalidade, vide que, da pesquisa realizada, 75 foram as vezes que, por intermédio deste instrumento processual, essa temática foi levada ao STF.

Por sua vez, acerca das temáticas que envolvem a aplicação do princípio da simetria, observa-se que dentre as 124 decisões selecionadas, a temática mais recorrente foi quanto à invasão de competência de iniciativa no processo legislativo, o que do total representa 38%, conforme pode ser observado no gráfico que segue.

Gráfico 02 – Instrumento processual utilizado para discutir o princípio da simetria no âmbito do STF

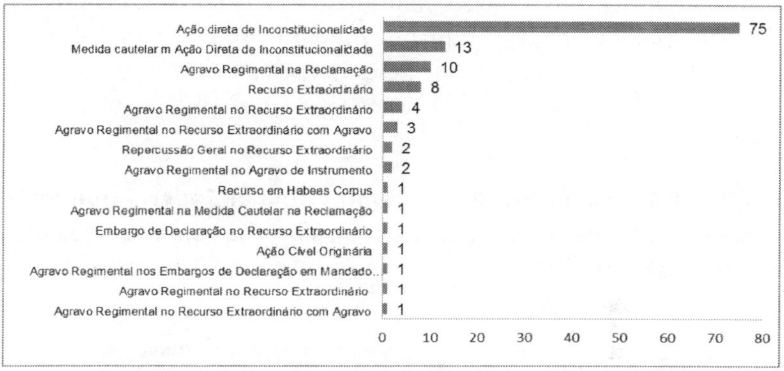

Fonte: Autoria própria.

Gráfico 03 – Eixos temáticos em relação aos quais houve aplicação do princípio da simetria no STF entre outubro de 1988 a 28 de fevereiro de 2018

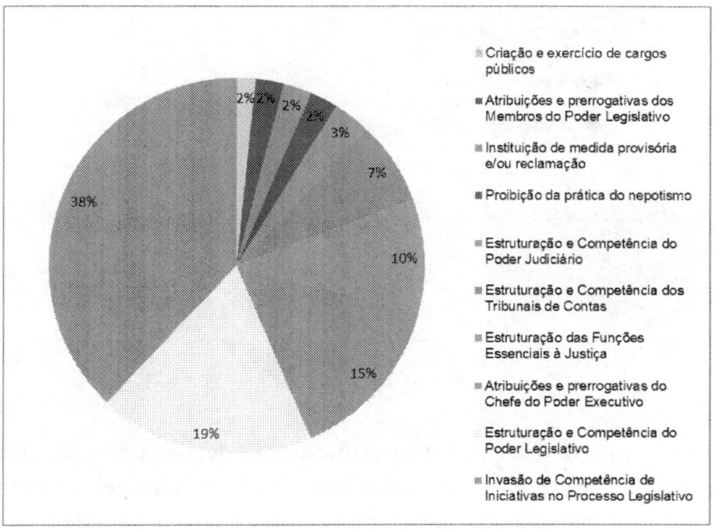

Fonte: Autoria própria.

Por fim, destaca-se que o argumento da simetria foi um recurso utilizado principalmente pelo Ministro Ricardo Lewandowski, haja vista que foi o que mais usou deste fundamento em seus votos. Quanto a isto, cumpre-se observar o seguinte gráfico que demonstra a utilização do princípio da simetria enquanto fundamento por cada Ministro desde 1988 até o termo final da pesquisa, vejamos:

Gráfico 04 – Ministros do Supremo Tribunal Federal que mais usaram o argumento do "princípio da simetria" em decisões que foram relatores

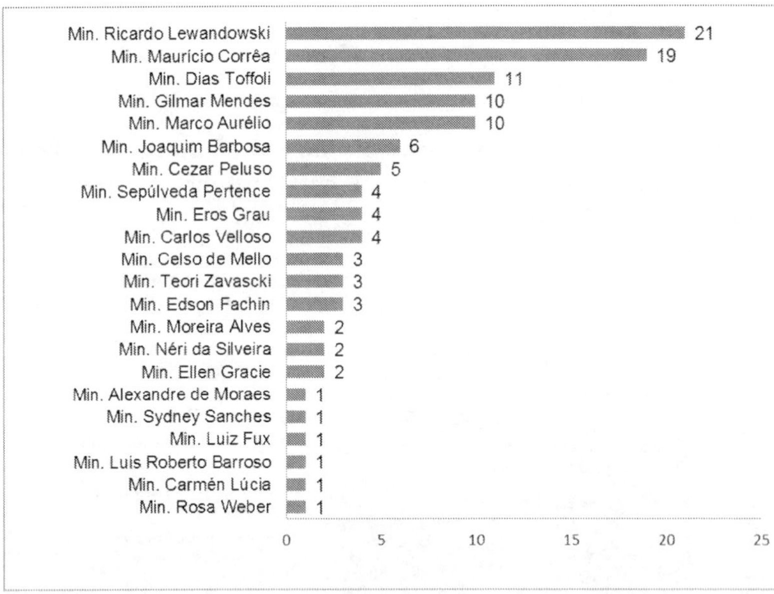

Fonte: Autoria própria.

Tendo em vista, quantitativamente, as decisões outrora filtradas, cumpre-se avaliar agora os fundamentos utilizados pelo Supremo Tribunal Federal quando este se ampara no princípio da simetria constitucional. Destaca-se que tal análise será feita por ano crescente e de maneira amostral.

Em sede da ADI n.º 952-4/1993, observa-se a inauguração do argumento do princípio da simetria constitucional no âmbito do Supremo Tribunal Federal pós Constituição de 1988. Esta decisão paradigma discute a *questio iuris* referente à iniciativa de processo legislativo estadual e da necessária observância às normatizações de iniciativa do processo legislativo federal, sob o fundamento do princípio da simetria[1].

No caso, há a alusão de tratamento legal de questões referentes ao regime jurídico de servidores públicos, entretanto, a iniciativa da legislação não adveio do chefe do poder executivo estadual, sendo que caberia esta observância considerando a simetria ao que dispõe o artigo 61, §1º, inciso II, alínea "c" da Constituição Federal. No mais, o constituinte estadual ainda restringiu a escolha pelo Governador do Estado, do dirigente e do chefe da Polícia Civil aos delegados em final de carreira[2].

Contudo, o argumento do princípio da simetria veio à tona para discutir o primeiro ponto, qual seja: a iniciativa do processo legislativo federal deve ser observada em âmbito estadual, vide princípio da simetria constitucional?[3].

O relator Ministro Sydney Sanches defendeu o posicionamento da inconstitucionalidade formal e material do dispositivo estadual questionado sob a luz de dois fundamentos: primeiro, inconstitucionalidade formal em função da legislação tratar do regime jurídico dos servidores públicos, ter sido iniciada pelo parlamento e não pelo chefe do poder executivo estadual; segundo, pelo fato do constituinte estadual ter ido além ao que a Constituição Federal dispõe no artigo 37, inciso II e artigo 144, §4, ao restringir a escolha do Governador

1. BRASIL.**Supremo Tribunal Federal.** Ação Direta de Inconstitucionalidade nº 952 – SC, Relator Ministro Sydney Sanches, Tribunal Pleno, j. 13/10/1993. 1993a. p. 21-3.

2. BRASIL.**Supremo Tribunal Federal.** Ação Direta de Inconstitucionalidade nº 952 – SC, Relator Ministro Sydney Sanches, Tribunal Pleno, j. 13/10/1993. 1993a. p. 21-3.

3. BRASIL.**Supremo Tribunal Federal.** Ação Direta de Inconstitucionalidade nº 952 – SC, Relator Ministro Sydney Sanches, Tribunal Pleno, j. 13/10/1993. 1993a. p. 24-34.

aos cargos de dirigente e chefe da Polícia Civil aos delegados em final de carreira[4].

No entanto, essa posição do Ministro Relator não foi acolhida pelos demais ministros da Corte, mas a do Ministro Carlos Veloso que, por sua vez, defendeu a tese de que o constituinte estadual é pautado de autonomia, logo, a estes caberia definir que a escolha do Governador do cargo de dirigente e chefe de Polícia Civil ficasse restrito aos que estivessem em final de carreira. Além disso, considerou ser importante, no exercício da autonomia, o aproveitamento e o saber da experiência que porventura virá a ser adquirida pelo respectivo Estado Membro. No mais, considerou inexistir inconstitucionalidade formal, aja vista que a questão não se tratava de regime jurídico de servidores públicos, mas de critério de escolha entre determinada classe de servidores estaduais para assumir cargo de confiança[5].

Desta feita, quanto ao princípio da simetria em si, verificou-se que não houve qualquer descrição conceitual sobre o mesmo, muito embora tenha predominado o entendimento da autonomia dos Estados Membros em contraposição à simetria federal e a consequência observância das normas básicas do processo legislativo federal.

Contudo, em decisões posteriores, esse posicionamento não se manteve. Isto é, a Suprema Corte passou a firmar posição no sentido de que as normas basilares da Constituição Federal sobre processo legislativo, sobretudo quanto aos casos de iniciativa reservada, que devem ser obrigatoriamente observados pelos Estados Membros[6]. Nesse sentido, são vários os julgados do STF[7], inclusive, tendo sido reconhecida a

---

4. BRASIL.**Supremo Tribunal Federal**. Ação Direta de Inconstitucionalidade nº 952 – SC, Relator Ministro Sydney Sanches, Tribunal Pleno, j. 13/10/1993. 1993a. p. 24-34.

5. BRASIL.**Supremo Tribunal Federal**. Ação Direta de Inconstitucionalidade nº 952 – SC, Relator Ministro Sydney Sanches, Tribunal Pleno, j. 13/10/1993. 1993a. p. 36-41.

6. BRASIL. **Supremo Tribunal Federal**. Ação Direta de Inconstitucionalidade nº 1.201 – RO, Relator Ministro Moreira Alves, Tribunal Pleno, j. 14/11/2002. 2002a. p. 76.

7. Nas Ações Diretas de Inconstitucionalidade: n.º 952-4/1993; n.º 2.295-4/2001; n.º 2.417-5/2001; n.º 1.391-2/2002; n.º 2.646-1/2002; n.º 102-7/2002; n.º 2.681/2002; n.º 1.201-1/2002; n.º 2.719-1/2003; n.º 1.353-0/2003; n.º

repercussão geral com a seguinte reafirmação de entendimento pelo Ministro Gilmar Mendes:

> [...] há reserva de iniciativa do Chefe do Poder Executivo para edição de normas que alterem o padrão remuneratório dos servidores públicos [...] são formalmente inconstitucionais emendas parlamentares que impliquem aumento de despesa em projeto de lei de iniciativa reservada do Chefe do Poder Executivo [...][8].

No ano de 1997, a simetria constitucional também foi mencionada como fundamento na ADI n.º 792-1/RJ. Neste caso, discutiu-se se a Constituição do estado do Rio de Janeiro poderia dispor de uma norma que permitia a reeleição aos membros da Mesa Diretora da respectiva Assembleia Legislativa. Ou seja, norma estadual de teor diverso ao que dispõe o artigo 57, §4 da Constituição Federal[9].

Ministro Moreira Alves, relator da respectiva ADI, defendeu a constitucionalidade do dispositivo da Constituição carioca, com base em precedentes do STF, sob o fundamento de que a norma do §4 do artigo 57 da Carta Magna, que veda nas Mesas das Casas Legislativas federais a recondução para o mesmo cargo na eleição subsequente, não

---

1.304-1/2004; n.º 2.079-0/2004; n.º 2.966-5/2005; n.º 1.275-4/2007; n.º 2.029-3/2007; n.º 2.857-0/2007; n.º 858-7/2008; n.º 2.192-3/2008; n.º 3.930/2009; n.º 2.329/2010; n.º 2.730/2010; n.º 2.800/2011; n.º 2.944/2011; n.º 3.295/2011; n.º 3.176/2011; n.º 4.270/2012; n.º 197/2014; n.º 290/2014; n.º 3.564/2014; n.º 1.381/2014; n.º 2.294/2014; n.º 1.440/2014; n.º 2.186/2014; n.º 2.940/2014; n.º 4.284/2015; n.º 821/2015; n.º 1.077/2015; n.º 5.442/2016; n.º 3.077/2016; n.º 4.000/2017; n.º 2.466/2017; no Agravo Regimental no Recurso Extraordinário n.º 396.970-6/2009; no Agravo Regimental no Agravo de Instrumento n.º 521.610/2014; no Agravo Regimental no Recurso Extraordinário com Agravo n.º 657.984 e na Repercussão Geral no Recurso Extraordinário n.º 745.811/2013.

8. BRASIL. **Supremo Tribunal Federal**. Repercussão Geral nº 745.811 – PA, Relator Ministro Gilmar Mendes, Plenário, j. 17/10/2013. 2013c. p. 13.

9. BRASIL. **Supremo Tribunal Federal**. Ação Direta de Inconstitucionalidade nº 792 – RJ, Relator Ministro Moreira Alves, Tribunal Pleno, j. 26/05/1997. 1997b. p. 250-1.

é de reprodução obrigatória pelos Estados Membros por não "constitui um princípio constitucional estabelecido"[10].

O argumento do princípio da simetria constitucional vem então surgir como fundamento quando do voto divergente proferido pelo Ministro Marco Aurélio. Para este, a norma carioca é inconstitucional, uma vez que se trata de composição de um poder, qual seja, a Mesa diretiva do Poder Legislativo, e, portanto, a simetria teria que ser observada[11].

Contudo, o posicionamento do relator Ministro Moreira Alves foi o que prevaleceu. De todo modo, novamente observa-se no caso apenas uma rápida menção à simetria, sem, portanto, ter sido aprofundada a temática, tampouco sua conceituação.

Em 1998, na ADI 1.890/MA discutiu-se um tema que, em anos futuros, muito ainda veio a ser discutido no âmbito da Suprema Corte e que, em quase todas as totalidades das vezes, envolvia o princípio da simetria enquanto fundamento. Trata-se do tema da responsabilização do governador do Estado pela prática dos crimes de responsabilidade e crimes comum.

Nesse caso em específico, a Constituição do Estado do Maranhão introduzira um dispositivo similar ao artigo 86 da Constituição Federal, ou seja, estabeleceu que nos crimes de responsabilidade o Governador estaria suspenso de suas funções após a instauração do processo na Assembleia Legislativa e, nos crimes comuns, o Governador estaria suspenso de suas funções se recebida a denúncia ou queixa-crime pelo Superior Tribunal de Justiça[12].

O relator, Ministro Carlos Veloso, defendeu a constitucionalidade do dispositivo e a não concessão da medida cautelar para deferimento

---

10. BRASIL. **Supremo Tribunal Federal**. Ação Direta de Inconstitucionalidade nº 792 – RJ, Relator Ministro Moreira Alves, Tribunal Pleno, j. 26/05/1997. 1997b. p. 255.

11. BRASIL. **Supremo Tribunal Federal**. Ação Direta de Inconstitucionalidade nº 792 – RJ, Relator Ministro Moreira Alves, Tribunal Pleno, j. 26/05/1997. 1997b. p. 255.

12. BRASIL. **Supremo Tribunal Federal**. Ação Direta de Inconstitucionalidade nº 1.890 – MA, Relator Ministro Celso de Mello, Tribunal Pleno, 10/12/1998. 1998a. p. 483.

da ADI sob o argumento de que: primeiro, nos crimes de responsabilidade, a disposição estava em consonância com a lei federal n.º 1.079/50, no seu artigo 77 e 78, §3, haja vista que apenas disciplinava que o Governador perderia suas funções após a denúncia ser apresentada a Assembleia e, uma vez aceita por esta, ser posteriormente submetida a julgamento ao órgão especial formado por cinco membros do Legislativo e de cinco Desembargadores, presididos pelo presidente do Tribunal de Justiça respectivo; segundo, quanto aos crimes comuns, a Constituição do Estado Membro, no caso, do Estado do Maranhão, poderia estabelecer que com o recebimento da queixa ou denúncia pelo Superior Tribunal de Justiça, o Governador ficaria suspenso de suas funções pois tal disciplina normativa observava o princípio da simetria federal ao dispor similarmente ao que a Constituição Federal tratava para o Presidente da República e garantia o pleno exercício da autonomia dos Estados Membros no que toca a sua capacidade de auto-organização[13].

No entanto, a versão adotada pela Corte, sob o protagonismo do Ministro Nelson Jobim, foi de que o dispositivo estadual, quanto ao crime de responsabilidade, está em dissonância para com a disposição federal do artigo 77 da Lei n.º 1.079/50, visto que o momento processual para a suspensão do Governador não é quanto à admissão da acusação pela Assembleia, mas sim no momento após o respeito ao contraditório e ampla defesa, qual seja, o da pronúncia feita pela Assembleia Legislativa, ou melhor, da procedência da acusação para então o crime de responsabilidade vir a ser julgado pelo tribunal composto, consoante o §3 do art. 77 da Lei n.º 1.079/50. Quanto ao crime comum, manteve a posição do relator Ministro Carlos Veloso, ou seja, considerou constitucional o dispositivo em razão da simetria com o que dispõe a Constituição Federal[14].

---

13. BRASIL. **Supremo Tribunal Federal**. Ação Direta de Inconstitucionalidade nº 1.890 – MA, Relator Ministro Celso de Mello, Tribunal Pleno, 10/12/1998. 1998a. p. 483-93.

14. BRASIL. **Supremo Tribunal Federal**. Ação Direta de Inconstitucionalidade nº 1.890 – MA, Relator Ministro Celso de Mello, Tribunal Pleno, 10/12/1998. 1998a. p. 504-15.

Também não houve a presença de qualquer debate aprofundado quanto ao conceito de princípio da simetria, apenas sua menção. No entanto, é importante destacar o fato do princípio da simetria ter sido usado como fundamento para garantia do exercício da autonomia dos Estados Membros e não para a sua retração.

Já no ano de 2001, a Corte discutiu na ADI 2.361-6 sobre o Tribunal de Contas e a possibilidade ou não da restrição das competências constitucionais destes no âmbito dos entes federados. No caso, o princípio da simetria surge como argumento de força para esclarecer que, no âmbito dos Estados Membros, o controle externo é feito pelo Tribunal de Contas Estadual, servindo este como órgão auxiliar da Assembleia Legislativa, conforme acontece também no âmbito federal, vide artigo 71 da Constituição Federal [15].

Por conta disso, nos termos do voto do relator Ministro Mauricio Côrrea ficou assentado que a norma estadual cearense, que previa restringir a competência constitucional do respectivo Tribunal de Contas do Estado do Ceará, seria inconstitucional por ser atentatória a precípua finalidade dos Tribunais de Contas, qual seja, a do controle e da fiscalização das contas estaduais. Na ocasião, a norma excluía da inspeção ou da auditoria do Tribunal de Contas todo "conteúdo de pesquisas e consultorias solicitadas pela Administração para direcionamento de suas ações, bem como de documentos relevantes, cuja divulgação possa importar em danos para o Estado". Dessa forma, foi considerada inconstitucional e utilizou-se do princípio da simetria enquanto fundamento vez que a eventual exclusão dos Tribunais de Contas dos Estados do exame de documentos relevantes violaria as condições de controle cometidas a estes, simetricamente, pelo artigo 71 e incisos da Constituição Federal[16].

Em 2002, o Tribunal de Contas novamente veio a ser debatido no Recurso Extraordinário n.º 223.037/SE, em que, na

15. BRASIL. **Supremo Tribunal Federal**. Ação Direta de Inconstitucionalidade nº 2.361 – CE, Relator Ministro Mauricio Corrêa, Tribunal, j. 11/10/2001. 2001a. p. 7182-7193.

16. BRASIL. **Supremo Tribunal Federal**. Ação Direta de Inconstitucionalidade nº 2.361 – CE, Relator Ministro Mauricio Corrêa, Tribunal, j. 11/10/2001. 2001a. p. 7182-7196.

argumentação, também fora utilizado o princípio da simetria constitucional como fundamento.

No caso, debateu-se se o Tribunal de Contas podia direta ou indiretamente, por meio do Ministério Público, executar suas próprias decisões, considerando o dispositivo inserido na Constituição do Estado de Sergipe. Na ocasião, o Ministro relator Maurício Corrêa, tendo sido seguido pelos demais, deixa claro que o modelo federal não contempla tal possibilidade e, portanto, o Estado Membro, a pretexto de sua autonomia, não poderia neste sentido inovar, devendo se sujeitar ao princípio da simetria e acompanhar o formato outrora previsto na Constituição Federal para o Tribunal de Contas da União[17][18].

Novamente, em ambas as decisões, a menção ao princípio da simetria constitucional é feita como se autoexplicativa fosse, ou seja, sem qualquer maior esclarecimento de qual seria o seu conceito ou seus pressupostos. É apenas utilizada como fundamento para considerar inconstitucional o dispositivo da Constituição Estadual que tratou de determinada matéria sem observar a inexistência de similar matéria no âmbito federal.

Em 2002, na Ação Direta de Inconstitucionalidade n.º 452, o Supremo discutiu uma norma da Constituição do Estado do Mato Grosso que disciplinava sobre a competência da Assembleia Legislativa para aprovar a escolha do Procurador Geral de Justiça do Estado. Em defesa da norma, a Assembleia Legislativa sustenta sua sintonia com o modelo federal, ou seja, em respeito ao princípio da simetria constitucional, vez que no âmbito federal a nomeação do Procurador Geral da República perpassa pela aprovação do Senado Federal, logo, no âmbito estadual, deveria perpassar pela respectiva Assembleia Legislativa do

---

17. Neste mesmo sentido, respectivamente, nos anos de 2014 e 2016, a Corte Suprema decidiu as Ações Diretas de Inconstitucionalidades n.º 1.964/ES e n.º 3.077/SE. No mais, no Agravo Regimental no Agravo de Instrumento n.º 764.355/SP, sob a relatoria do Ministro Dias Toffoli, foi pontuado novamente que "as decisões do Tribunal de Contas da União têm natureza de título executivo e que, em razão do princípio da simetria, essa orientação também se aplica aos tribunais de contas dos estados federados" (BRASIL, 2014p, p. 01-11).

18. BRASIL. **Supremo Tribunal Federal**. Recurso Extraordinário nº 223.037 – SE, Relator Ministro Maurício Corrêa, Tribunal Pleno, j. 02/05/2002. 2002l. p. 1061-73.

Estado. No entanto, nos termos do voto do relator Ministro Maurício Côrrea, ficou assentado que o caso não se tratava da aplicação do princípio da simetria, pois o artigo 128, §3 da Constituição Federal é bem claro ao dispor que a nomeação do Procurador Geral de Justiça dos Estados não depende de autorização das respectivas Assembleias Legislativas, mas pela escolha da lista tríplice pelo Chefe do Poder Executivo Estadual[19-20].

Nesse caso, embora a Corte não tenha aplicado o princípio da simetria, ainda assim, a interpretação jurisdicional dada acabou sendo no mesmo sentido para a lógica das demais decisões, ou seja, mesmo não aplicado, continuou direcionando para o enfraquecimento no exercício da autonomia por parte do Estado Membro.

Ainda em 2002, foi debatido sobre a constitucionalidade de dispositivo da Constituição do Estado de Goiás que conferiu competência originária ao Tribunal de Justiça para processar e julgar Delegados de Polícia, Defensores Públicos, Procuradores do Estado e da Assembleia Legislativa por crimes comuns e de responsabilidade. Entretanto, o entendimento do STF foi pela inconstitucionalidade do dispositivo, por considerar que os respectivos servidores públicos que desempenham similar função no âmbito federal, não gozam de igual prerrogativa. Ou seja, defende que a adoção do princípio da simetria no caso deveria ser observada para que não fosse conferida tal prerrogativa a estes servidores. Além disso, sustentou ser claro que o modelo permitido aos

---

19. Contudo, no ano de 2004, na ADI 1.281/PA, o Supremo Tribunal Federal entendeu de maneira diversa, não obstante o caso envolvesse outras peculiaridades. Na oportunidade, discutiu se a nomeação pelo Governador do Estado para dirigentes de autarquias e fundações, necessitava de aprovação pela Assembleia Legislativa. A tese definida pela Corte, sob a luz do princípio da simetria, foi pela constitucionalidade da norma estadual, vide que o modelo federal previa a participação do legislativo quando da escolha de dirigentes de fundações públicas ou autarquias pelo Chefe do Poder Executivo Federal, conforme dispõe o artigo 52, inciso III, alínea f da Constituição Federal (BRASIL, 2004f, p. 256-64). Neste mesmo sentido também foram julgadas as Ações Diretas de Inconstitucionalidade n.º 2.225/SC e n.º 1.949/RS, ambas do ano de 2014 e sob a relatoria do Ministro Dias Toffoli.

20. BRASIL. **Supremo Tribunal Federal**. Ação Direta de Inconstitucionalidade nº 452 – MT, Relator Ministro Maurício Corrêa, Tribunal Pleno, j. 28/08/2002. 2002g. p. 20-7.

Estados e Distrito Federal resta assentado no inciso III, do artigo 96 da Constituição Federal, qual seja, a dos Tribunais de Justiça julgarem os membros do Ministério Público e os juízes estaduais quanto aos crimes de responsabilidade e comuns[21].

Entretanto, o Ministro Carlos Ayres Britto inicia a divergência, sendo, por sua vez, seguido pela maioria dos demais ministros da Corte. Para o Ministro, seria justificável considerar inconstitucional da norma estadual apenas a parte que confere foro privilegiado a carreira de delegado estadual, haja vista o fato dos mesmos serem subordinados aos Governadores do Estado[22][23].

Seguindo nesse sentido, o Ministro Sepúlveda Pertence assim entende e também tece críticas ao princípio da simetria, vejamos:

> Ouvi falar que o princípio da simetria seria aplicável ao caso. **Tenho profundas reservas à difusão desse tal princípio da simetria, em questões minúscul**as, quando se cuida de demarcar, sem disposição constitucional expressa a impor a imitação do modelo federal a competência residual genérica do Estado-Membro, **nesta República, que ainda insiste em chamar-se Federativa.**
>
> **Mas o caso é ainda mais grave: uma das poucas competências explícitas que a Constituição da República reservou às constituições estaduais foi a de determinar, a de demarcar a competência dos seus tribunais, o**

---

21. BRASIL. **Supremo Tribunal Federal**. Ação Direta de Inconstitucionalidade nº 2.587 – GO, Relator Ministro Mauricio Corrêa, Tribunal Pleno, j. 15/05/2002. 2002j. p. 177-184.

22. No ano de 2004, a Corte decidiu de maneira similar na Ação Direita de Inconstitucionalidade de n.º 882/MT. Na oportunidade, ficou assentado o entendimento pela "impossibilidade de estender-se a prerrogativa de foro aos Delegados de Polícia, ainda que por previsão na Carta Estadual, em face da ausência de previsão simétrica no modelo federal" (BRASIL, 2004g, p. 220). Em 2016, no âmbito da Ação Direta de Inconstitucionalidade n.º 469/PB também assim foi mantida o posicionamento da respectiva Corte.

23. BRASIL. **Supremo Tribunal Federal**. Ação Direta de Inconstitucionalidade nº 2.587 – GO, Relator Ministro Mauricio Corrêa, Tribunal Pleno, j. 15/05/2002. 2002j. p. 177-184.

> **que lhe dá de definir as hipóteses da sua competência penal originária**[24].

Observa-se, com isso, o forte questionamento quanto à força do princípio da simetria constitucional como fundamento decisivo de ações envolvendo questões federativas. O caso torna-se mais especial ainda, pois dúvidas são levantadas sobre a fidedignidade do modelo de Estado Federal vivido, vez o claro enfraquecimento do exercício autônomo dos Estados Membros quanto a uma competência que a sua responsabilidade cabia, consoante a própria Constituição Federal prevê.

Vê-se, portanto, que o Supremo conduz sua posição para considerar como constitucional a prerrogativa de foro para os defensores públicos estaduais, procuradores de estado, mas não para os delegados de polícia. Desta feita, buscou valorizar, no caso, o exercício da autonomia do respectivo Estado Membro em face do princípio da simetria.

Ainda em 2002, as ADI n.º 738/GO e 678/RJ discutiram a constitucionalidade de normas estaduais que disciplinavam pela necessidade de prévia licença da Assembleia Legislativa para que o Governador e/ou Vice-Governador possam se ausentar do país por qualquer prazo. Tem-se que essa autorização, no plano federal, apenas se justifica quando o afastamento exceder a quinze dias[25].

Por sua vez, as respectivas Assembleias Legislativas defenderam a constitucionalidade das normas sob o fundamento de que o preceito federal não caracteriza princípio que deva ser observado por parte dos Estados Membros, assim como o fato de que a "exigência de prévia autorização para o afastamento dos Chefes do Executivo do País inclui-se na competência do Legislativo para fiscalizar as atividades daquele Poder"[26].

---

24. BRASIL. **Supremo Tribunal Federal**. Ação Direta de Inconstitucionalidade nº 2.587 – GO, Relator Ministro Mauricio Corrêa, Tribunal Pleno, j. 15/05/2002. 2002j. p. 185.

25. BRASIL. **Supremo Tribunal Federal**. Ação Direta de Inconstitucionalidade nº 738 – GO, Relator Ministro Mauricio Corrêa, Tribunal Pleno, j. 13/11/2002. 2002b. p. 7-12.

26. BRASIL. **Supremo Tribunal Federal**. Ação Direta de Inconstitucionalidade nº 738 – GO, Relator Ministro Mauricio Corrêa, Tribunal Pleno, j. 13/11/2002. 2002b. p. 9.

Contudo, a tese que a Suprema Corte firmou para os casos foi que as normas estaduais violavam o direito constitucional de ir e vir, bem como estaria incompatível com o que a Constituição Federal exigia para o Chefe do Poder Executivo Federal, considerando que o poder constituinte decorrente deve observância ao princípio da simetria constitucional, sobretudo quanto aos temas que refletem em direitos e garantias individuais dos cidadãos que, porventura, exerçam o cargo de Governador e Vice-Governador[27][28].

Antes de também entender nesse sentido, o Ministro Carlos Veloso inicia questionando se a Constituição Federal impõe a extensibilidade do modelo federal para os Estados Membros, ou melhor, se o princípio da simetria constitucional seria um princípio estabelecido e, portanto, de observância obrigatória pelo poder constituinte decorrente. Por sua vez, entende que a simetria não é de observância obrigatória, entretanto, reconhece que há modelos federais que os Estados Membros devem adotar e, inclusive, lembra que o Supremo Tribunal Federal tem afirmado isso quanto ao processo legislativo, – sobretudo no aspecto de iniciativa legislativa –, na questão da não admissão de aumento de despesa e quanto à temas que dizem respeito a direitos e garantias individuais dos cidadãos que exerçam o cargo de

---

27. Neste mesmo sentido, decidiu o Supremo Tribunal Federal na Ação Direta de Inconstitucionalidade de n.º 775-RS e 1.172/2003-DF. Neste último caso em específico, foi destacado pela Relatora Ministra Ellen Gracie que o dispositivo estadual questionado se harmonizava com o modelo federal, pois concedia ao Governador um prazo para se ausentar dos limites do ente federado sem que, para isso, fosse necessária prévia autorização da Câmara Legislativa. Assim sendo, o "dispositivo impugnado conforma, deste modo, o princípio da liberdade de locomoção do cidadão com a prerrogativa institucional do Poder Legislativo em fiscalizar os atos e os comportamentos dos governantes" (BRASIL, 2003, p. 89). No mais, esse entendimento também foi utilizado para considerar inconstitucional dispositivo de Lei Orgânica Municipal que normatizava a necessidade de licença prévia pela Câmara Municipal para o Prefeito ou Vice-Prefeito se ausentar do país, por qualquer prazo que seja. Assim, novamente se assentou que "por simetria, de reprodução e observância obrigatórias pelos estados e municípios, o disposto nos arts. 49, III, e 83, cc. arts. 25, caput, e 29, caput, todos da Constituição da República" (BRASIL, 2010, p. 853-859).

28. BRASIL. **Supremo Tribunal Federal**. Ação Direta de Inconstitucionalidade nº 738 – GO, Relator Ministro Mauricio Corrêa, Tribunal Pleno, j. 13/11/2002. 2002b. p. 11.

Chefe de Poder Executivo, como os dos artigos 49, inciso III e 83 da Constituição Federal[29].

Importa-se destacar destes últimos casos que o princípio da simetria passou a ser vinculado com temas referentes a direitos e garantias individuais dos cidadãos que exerçam cargo de Chefe de Poder Executivo, – como os que tratam de ausência do país, vide artigo 49, inciso III e artigo 83 da Constituição Federal –, temas que tratam de iniciativa legislativa e temas acerca do aumento de despesas do Executivo.

No mais, também no ano de 2002, na ADI n.º 425/TO discutiu-se, preliminarmente, sobre a possibilidade de normatização, no âmbito estadual, do instituto das Medidas Provisórias, em face do princípio da simetria constitucional.

Na oportunidade, o relator Ministro Maurício Corrêa destacou as posições divergentes da doutrina sobre o tema. Primeiro, mencionou que parte da doutrina defende a inconstitucionalidade da utilização deste instrumento processual pelos Estados Membros, uma vez que é exceção ao princípio da divisão dos Poderes. No entanto, destacou posteriormente que a doutrina majoritária defende a constitucionalidade da edição de Medidas Provisórias pelos Estados Membros, sobretudo, pelo fato do Supremo considerar os preceitos básicos do processo legislativo federal como modelo a ser seguido pelas Constituições Estaduais, entretanto, condicionando que as Medidas Provisórias ditadas pelas Constituições Estaduais sigam o modelo básico de requisitos previstos na Constituição Federal[30].

Diante disso, o relator menciona não fazer qualquer sentido a negativa aos Estados Membros da faculdade de editarem medida provisória, pois o constituinte originário é silente quanto à questão, ou seja, não veda aos entes federados a adoção do modelo de processo legislativo admitido para a União. Assim sendo, se a Carta Magna é "silente em relação as espécies normativas que poderiam ser editadas pelos Estados, não cabe colocar a questão em termo de

---

29. BRASIL. **Supremo Tribunal Federal**. Ação Direta de Inconstitucionalidade nº 678 – RJ, Relator Ministro Carlos Velloso, Tribunal Pleno, j. 13/11/2002. 2002c. p. 23.

30. BRASIL. **Supremo Tribunal Federal**. Ação Direta de Inconstitucionalidade nº 425 – TO, Relator Ministro Mauricio Corrêa, Tribunal Pleno, j. 04/09/2002. 2002f. p. 23.

interpretação restritiva ou ampliativa de preceito inexistente"[31]. Em complemento destaca:

> É tradição nesta Corte aplicar o princípio da simetria ao procedimento legislativo nos Estados-membros, que também enfrentam situações excepcionais a reclamar providências urgentes e relevantes capazes de saná-las, especialmente se considerarmos o fato de que várias deles possuem tamanho, população e economia equiparáveis a diversos países do mundo[32].

Destaca também a necessária observância compulsória dos requisitos de "relevância e urgência" outrora impostos a União pelo artigo 62 da Constituição Federal[33].

O Ministro Carlos Veloso, por sua vez, diverge deste entendimento sob o fundamento de que outro princípio se sobreporia ao da simetria constitucional, qual seja, o que disciplina que função legislativa é do Poder Legislativo e só por autorização expressa deste que outro Poder pode também exercer esta precípua função[34].

No entanto, a posição adotada foi pela possibilidade de os Estados Membros editarem, facultativamente, sobre medidas provisórias, desde que, para tanto, os pressupostos constitucionais de urgência e relevância fossem observados[35].

---

31. BRASIL. **Supremo Tribunal Federal**. Ação Direta de Inconstitucionalidade nº 425 – TO, Relator Ministro Mauricio Corrêa, Tribunal Pleno, j. 04/09/2002. 2002f. p. 26.

32. BRASIL. **Supremo Tribunal Federal**. Ação Direta de Inconstitucionalidade nº 425 – TO, Relator Ministro Mauricio Corrêa, Tribunal Pleno, j. 04/09/2002. 2002f. p. 27.

33. BRASIL. **Supremo Tribunal Federal**. Ação Direta de Inconstitucionalidade nº 425 – TO, Relator Ministro Mauricio Corrêa, Tribunal Pleno, j. 04/09/2002. 2002f. p. 27-8.

34. BRASIL. **Supremo Tribunal Federal**. Ação Direta de Inconstitucionalidade nº 425 – TO, Relator Ministro Mauricio Corrêa, Tribunal Pleno, j. 04/09/2002. 2002f. p. 38.

35. BRASIL. **Supremo Tribunal Federal**. Ação Direta de Inconstitucionalidade nº 425 – TO, Relator Ministro Mauricio Corrêa, Tribunal Pleno, j. 04/09/2002.

Cumpre-se destacar que neste último caso a menção ao princípio da simetria se dá de maneira mais substanciosa, vez que novamente fica clara a posição da Suprema Corte de aplicar o princípio da simetria constitucional ao procedimento legislativo dos Estados Membros[36].

Nesta linha, o STF teve ainda de debater sobre a constitucionalidade de previsão, no âmbito estadual, do instituto da reclamação. Esta discussão se dera, inicialmente, na ADI 2.212/CE, sob a Relatoria da Ministra Ellen Gracie.

No caso, a Ministra destacou que a previsão da reclamação constitucional na constituição do Estado do Ceará e no regime interno do respectivo Tribunal de Justiça, em nada fere a competência privativa da União para legislar sobre direito processual (vide artigo 22, inciso I, da Constituição Federal), vez que a natureza jurídica do mesmo não seria de recurso, ação ou mesmo de um incidente processual, mas sim se situaria no âmbito do direito de petição subscrito normativamente no artigo 5º, inciso XXXIV da Constituição Federal. No mais, destaca que a intenção do constituinte estadual em prever o instituto da reclamação estaria na intenção de garantir que as decisões proferidas pelo respectivo tribunal, viesse a ter a eficácia e autoridade necessária se tornando, portanto, um instrumento de defesa da legitimidade deste[37].

Assim sendo, sob a luz do princípio da simetria como fundamento, sustenta não haver qualquer impedimento em os Tribunais de Justiça deterem desse instrumento para fins de garantia de suas decisões já transitadas em julgado, ou mesmo para preservação de sua competência frente a eventual invasão por outro juízo ou tribunal local[38][39] (BRASIL, 2003a, p. 2411).

2002f. p. 52.

36. BRASIL. **Supremo Tribunal Federal**. Ação Direta de Inconstitucionalidade nº 425 – TO, Relator Ministro Mauricio Corrêa, Tribunal Pleno, j. 04/09/2002. 2002f. p. 52.

37. BRASIL. **Supremo Tribunal Federal**. Ação Direta de Inconstitucionalidade nº 2.212 – CE, Relator Ministra Ellen Gracie, Tribunal Pleno, j. 02/10/2003. 2003a. p. 2403-2012.

38. BRASIL. **Supremo Tribunal Federal**. Ação Direta de Inconstitucionalidade nº 2.212 – CE, Relator Ministra Ellen Gracie, Tribunal Pleno, j. 02/10/2003. 2003a. p. 2411.

39. Neste mesmo sentido, entendeu o Supremo Tribunal Federal quando do julgamento da ADI n.º 2.480/PB, sob a relatoria do Ministro Sepúlveda Pertence

Contudo, o voto do Ministro Maurício Corrêa inaugura a divergência no caso e também utiliza o princípio da simetria constitucional para defender que: a Constituição Federal não prevê a hipótese de julgamento e processamento das reclamações constitucionais pelos Tribunais Regionais Federais para garantir a eficácia de suas decisões, razão, portanto, vide princípio da simetria, que aos Estados Membros seria incabível instituírem tal instituto em suas respectivas constituições. Desta forma, estaria sendo observado pelo "poder constituinte estadual as delimitações do modelo federal, a cuja obediência sujeita-se o Estado Membro em face do princípio da simetria"[40].

Destaca-se desta decisão a versatilidade com que o princípio da simetria é tratado quando do exercício da jurisdição constitucional. Da mesma forma que serve como fundamento para defender a autonomia do Estado Membro e a manutenção da norma estadual outrora questionada, também serve como fundamento para limitação da autonomia dos mesmos, sem que, para isso, haja qualquer aprofundamento quanto ao conceito e pressupostos do princípio utilizado como fundamento, mas tão somente a sua simples utilização como se autoexplicativa fosse.

Ainda em 2003, no bojo do Recurso Extraordinário n.º 255.245/CE, o Ministro Sepúlveda Pertence para votar pelo não conhecimento do recurso, ou, no mérito, pela inconsistência da alegação de ofensa ao "pretenso cânone da simetria" assim destaca:

> De qualquer sorte, como já tenho deixado claro em diversas oportunidades, **não empresto ao dito critério da simetria as galas de princípio limitativo da autonomia constitucional do Estado-membro.**
>
> **A simetria com relação a Constituição Federal só é oponível a validade das Constituições estaduais, quando outro e verdadeiro princípio da constituição total**

(BRASIL, 2007, p. 165-189).

40. BRASIL. **Supremo Tribunal Federal**. Ação Direta de Inconstitucionalidade nº 2.212 – CE, Relator Ministra Ellen Gracie, Tribunal Pleno, j. 02/10/2003. 2003a. p. 2421-24.

> **da Federação lhe determine a absorção ou a imitação pelas ordens locais.**
>
> **Daí que, do silêncio da Constituição Federal a respeito, por si só, não seja dado concluir que o trato de determinada matéria esteja subtraído da esfera da autonomia constituinte estadual.**
>
> **A inconsistência na invocação da simetria como princípio per se traduz quiçá apelo inconsciente a uma jurisprudência formada à luz do art. 188 da malsinada Carta de 1967**, que restringia o âmbito da reforma das constituições estaduais que ordenou, em 60 dias, à finalidade de "adaptá-las às normas" da Constituição Federal, "as quais, findo esse prazo, considerar-se-ão incorporadas automaticamente às Cartas Estaduais"[41].

Nesta mesma linha de raciocínio, em 2004, o Ministro Sepúlveda Pertence, no bojo da ADI 134/RS, continua a não conceder "apelo" ao dito princípio da simetria constitucional, por conta do mesmo ter origem na Constituição de 1967 – portanto, fora da égide democrática – quando, na ocasião, como acima transcrito, foi dado um irrisório prazo para que as Assembleias pudessem adaptar as respectivas constituições dos entes federados ao texto constitucional federal. Inclusive, lembra que eram discutidas as "alterações de vírgulas e outras miudezas, tudo a saber se se tratava de adaptação ou se as Assembleias teriam ousado fazer algo mais"[42].

O Ministro Sepúlveda se manifesta neste sentido por entender que, embora a Constituição Federal não preveja a possibilidade das Casas Legislativas realizarem pedidos de informações ao Poder Judiciário, os Estados Membros, por sua vez, poderiam vir a prever em suas

---

41. BRASIL. **Supremo Tribunal Federal**. Recurso Extraordinário nº 255.245 – CE, Relator Ministro Sepúlveda Pertence, Primeira Turma, 04/02/2003. 2003e.

42. BRASIL. **Supremo Tribunal Federal**. Ação Direta de Inconstitucionalidade nº 134 – RS, Relator Ministro Mauricio Corrêa, Tribunal Pleno, j. 25/03/2004. 2004d. p. 20-1.

respectivas constituições, pois o Poder Legislativo legisla sobre matérias atinentes ao Poder Judiciário, logo, teria "todos os poderes necessários a informa-se sobre as matérias sujeitas a sua legislação", bem como exercem sobre este poder, com intermédio do Tribunal de Contas, "a fiscalização da gestão financeira da administração judiciária"[43].

Com esse raciocínio, o Ministro Sepúlveda Pertence novamente se manifesta quando do julgamento da ADI n.º 3.046/SP. Na oportunidade, a Corte foi questionada sobre a constitucionalidade de uma norma estadual que previa a possibilidade de um parlamentar, individualmente considerado, exercer a atividade de fiscalização legislativa quando das ações outrora exercidas pelo Poder Executivo[44].

Por sua vez, entendeu que o poder é concedido aos órgãos coletivos das casas do Congresso Nacional, portanto, não a cada deputado, senador, ou seja, não a um parlamentar isoladamente. Desta feita, no âmbito dos Estados Membros, sob a égide do princípio da simetria, este poder de fiscalização das ações do Executivo é concedido não a um parlamentar isolado, mas a Assembleia Legislativa, sob a exceção de quando eventual parlamentar isolado atual em representação de sua Casa ou comissão. Assim sendo, a norma estadual não foi considerada constitucional[45].

Importa-se destacar nesta decisão o fato do relator, Ministro Sepúlveda, mencionar sua resistência a invocação ao "suposto" princípio da simetria para fins de "fulminar toda e qualquer norma local que ouse ir além da simples paráfrase da Constituição da República". No entanto, para o Ministro quando se trata dos "verdadeiros princípios

43. BRASIL. **Supremo Tribunal Federal**. Ação Direta de Inconstitucionalidade nº 134 – RS, Relator Ministro Mauricio Corrêa, Tribunal Pleno, j. 25/03/2004. 2004d. p. 20-1.

44. BRASIL.**Supremo Tribunal Federal**. Ação Direta de Inconstitucionalidade nº 3.046 – SP, Relator Ministro Sepúlveda Pertence, Tribunal Pleno, j. 15/04/2004. 2004c. p. 494-500.

45. BRASIL.**Supremo Tribunal Federal**. Ação Direta de Inconstitucionalidade nº 3.046 – SP, Relator Ministro Sepúlveda Pertence, Tribunal Pleno, j. 15/04/2004. 2004c. 500-4.

centrais da Constituição da República" resta imperativa a observância pelos ordenamentos estaduais. Por exemplo, o princípio da separação e independência dos Poderes, que, no caso, estaria sendo inobservado pela norma da constituição do Estado Membro ao conferir o poder de fiscalização a um parlamentar individualizado[46].

Desta sorte, observa-se nova ausência de qualquer clareza objetiva quanto ao que de fato seria o princípio da simetria, entretanto, vê-se sua relação feita com o princípio da separação e independência dos Poderes.

Em 2006, o tema da comissão parlamentar de inquérito foi discutido no âmbito do Supremo Tribunal Federal que também teve como plano de fundo argumentativo o princípio da simetria. Especificamente, discutiu-se como que se daria a instauração de CPI no âmbito dos Estados Membros.

No caso, foi questionada a constitucionalidade de dispositivos do regimento interno da Assembleia Legislativa do Estado de São Paulo que normatizava que a instalação de CPI no âmbito estadual dependeria de deliberação do plenário da respectiva Assembleia Legislativa[47].

O entendimento ficou firmado no sentido da desnecessidade, da submissão do requerimento para constituição de uma CPI, a qualquer órgão da Assembleia Legislativa para deliberação. Este, por sua vez, teria tão somente que ver se os requisitos exigidos na Constituição Federal, no artigo 58, §3, estavam sendo observados, portanto, sem ser necessário que o plenário da Assembleia delibere aprovando, ou não, o requerimento[48].

---

46. BRASIL.**Supremo Tribunal Federal**. Ação Direta de Inconstitucionalidade nº 3.046 – SP, Relator Ministro Sepúlveda Pertence, Tribunal Pleno, j. 15/04/2004. 2004c. 502-4.

47. BRASIL. **Supremo Tribunal Federal**. Ação Direta de Inconstitucionalidade nº 3.619 – SP, Relator Ministro Eros Grau, Tribunal Pleno, j. 01/08/2006. 2006a. p. 127-31.

48. BRASIL. **Supremo Tribunal Federal**. Ação Direta de Inconstitucionalidade nº 3.619 – SP, Relator Ministro Eros Grau, Tribunal Pleno, j. 01/08/2006. 2006a. p. 127-31.

A fundamentação deste entendimento teve dois pontos principais, quais sejam: o princípio da simetria e o direito da minoria parlamentar. Primeiro, a Constituição Federal – artigo 58, §3 - assegura a um terço dos membros de qualquer uma das casas do Congresso Nacional, conjuntas ou separadas, a criação de uma comissão parlamentar de inquérito, para apuração de fator determinado e por prazo certo, ou seja, independeria de deliberação pelo respectivo plenário a criação da CPI, deixando apenas com que o próprio parlamento direcione o seu destino. Assim, sob a luz do princípio da simetria, tal garantia assegurada a um terço dos membros do senado ou da câmara federal estendia-se as respectivas assembleias legislativas estaduais, era modelo a ser "compulsoriamente observada pelas casas legislativas estaduais" haja vista a necessária defesa do direito das minorias parlamentares (BRASIL, 2006a, p. 132-7). Por sua vez, o segundo argumento foi o próprio direito da minoria parlamentar, pois a garantia do exercício destas proporciona com que o Estado Democrático de Direito passe a existir não só no plano teórico, mais também fático. Portanto, o direito a criação de uma CPI por um terço dos membros do parlamento, seja no âmbito federal ou estadual, é medida impreterível para o modelo da democracia e do Estado brasileiro[49].

Nesse sentido, também entendeu o Supremo Tribunal Federal quando do julgamento da Ação Cível Originária n.º 1.271/RJ. No entanto, deste caso, importa-se destacar uma peculiaridade advinda no momento dos debates entre os Ministros e que, por sua vez, acabou refletindo quando do voto vista do Ministro Dias Toffoli, qual seja: a da garantia as comissões parlamentares de inquérito estaduais os seus devidos "poderes investigatórios das autoridades judiciais". Com isso, entendeu-se que também é aplicável as CPIs constituídas nas assembleias legislativas dos respectivos Estados e da Câmara Legislativa do Distrito Federal a competência para requerer informações sigilosas, mesmo que essas sejam de caráter fiscal, bancário

---

49. BRASIL. **Supremo Tribunal Federal.** Ação Direta de Inconstitucionalidade nº 3.619 – SP, Relator Ministro Eros Grau, Tribunal Pleno, j. 01/08/2006. 2006a. p. 163-87.

ou telefônico, independendo de qualquer autorização judicial prévia, haja vista que o Poder Judiciário não pode "substituir o Legislativo estadual no exercício da competência que a Constituição lhe assegura, tampouco pode tolher sua ação na apuração e na investigação de fatos graves que lhe afligem, em campo de sua estrita competência constitucional"[50].

Contudo, ressaltou que, embora os Municípios tenham também a prerrogativa de instituírem CPIs, não estaria estendido aos legisladores municipais o poder próprio das autoridades judiciais de quebra de sigilo fiscal, bancário e telefônico. A razão se daria, principalmente, pelo fato de o Município não ter sido dotado na Constituição de 1988 de Poder Judiciário próprio, portanto, não detém domínios inerentes a este[51].

Observa-se que o princípio da simetria serviu como fundamento para entender os Estados Membros como competentes para deter comissões parlamentares com poderes próprios na qual as CPIs federais detêm, entretanto, os Municípios não em razão principalmente de seu perfil *sui generis* dentro do contexto federativo brasileiro.

De outra sorte, em 2007, a Corte Suprema discutiu se a Constituição do Estado Membro poderia disciplinar sobre a vacância na seara municipal do cargo de Prefeito e Vice-Prefeito. Desta feita, ficou pacificado pelo Supremo que, nas ocasiões que vagar os cargos de Governador e Vice-Governador, seria competente sim a respectiva constituição estadual disciplinar sobre como se daria o processo de escolha, entretanto, isso não abriria vazão para que o Estado Membro também disciplinasse, em sua própria carta política, como se daria a substituição quando os cargos vagos fossem da seara municipal, ou seja, de Prefeito e Vice-Prefeito. A fundamentação era, sobretudo, pelo fato de que feriria o exercício da autonomia

50. BRASIL. **Supremo Tribunal Federal**. Ação Cível Originária nº 1.271 – RJ, Relator Ministro Joaquim Barbosa, Tribunal Pleno, j. 12/02/2014. 2014u. p. 40-51.

51. BRASIL. **Supremo Tribunal Federal**. Ação Cível Originária nº 1.271 – RJ, Relator Ministro Joaquim Barbosa, Tribunal Pleno, j. 12/02/2014. 2014u. p. 57-8.

dos Municípios, "mitigando-lhes a capacidade de auto-organização e de autogoverno e limitando a sua autonomia política assegurada pela Constituição Brasileira"[52-53].

Ainda em 2007, o Supremo discutiu matéria relativamente semelhante. Na ocasião, foram questionadas duas normas da Constituição do Estado do Maranhão. O primeiro dispositivo mencionava que não seria considerado impedimento, para fins de substituição do Governador pelo Vice-Governador, quando aquele se afastasse, do país ou do Estado, por até quinze dias. O segundo dispositivo foi questionado pelo fato de ter sido deixado de mencionar a sanção que seria cabível ao Governador do Estado caso este se ausentasse do país ou do Estado por período superior a quinze dias sem a respectiva licença da Assembleia Legislativa, ou seja, em comparação com a norma de mesmo teor da Constituição Federal, deixou de prever a sanção de "sob pena de perda do cargo"[54].

A decisão da Corte, sob a relatoria do Ministro Joaquim Barbosa, foi pela inconstitucionalidade dos dispositivos. Primeiro, porque o afastamento do Governador do Estado por até quinze dias do país ou do Estado faz com que o mesmo não cumpra com os interesses que outrora são inerentes a seu cargo, portanto, necessário é que

---

52. Assim também foi entendido no Agravo Regimental no Recurso Extraordinário n.º 655.647/AM, do ano de 2014, sob a relatoria do Ministro Dias Toffoli. Inclusive, o Ministro destacou a necessidade de cautela quando da aplicação do princípio da simetria e, por consequência, a importância que a Corte deve ter para analisar caso a caso e assim observar se "há obrigatoriedade de observância de modelo federal ou estadual quanto a determinado tema, para que não caia no equívoco de suprimir, indevidamente, a autonomia política do ente federado". Portanto, novamente foi reafirmado o entendimento de que a autonomia política do Município teria que ser respeitada, não havendo, com isso, qualquer dever de observância obrigatória do modelo federal quanto ao tema da sucessão e substituição da Chefia do Poder Executivo municipal (BRASIL, 2014, p. 11).

53. BRASIL. **Supremo Tribunal Federal**. Ação Direta de Inconstitucionalidade nº 3.549 – GO, Relator Ministra Cármen Lúcia, Tribunal Pleno, j. 17/09/2007. 2007b. p. 58-70.

54. BRASIL. **Supremo Tribunal Federal**. Ação Direta de Inconstitucionalidade nº 3.647 – MA, Relator Ministro Joaquim Barbosa, Tribunal Pleno, j. 17/09/2007. 2007a. p. 408-9.

o Vice-Governador o substitua para evitar "acefalia no âmbito do Poder Executivo". No mais, tal previsão não se encontra na Constituição Federal, razão pela qual a inovação do constituinte estadual neste aspecto resta ainda mais temerário[55]. Segundo, porque haveria que ser observado pelo ente federado a integralidade da norma da Constituição Federal que ao disciplinar sobre a ausência do Chefe do Poder Executivo Federal por prazo superior a quinze dias necessita da prévia licença do Congresso, sob pena de perda do cargo. Portanto, a Constituição do Estado do Maranhão não poderia excluir a respectiva sanção para quando o Governador se ausente do Estado por prazo superior a quinze dias. Desta feira, importante seria a observância pelo princípio da simetria constitucional[56].

De toda forma, destas decisões colacionadas dos anos de 2006 e 2007, outra vez vê-se a menção ao princípio da simetria constitucional como fundamento das decisões de maneira rasa e como se autoexplicativa fosse.

Em continuidade, no ano de 2009, dentre as decisões colacionadas, importa-se destacar a Medida Cautelar na ADI 4.298/TO, em que o princípio da simetria constitucional veio a ser amplamente discutido no âmbito da Corte Suprema brasileira.

Na oportunidade, a Constituição do Estado do Tocantins reproduziu na íntegra o teor do artigo 81, §1 da Constituição Federal. Assim sendo, normatizou que, quando vago os cargos de Governador e Vice-Governador nos dois últimos anos, a sua ocupação se dará de maneira idêntica ao que a Constituição Federal estabelece para quando da ocorrência de vacância nos cargos de Presidente e Vice-Presidente, ou seja, sua ocupação dará por eleição para ambos os cargos a serem realizadas dentro da respectiva Assembleia Legislativa no prazo de 30 (trinta) dias, a contar da vacância da última vaga.

---

55. BRASIL. **Supremo Tribunal Federal**. Ação Direta de Inconstitucionalidade nº 3.647 – MA, Relator Ministro Joaquim Barbosa, Tribunal Pleno, j. 17/09/2007. 2007a. p. 413.

56. BRASIL.**Supremo Tribunal Federal**. Ação Direta de Inconstitucionalidade nº 3.647 – MA, Relator Ministro Joaquim Barbosa, Tribunal Pleno, j. 17/09/2007. 2007a. p. 413.

Destarte, a questão jurídica debatida era a se a norma do artigo 81, §1 da Constituição Federal seria de reprodução obrigatória pelos entes federados, ou se era objeto de deliberação própria e autônoma do respectivo Estado Membro[57].

Por sua vez, o relator Ministro Cezar Peluso inicia questionando se o princípio da simetria constitucional se aplicaria aos Estados Membros no que toca ao artigo 81, §1 da Constituição Federal. Quanto ao princípio, destaca que este seria uma "construção pretoriana tendente a garantir, quanto aos aspectos reputados substanciais, homogeneidade na disciplina normativa da separação, independência e harmonia dos poderes, nos três planos federativos". No mais, destaca que seria um princípio fundamentado normativamente no art. 25 da Constituição Federal e no art. 11 da ADCT, que destacam a necessária observância pelos Estados Membros dos princípios da Constituição Federal[58].

Entretanto, alerta que a aplicação deste princípio ou regra da simetria deve ser feito com cuidado, haja vista o risco que sua irrestrita aplicação pode acabar por descaracterizar a estrutura federativa brasileira. Por conta disso que, no caso, defende pela inaplicabilidade do princípio da simetria e a reafirmação do exercício da autonomia dos Estados Membros para o trato da matéria de vacância dos cargos de Governador e Vice-Governador, ou seja, a definição deste tema no âmbito estadual dependeria do legislador ordinário estadual[59].

Portanto, defende que o artigo 81, §1 da Constituição Federal não deve ser de observância obrigatória pelos Estados Membros, mas deve sim ser mantido e garantido a estes o pleno exercício de sua autonomia para definição de como se dará a ocupação, quando da

---

57. BRASIL. **Supremo Tribunal Federal**. Medida Cautelar na Ação Direta de Inconstitucionalidade nº 4.298 – TO, Relator Ministro Cezar Peluso, Tribunal Pleno, j. 07/10/2009. 2009a. p. 100-25.

58. BRASIL. **Supremo Tribunal Federal**. Medida Cautelar na Ação Direta de Inconstitucionalidade nº 4.298 – TO, Relator Ministro Cezar Peluso, Tribunal Pleno, j. 07/10/2009. 2009a. p. 101.

59. BRASIL. **Supremo Tribunal Federal**. Medida Cautelar na Ação Direta de Inconstitucionalidade nº 4.298 – TO, Relator Ministro Cezar Peluso, Tribunal Pleno, j. 07/10/2009. 2009a. p. 100-25.

vacância, dos cargos de Governador e Vice-Governador. Desta sorte, o dispositivo da Constituição do Estado do Tocantins seria constitucional, pois a reprodução da norma federal se deu não por imposição, mas sim por escola jurídico-político do legislador constituinte estadual[60].

É importante destacar, deste caso, que pela primeira vez pôde se observar uma discussão mais aprofundada sobre o princípio da simetria, inclusive, com destaques quanto a sua possível conceituação.

Já em 2011, o STF novamente veio manifestar seu entendimento no sentido de que "o Estado-membro, em tema de processo legislativo, deve observância cogente à sistemática ditada pela Constituição Federal". No caso, tal entendimento foi manifestado no bojo da ADI 2.872/PI em que foram questionadas a constitucionalidade de normas da Constituição do Estado do Piauí que exigiam a edição de lei complementar para o tratamento de matéria referente aos servidores públicos estaduais e não de lei ordinária, conforme a Constituição Federal prevê para o tratamento de matéria referente a servidores públicos federais, ou seja, inconstitucionalidade dos preceitos estaduais por violarem o princípio da simetria[61].

Inicialmente, o Ministro Eros Grau discutiu sobre a possibilidade de o constituinte estadual prever espécie legislativa, para o trato de determinada matéria no âmbito estadual, diferente da que o constituinte federal previu para o tratamento da mesma matéria no seu respectivo âmbito. Desta feita, concluiu que o constituinte estadual não poderia prever de maneira distinta do constituinte federal, em razão de violarem o princípio da simetria constitucional. Assim sendo, as normas da Constituição do Estado do Piauí eram inconstitucionais por violarem o princípio da simetria constitucional ao impor lei complementar para disciplinar matéria na qual a Constituição Federal impõe procedimento legislativo ordinário[62].

---

60. BRASIL. **Supremo Tribunal Federal**. Medida Cautelar na Ação Direta de Inconstitucionalidade nº 4.298 – TO, Relator Ministro Cezar Peluso, Tribunal Pleno, j. 07/10/2009. 2009a. p. 100-25.

61. B RASIL. **Supremo Tribunal Federal**. Ação Direta de Inconstitucionalidade nº 2.872 – PI, Relator Ministro Ricardo Lewandowski, Tribunal Pleno, j. 01/08/2011. 2011c. p. 1-23.

62. B RASIL. **Supremo Tribunal Federal**. Ação Direta de Inconstitucionalidade nº 2.872 – PI, Relator Ministro Ricardo Lewandowski, Tribunal Pleno, j. 01/08/2011. 2011c. p. 5-7.

No mais, ainda destacou que a Constituição Federal quando confere a capacidade de autogoverno e auto composição aos Estados Membros impõe também a observância obrigatória aos seus princípios e, dentro destes, encontra-se o processo legislativo. Assim sendo, o constituinte estadual não poderia impor disciplina normativa distinta da que a Constituição Federal impõe para o trato de mesma matéria[63].

Portanto, decidiu manter a premissa que vinha sendo adotado pela Corte no sentido de que "o Estado-membro, em tema de processo legislativo, deve observância cogente à sistemática ditada pela Constituição Federal"[64-65].

Por outro lado, o Ministro Menezes Direito, por sua vez, menciona a necessidade de se modular o princípio da simetria constitucional, vez que o exercício da autonomia dos Estados Membros, também garantido pela Constituição Federal, não pode ser mitigado ao ponto de fazer seu papel ser apenas de reprodução do contexto normativo federal. Desse modo, defende a modulação para que a liberdade dos Estados Membros não seja limitada sempre que divergir das regras normativamente dispostas no âmbito federal, excetuando

---

63. B RASIL. **Supremo Tribunal Federal**. Ação Direta de Inconstitucionalidade nº 2.872 – PI, Relator Ministro Ricardo Lewandowski, Tribunal Pleno, j. 01/08/2011. 2011c. p. 5-7.

64. Neste sentido, também foi o entendimento do Supremo Tribunal Federal quando do julgamento da RE n.º 383123/SP, do ano de 2014, sob a relatoria da Ministra Cármen Lúcia. Contudo, a mesma deixa claro que seu posicionamento genuíno é o mesmo do vencido voto do Ministro Menezes Direito, entretanto, acabou por acolher o que assentado por maioria pela Suprema Corte (BRASIL, 2014, p. 1-8). Contudo, em 2015 houve uma mudança de entendimento quanto a este tema pelo STF encabeçada, principalmente, pelo argumento de que deve ser reconhecido ao Estado Membro o exercício de sua autonomia estadual para fins de deliberar sobre qual tratamento legislativo precisará ser dispensado para o trato de determinada matéria, ou seja, não se poderia "subtrair ao Estado-membro, a prerrogativa institucional de valorizar, segundo critérios e padrões próprios e mediante utilização da lei complementar, a disciplina normativa a ser dispensada a determinadas matérias de interesse eminentemente regional", sob pena de não se exercitar no plano prático um dos elementos que estruturam um modelo de Estado federalizado (BRASIL, 2015, p. 13-15)

65. B RASIL. **Supremo Tribunal Federal**. Ação Direta de Inconstitucionalidade nº 2.872 – PI, Relator Ministro Ricardo Lewandowski, Tribunal Pleno, j. 01/08/2011. 2011c. p. 5-7.

os pontos em que se configure violação de direito público, como, por exemplo, os que vinculem a realização de organização social ou de ideal social[66].

Por conta disso, quanto ao caso, defende que a Constituição do Estado do Piauí ao escolher adotar a lei complementar como espécie normativa para tratar a matéria e não lei ordinária, como a Constituição Federal disciplina, em nada estaria por ofender qualquer princípio sensível, tampouco a organização nacional[67].

No mais, destaca como hipótese de aplicação do princípio da simetria os casos em que fosse invadida, pelo Poder Legislativo, a competência privativa do Poder Executivo em relação à produção legislativa, vez que nestas situações considera haver necessidade de preservar o princípio da separação dos poderes[68].

Com isso, o Ministro Menezes Direito deixa claro seu posicionamento pela mitigação do princípio da simetria, pois, a seu ver, é preciso preservar as consequências próprias de se adotar um modelo de Estado Federal – por exemplo, as diversidades regionais, ou então a Carta Magna brasileira teria que adotar um Estado Unitário, haja vista que o afogamento desmedido das liberdades estaduais ser uma característica própria dos regimes autoritários[69].

O julgamento desta ADI 2.872/PI, principalmente após o voto crítico e enfático do Ministro Menezes Direito, poderia resultar em uma mudança na postura interpretativa do Supremo quanto ao tema da reprodução obrigatória de normas do processo legislativo federal

---

66. BRASIL. **Supremo Tribunal Federal**. Ação Direta de Inconstitucionalidade nº 2.872 – PI, Relator Ministro Ricardo Lewandowski, Tribunal Pleno, j. 01/08/2011. 2011c. p. 9-15.

67. BRASIL. **Supremo Tribunal Federal**. Ação Direta de Inconstitucionalidade nº 2.872 – PI, Relator Ministro Ricardo Lewandowski, Tribunal Pleno, j. 01/08/2011. 2011c. p. 9-15.

68. BRASIL. **Supremo Tribunal Federal**. Ação Direta de Inconstitucionalidade nº 2.872 – PI, Relator Ministro Ricardo Lewandowski, Tribunal Pleno, j. 01/08/2011. 2011c. p. 9-15.

69. BRASIL. **Supremo Tribunal Federal**. Ação Direta de Inconstitucionalidade nº 2.872 – PI, Relator Ministro Ricardo Lewandowski, Tribunal Pleno, j. 01/08/2011. 2011c. p. 9-15.

para o processo legislativo estadual, entretanto, foi mantida na linha de entendimento que a Corte vinha decidindo[70].

Ainda em 2011, o princípio da simetria também serviu como fundamento de decisão que a Corte Suprema firmasse orientação pela legitimidade de delegação a secretários de Estado de competência do Governador para, fundamentados em normas das Constituições dos respectivos Estados Membros, aplicar a penalidade de demissão dos servidores do Executivo, uma vez que o artigo 84, inciso XXV e parágrafo único da Constituição Federal concede essa mesma possibilidade para os Ministros de Estado exercerem a competência do Chefe do Poder Executivo Federal de aplicar pena de demissão dos servidores públicos federais[71][72]. Neste sentido, tiveram ainda os seguintes julgados, consoante é possível observar desde suas ementas:

> EMBARGOS DE DECLARAÇÃO NO RECURSO EXTRAORDINÁRIO. CONVERSÃO EM AGRAVO REGIMENTAL. CONSTITUCIONAL. **DEMISSÃO DE SERVIDOR PÚBLICO ESTADUAL. POSSIBILIDADE DE DELEGAÇÃO DE COMPETÊNCIA DO GOVERNADOR AO SECRETÁRIO DE ESTADO. PRINCÍPIO DA SIMETRIA.** PRECEDENTES. AGRAVO REGIMENTAL AO QUAL SE NEGA PROVIMENTO (BRASIL, 2012a, p. 01-09).
>
> Agravo regimental no recurso extraordinário. **Demissão de servidor público estadual. Governador de Estado. Delegação de competência. Secretário de Estado. Possibilidade. Princípio da simetria. Precedentes.**

---

70. ARAÚJO, Marcelo Labanca Corrêa de. **Jurisdição constitucional e federação:** o princípio da simetria na jurisprudência do STF. Rio de Janeiro: Elsevier, 2009. p. 107.

71. BRASIL. **Supremo Tribunal Federal**. Agravo Regimental no Recurso Extraordinário nº 633.009 – GO, Relator Ministro Ricardo Lewandowski, Segunda Turma, j. 13/09/2011. 2011b. p. 246-251.

72. Acompanhando este entendimento, o Supremo Tribunal Federal também assim julgou no Agravo Regimental no Recurso Extraordinário com Agravo n.º 864.515/2015, sob a relatoria do Ministro Celso de Mello.

> **1. A Suprema Corte pacificou o entendimento de que é legítima a delegação de competência pelo governador do Estado de Goiás aos seus secretários para, conforme o disposto no art. 37, inciso XII e parágrafo único, da Constituição Estadual, aplicar a pena de demissão a servidores públicos, com fundamento no princípio da simetria.**
> 2. Agravo regimental não provido.[73]

Já no ano de 2015, destaca-se o voto proferido pelo relator da ADI 253, ministro Gilmar Mendes que, ao debater a constitucionalidade de um dispositivo da Constituição do Estado do Mato Grosso que aplicava ao Governador e ao Vice as proibições e impedimentos outrora também estabelecidos para os Deputados Estaduais, destaca a necessidade de se ter cuidado ao se utilizar o princípio da simetria como fundamento para se considerar a inconstitucionalidade, ou não, de uma norma estadual. Lembra que a necessidade intrínseca ao princípio da simetria de proporcionar harmonia e homogeneidade no âmbito federativo não pode, porém, ser excedida ao ponto de amarrar por absoluto às constituições estaduais, sob pena destas virem a se tornar apenas cópias das normas federais[74].

Destarte, com base nesses cuidados que defende, acompanhado pelos demais Ministros, a constitucionalidade da norma da Constituição do Estado do Mato Grosso, por não haver qualquer menção no plano federal que obstaculize o constituinte estadual de estabelecer tais vedações aos respectivos mandatários locais. Portanto, a ausência de similar norma no plano da Constituição Federal não serve como parâmetro que deva impedir o constituinte estadual de deliberar normas com hipóteses de impedimento e proibições ao Governador e Vice-Governador[75].

---

73. BRASIL. **Supremo Tribunal Federal**. Agravo Regimental no Recurso Extraordinário nº 633.009 – GO, Relator Ministro Ricardo Lewandowski, Segunda Turma, j. 13/09/2011. 2011b. p. 246.

74. BRASIL.**Supremo Tribunal Federal**. Ação Direta de Inconstitucionalidade nº 253-MT, Relator Ministro Gilmar Mendes, Plenário, j. 28/05/2015. 2015e. p. 1-5.

75. BRASIL.**Supremo Tribunal Federal**. Ação Direta de Inconstitucionalidade nº 253-MT, Relator Ministro Gilmar Mendes, Plenário, j. 28/05/2015. 2015e. p.

Em 2016, das onze decisões que envolviam o princípio da simetria como fundamento destaca-se as ADI de n.º 5.356, sob relatoria do Ministro Edson Fachin. Por sua vez, esta ADI foi julgada conjuntamente com as de n.º 5.253, n.º 3.835 e n.º 4.861, uma vez que tratavam de mesma matéria de fundo.

Na oportunidade, tratou-se de um questionamento feito pela Associação Nacional das Operadoras de Celulares – ACEL acerca da Lei n.º 4.650, do Estado do Mato Grosso do Sul, que determinava que as empresas de telefonia móvel instalassem equipamentos tecnológicos ou de solução tecnológica que pudesse identificar e bloquear sinais de tele e/ou radiocomunicações dentro dos presídios estaduais. A questão técnica jurídica questionada era saber se a legislação invadia competência da União - artigo 21, inciso XI e artigo 22, inciso IV da CF – ou se era constitucional por tratar de competência concorrente – artigo 24, inciso I e V e artigo 144 da CF –, e, portanto, estaria por efetivar no plano prático o sentido de federalismo cooperativo pensado pela Constituição Federal de 1988[76].

Embora grande parte dos debates circundem em torno de saber se o tema era de competência exclusiva e/ou privativa da União ou concorrente, a verdade é que em seu bojo argumentativo também envolve a discussão em torno do tema do princípio da simetria constitucional.

O surgimento deste argumento se deu pelo próprio relator, Ministro Edson Fachin, ao lembrar que a preocupação com a excessiva centralização de competências no federalismo brasileiro, que, inclusive, vem inviabilizando o próprio exercício da autonomia dos Estados Membros, apenas recentemente passou a ser pauta de preocupação da Suprema Corte[77] (BRASIL, 2016f, p. 10-11).

Segundo o relator, dois pontos seriam os principais responsáveis: primeiro, o próprio Texto Constitucional ao concentrar várias

---

01-05.

76. BRASIL. **Supremo Tribunal Federal.** Ação Direta de Inconstitucionalidade nº 5.356-MS, Relator Ministro Edson Fachin, Plenário, j. 03/08/2016. 2016f. p. 02-03.

77. BRASIL. **Supremo Tribunal Federal.** Ação Direta de Inconstitucionalidade nº 5.356-MS, Relator Ministro Edson Fachin, Plenário, j. 03/08/2016. 2016f. p. 10-11.

competências privativas no âmbito nacional; segundo, a jurisprudência do Supremo ao fazer leitura das competências normativas da União de maneira altamente inflacionada e, por sua vez, o princípio da simetria serve como álibi para tanto, pois o recurso argumentativo faz com que estruturas federais sejam "mimetizadas pelos demais entes, às vezes de forma artificiosa"[78].

Destarte, o ministro Edson Fachin vem pontuar que a origem deste problema seja o receio do Tribunal por uma excessiva descentralização de competências e, por consequência, um enfraquecimento da unidade que o modelo de Estado federal exige, haja vista ser uma de suas características[79].

No entanto, defende que esse receio não deve prevalecer ao ponto das autonomias conferidas aos Estados Membros serem subjugadas. Portanto, estabelece, enquanto premissa, que a "pluralidade de regimes normativos não consegue se harmonizar apenas com as regras de competência expressa", razão pela qual seria "necessário explorar o alcance do federalismo cooperativo esboçado na Constituição de 1988, para enfrentar os problemas de aplicação que emergem do pluralismo". Por conseguinte, destaca:

> Para desvelar o alcance do federalismo cooperativo na Constituição é preciso despir-se, como bem explica Unger, tanto do otimismo quanto do pessimismo dogmáticos, procurando o ajuste fino que pressupõe a identificação de zonas de coincidência entre as condições de progresso material e da liberação do indivíduo – em nossa leitura, inegáveis finalidades da ordem constitucional -, e que tem a ganhar com o aprendizado coletivo fornecido pela chave de leitura do experimentalismo democrática[80].

78. BRASIL. **Supremo Tribunal Federal**. Ação Direta de Inconstitucionalidade nº 5.356-MS, Relator Ministro Edson Fachin, Plenário, j. 03/08/2016. 2016f. p. 19.

79. BRASIL. **Supremo Tribunal Federal**. Ação Direta de Inconstitucionalidade nº 5.356-MS, Relator Ministro Edson Fachin, Plenário, j. 03/08/2016. 2016f. p. 19-21.

80. BRASIL. **Supremo Tribunal Federal**. Ação Direta de Inconstitucionalidade nº 5.356-MS, Relator Ministro Edson Fachin, Plenário, j. 03/08/2016. 2016f. p.

Dessa forma, o ministro Edson Fachin defende uma não excessiva centralização de competências em torno da União por duas principais razões, quais sejam: a) não desvirtuamento do modelo de Estado federal e, portanto, garantia efetiva do exercício da autonomia dos Estados Membros e; b) aprendizado coletivo com as inovações legislativas que os Estados Membros podem vir a produzir, sob o exercício de sua autonomia e aproveitamento para os demais entes da federação e até mesmo pela União nos casos exitosos. Assim, a possibilidade de os Estados Membros servirem como verdadeiros laboratórios legislativos. Para tanto, entende que o afastamento do princípio da simetria pela Corte seria etapa fundamental[81].

Com base nisso, defende a constitucionalidade da Lei do Estado do Mato Grosso do Sul. No entanto, seu posicionamento não foi seguido pela maioria dos ministros da Corte.

No ano de 2017, foram filtradas onze decisões que trabalharam com o tema "princípio da simetria". Destaca-se que nesse mesmo ano, algumas decisões trabalharam com o tema do princípio da simetria, relacionando-o com matérias como concessão de licença prêmio, conversão de 1/3 de férias em abono pecuniário, concessão de diárias e concessão de ajuda de custo a integrantes da Magistratura. Observou-se que, em ambas, o argumento do princípio da simetria foi posto como fundamento para estender a integrantes da Magistratura benefícios concedidos aos membros do Ministério Público[82]. Contudo, melhor se manifestará sob o teor argumentativo destas quando se chegar a análise qualitativa das decisões proferidas de igual teor no ano de 2018.

Em outra decisão, o STF enfrentou o tema da contrariedade, ou não, ao princípio da separação dos poderes, de preceito local que

---

22-3.

81. BRASIL. **Supremo Tribunal Federal**. Ação Direta de Inconstitucionalidade nº 5.356-MS, Relator Ministro Edson Fachin, Plenário, j. 03/08/2016. 2016f. p. 33.

82. BRASIL. **Supremo Tribunal Federal**. Agravo Regimental na Reclamação nº 27.818-BA, Relator Ministro Ricardo Lewandowski, Plenário, j. 11/12/2017. 2017a. p. 01-11.

submete ao Legislativo a apreciação da celebração de acordos e convênios pelo Poder Executivo[83].

Na oportunidade, o relator Ministro Marco Aurélio lembrou de precedente já adotado pela Corte de não contrariedade ao princípio da separação dos poderes, considerando a simetria constitucional condicionar a celebração de acordos e convênios pelo Executivo à autorização do Poder Legislativo. Desta feita, não obstante a inexistência de condição pré-estabelecida em âmbito federal, a inovação na norma impugnada foi considerada pelo Supremo como constitucional, visto que estaria auxiliando na otimização e no controle da alocação de recursos públicos[84] [85].

Desse modo, observou-se que por mais raso que tenha sido a menção ao princípio da simetria na decisão, ou seja, sem deixar qualquer conceituação do princípio, o mesmo, porém, foi utilizado como argumento para não impedir que a inovação legislativa em questão, condicione a celebração de acordos e convênios pelo Executivo à autorização do Poder Legislativo.

Em outras duas decisões, ADI 4.362-DF e ADI 4.764-AC, a Corte tratou do princípio da simetria constitucional ao se deparar com o tema da constitucionalidade de normas estaduais que condicionam a instauração de processo judicial por crimes comuns, crimes de responsabilidade contra Governador, Vice-Governador e Secretários de Estado à licença prévia da Assembleia Legislativa.

---

83. BRASIL. **Supremo Tribunal Federal**. Agravo Regimental no Recurso Extraordinário nº 488.065-SP, Relator Ministro Marco Aurélio, Plenário, j. 15/08/2017. 2017f. p. 01-08.

84. Neste sentido, foi entendido também pela Corte na ADI n.º 331-PB. Na oportunidade, o Ministro Gilmar Mendes destacou a importância desta possibilidade no âmbito normativo estadual, sobretudo, por entender ser "preciso dar espaço a oficinas e experimentos no âmbito do poder constituinte estadual". Além disso, destaca que, no caso, a inovação traga pela constituição estadual não "atenta contra os marcos fundamentais da Carta Magna, mas, antes, procura tornar ainda mais efetivos os comandos constitucionais do equilíbrio entre os poderes e do controle republicano dos compromissos públicos" (BRASIL, 2014q, p. 06).

85. BRASIL. **Supremo Tribunal Federal**. Agravo Regimental no Recurso Extraordinário nº 488.065-SP, Relator Ministro Marco Aurélio, Plenário, j. 15/08/2017. 2017f. p. 01-08.

A Procuradoria Geral da República, autora das ADIs, aduziram não caber a aplicação do princípio da simetria à condição prevista no artigo 51, inciso I da Constituição Federal, em razão de ser norma excepcional que não deve ser estendida às autoridades estaduais, posto que o constituinte originário não previu e, portanto, não caberia ao constituinte estadual, tampouco aos intérpretes da Constituição assim o fazer[86].

Em defesa da constitucionalidade da norma, as respectivas Câmaras Legislativas do Distrito Federal e do Acre alegaram extensão do caput do artigo 86 da Constituição Federal aos entes federados sob força do princípio da simetria constitucional[87].

Os relatores, respectivamente, Ministro Dias Toffoli e Ministro Celso de Mello, destacaram que o tema já tinha sido debatido na Corte nas ADIs de n.º 4.792/ES e n.º 4.791/PR e, nestas ocasiões, as normas estaduais foram consideradas formalmente inconstitucionais em razão da incompetência dos Estados Membros para legislarem sobre julgamento e processamento de crimes de responsabilidade, vide artigo 22, inciso I da Constituição Federal, precedentes da Suprema Corte e Súmula Vinculante n.º 46[88]. Entretanto, foram consideradas constitucionais quando, como condição de procedibilidade, sob fundamento do princípio da simetria, exigem autorização da Assembleia Legislativa para instaurar ação contra governador[89].

Em razão disso, se manifestaram pela manutenção deste entendimento aos casos ora em julgamento, à luz dos mesmos fundamentos. Em especial, acerca da condição de procedibilidade de exigir autorização da Assembleia Legislativa para instaurar ação contra governador,

---

86. BRASIL. **Supremo Tribunal Federal**. Ação Direta de Inconstitucionalidade nº 4.362-DF, Relator Ministro Dias Toffoli, Plenário, j. 09/08/2017. 2017g. p. 05.

87. BRASIL. **Supremo Tribunal Federal**. Ação Direta de Inconstitucionalidade nº 4.362-DF, Relator Ministro Dias Toffoli, Plenário, j. 09/08/2017. 2017g. p. 06.

88. BRASIL. **Supremo Tribunal Federal**. Ação Direta de Inconstitucionalidade nº 4.791-PR, Relator Ministro Teori Zavascki, Plenário, j. 12/02/2015. 2015l. p. 03-44.

89. BRASIL. **Supremo Tribunal Federal**. Ação Direta de Inconstitucionalidade nº 4.791-PR, Relator Ministro Teori Zavascki, Plenário, j. 12/02/2015. 2015l. p. 03-74.

defendeu-se isso como forma de consubstanciar o princípio federativo, do qual o princípio da simetria advém e sua aplicação tende a concretizar a harmonia e a independência entre os Poderes da República[90]. Inclusive, neste ponto específico, o Ministro Celso de Mello aponta que a motivação fundamental da Corte estava em dar consistência a um dos ramos teóricos da federação, o da autonomia dos Estados Membros[91].

Contudo, o Ministro Luís Roberto Barroso abriu divergência, tendo sido seguido pelos demais, o que, por sua vez, inaugurou uma nova tese que passaria a ser adotada pela Corte quando dos julgamentos de casos com esta mesma temática.

Preliminarmente, destaca duas como as principais questões jurídicas debatidas, quais sejam: a) possibilidade de os Estados Membros adotarem em suas constituições normas sobre processamento e julgamento de Governadores por crimes de responsabilidade; e b) condição de procedibilidade de exigir autorização da Assembleia Legislativa para instaurar ação penal por crimes comuns praticados pelo Governador, Vice-Governador ou Secretários de Estado[92].

O Ministro Barroso acompanha a posição adotada pelos relatores e da própria Corte sobre a incompetência dos Estados Membros para legislarem sobre todo e qualquer processo e/ou julgamento dos crimes de responsabilidade, por considerar questão pacificada na jurisprudência do STF, vide artigo 22, inciso I; 85, parágrafo único e Súmula Vinculante n.º 46. No entanto, destoa acerca da segunda questão jurídica em debate[93].

Para Barroso, o princípio republicano seria uma norma de reprodução obrigatória pelos Estados Membros nas suas três acepções:

---

90. BRASIL. **Supremo Tribunal Federal**. Ação Direta de Inconstitucionalidade nº 4.362-DF, Relator Ministro Dias Toffoli, Plenário, j. 09/08/2017. 2017g. p. 18.

91. BRASIL. **Supremo Tribunal Federal**. Ação Direta de Inconstitucionalidade nº 4.764-AC, Relator Ministro Celso de Mello, Plenário, j. 04/05/2017. 2017l. p. 23.

92. BRASIL. **Supremo Tribunal Federal**. Ação Direta de Inconstitucionalidade nº 4.362-DF, Relator Ministro Dias Toffoli, Plenário, j. 09/08/2017. 2017g. p. 27-8.

93. BRASIL. **Supremo Tribunal Federal**. Ação Direta de Inconstitucionalidade nº 4.362-DF, Relator Ministro Dias Toffoli, Plenário, j. 09/08/2017. 2017g. p. 28.

eletividade dos governantes, temporariedade dos mandatos e responsabilidade dos agentes públicos. Contudo, suas exceções, salvo disposição em contrário, são de reprodução proibida pelas Constituições estaduais[94]. Entretanto, ao analisar a jurisprudência do STF, destaca a seguinte síntese:

> Das decisões mencionadas, é possível extrair cinco fundamentos determinantes que conduziram esta Corte, por maioria de votos, a considerar constitucional a chamada licença prévia. São eles: (i) respeito a autonomia federativa; (ii) a circunstância de que, recebida a denúncia ou a queixa-crime pelo Superior Tribunal de Justiça, dar-se-á a suspensão funcional do Chefe do Poder Executivo estadual, que ficará afastado, temporariamente, do exercício do mandato que lhe foi conferido por voto popular; (iii) a Constituição Federal exigiria, por simetria, a reprodução das Cartas estaduais de norma semelhante à prevista no art. 51, I, da Constituição Federal; (iv) a superveniência da Emenda Constitucional nº 35/2001, que suprimiu a necessidade de autorização legislativa para processamento de parlamentares, não incluindo Governadores, evidenciaria que a Constituição Federal autoriza ou continua autorizando o poder constituinte decorrente a instituir a chamada condição de procedibilidade; e, por fim, (v) a instituição da autorização prévia da Assembleia Legislativa não traz o risco de propiciar, quando negada, a impunidade dos Governadores, já que a denegação implica a suspensão do fluxo do prazo prescricional. Um argumento adicional não raramente mencionado é o da (vi) governabilidade, invocado para sustentar a necessidade de licença prévia para proteger a estabilidade do governo local.

Com base nisso, o Ministro Barroso analisa a constitucionalidade de norma estadual que prevê licença prévia da Assembleia

94. BRASIL. **Supremo Tribunal Federal**. Ação Direta de Inconstitucionalidade nº 4.362-DF, Relator Ministro Dias Toffoli, Plenário, j. 09/08/2017. 2017g. p. 39.

Legislativa para processar por crime comum Governadores e defende a necessidade de revisitação da questão, sobretudo, por considerar as "mudanças na realidade institucional e novas demandas por parte da sociedade", além da necessária moralidade na política que, ao ser ver, conduziria para uma mutação constitucional quanto ao tratamento do tema[95].

Diante disso, defende a necessidade de superação da jurisprudência até então pacificada no STF sob os seguintes fundamentos: a) o artigo 51, inciso I da Carta Magna impõe exceção ao princípio republicano e que, por sua vez, é norma proibida de extensão aos Estados Membros em razão da falta de autorização concedida pelo constituinte originário; b) o fundamento da suspensão funcional automática do Governador quando do recebimento pelo Superior Tribunal de Justiça da denúncia ou queixa não merece subsistir, pois, assim como o artigo 51, inciso I, o artigo 86, §1 decorre daquele dispositivo e, portanto, também não é de reprodução permitida aos Estados-membros; c) quanto ao princípio da simetria, defende o Ministro Barroso que, como dito, o artigo 51, inciso I da Constituição Federal é de reprodução proibida, logo, não se aplicaria o princípio da simetria, posto que este apenas "imporia aos Estados-membros a reprodução obrigatória do modelo federal em relação a alguns temas"; d) a Emenda Constitucional n.º 35/2001 previu a supressão da necessidade de licença para inauguração de ação penal acerca de crime comum contra Deputados e Senadores e não quanto a Governadores, não devendo, portanto, ter sua interpretação estendida. Além disso, destaca que o fato da Constituição Federal prever que para o Presidente da República ter ação penal contra si quanto a crime comum apenas pós autorização da Câmara dos Deputados é uma razão singular, pois, diferentemente dos Governadores de Estado, sua condição é não só de chefe de Governo, mas de Estado também; e) por último, o ministro Barroso fundamenta que instituir a autorização prévia da Assembleia Legislativa para ação penal quanto a crime comum cometido por Governador, Vice-Governador ou Secretários de Estado poderia causar mais impunidade aos crimes cometidos seja por meio de perecimento

95. BRASIL. **Supremo Tribunal Federal**. Ação Direta de Inconstitucionalidade nº 4.362-DF, Relator Ministro Dias Toffoli, Plenário, j. 09/08/2017. 2017g. p. 43.

de provas, atrapalho da instrução processual e inviabilização das investigações criminais[96].

Este posicionamento foi acompanhado pelos demais Ministros ficando vencidos os posicionamentos dos relatores das respectivas ADIs n.º 4.362-DF e n.º 4.764-AC e, consequentemente, o entendimento anterior da Suprema Corte avençado no julgamento das ADIs n.º 4.791 e n.º 4.792 em 2015.

Novamente observa-se que o trato quanto ao tema do princípio da simetria se deu de maneira rasa, sem qualquer conceituação, mas com um indicativo de que este princípio se impõe aos Estados Membros para reprodução obrigatória do modelo federal em relação a alguns temas, entretanto, sem deixar claro quais seriam estes temas.

Ainda em 2017, a Corte abordou sobre o princípio da simetria, relacionando com a *questio iuris* de saber se aos Municípios caberia, por intermédio de legislação própria, impor multas por conta da emissão de fumaça por veículos no perímetro urbano acima dos padrões aceitos. Na oportunidade, o então Ministro Carlos Veloso, relator do recurso, defendeu a tese de que a proteção do meio ambiente e de combate à poluição é competência comum de todos os entes federativos, cabendo, portanto, aos Municípios legislarem sobre a matéria quanto aos seus interesses locais[97].

Abrindo divergência quanto ao mérito, o Ministro Cezar Peluso posicionou-se em sentido contrário, ou seja, entendendo não ser de competência municipal a tipificação de infração, bem como a instituição de multa, pois este ente federativo precisaria ter ingerência legislativa sobre normas de trânsito, o que, porém, não o tem, vide competência privativa da União (artigo 22, inciso XI)[98].

---

96. BRASIL. **Supremo Tribunal Federal**. Ação Direta de Inconstitucionalidade nº 4.362-DF, Relator Ministro Dias Toffoli, Plenário, j. 09/08/2017. 2017g. p. 46-8.

97. BRASIL. **Supremo Tribunal Federal**. Recurso Extraordinário nº 194.704-MG, Relator Ministro Carlos Velloso, Plenário, j. 29/06/2017. 2017h. p. 04-14.

98. BRASIL. **Supremo Tribunal Federal**. Recurso Extraordinário nº 194.704-MG, Relator Ministro Carlos Velloso, Plenário, j. 29/06/2017. 2017h. p. 20-5.

De todo modo, o redator do acórdão, Ministro Edson Fachin, acompanhando o Ministro Carlos Veloso e acompanhado pela maioria dos ministros, se posicionou pela possibilidade de os Municípios legislarem impondo multas pela emissão de fumaça por veículos acima do permitido[99].

No seu voto, destaca, inicialmente, que o STF passou a se preocupar apenas recentemente com o alto centralismo de competências em torno da União, o que, por consequência, inviabiliza o exercício genuíno da autonomia pelos entes federativos, logo, acabam tendo suas competências mitigadas passando, com isso, a exercer um papel coadjuvante dentro do contexto do federalismo brasileiro[100].

Por conta disso, defende um olhar mais próximo e fiel à concepção do federalismo cooperativo presente na Constituição de 1988. Por conseguinte, menciona a importância de que o arcabouço teórico do experimentalismo democrático seja colocado dentro de um contexto federativo de Estado, vez que permite que inovações legislativas possam ser tomadas sem, necessariamente, causar quaisquer grandes abalos de repercussão nacional[101].

Assim, defende a ideia dos Estados Membros e/ou Municípios, enquanto legítimos entes federativos autônomos, funcionarem como laboratórios legislativos e assim busquem soluções aos seus contextos territoriais problemáticos, seja no aspecto social, econômico e/ou políticos, que possa tal solução ser passível de incorporação por outro ente federativo ou mesmo pela União[102].

No caso, quanto ao princípio da simetria, o Ministro Edson Fachin – ao abordar sobre a centralização em torno da União em função do texto constitucional e em razão da posição interpretativa

---

99. BRASIL. **Supremo Tribunal Federal**. Recurso Extraordinário nº 194.704-MG, Relator Ministro Carlos Velloso, Plenário, j. 29/06/2017. 2017h. p. 31-68.

100. BRASIL. **Supremo Tribunal Federal**. Recurso Extraordinário nº 194.704-MG, Relator Ministro Carlos Velloso, Plenário, j. 29/06/2017. 2017h. p. 32-44.

101. BRASIL. **Supremo Tribunal Federal**. Recurso Extraordinário nº 194.704-MG, Relator Ministro Carlos Velloso, Plenário, j. 29/06/2017. 2017h. p. 59-65.

102. BRASIL. **Supremo Tribunal Federal**. Recurso Extraordinário nº 194.704-MG, Relator Ministro Carlos Velloso, Plenário, j. 29/06/2017. 2017h. p. 59-65.

do Supremo – destaca que o recurso a este princípio faz com que os entes federativos copiem as estruturas federais de forma "artificiosa"[103]. Destarte, é esta apenas a menção ao princípio da simetria, sem, assim, deixar claro um conceito do que seria, mas apenas uma consequência de sua excessiva aplicação.

Desta feita, observou-se nos casos que o princípio da simetria foi relacionado com outro princípio constitucional, qual seja, o da separação dos poderes. No entanto, no teor das decisões não há qualquer direcionamento claro cujo significado e o conceito de princípio da simetria constitucional pelo relator, tampouco pela Corte.

Por último, no ano de 2018, foram julgados até o dia 28 de fevereiro, seis decisões que envolviam o termo princípio da simetria constitucional como razão de decidir. Destas, ambas se referiam a similar matéria, inclusive, tendo sido relatadas pelo Ministro Ricardo Lewandowski, levadas ao STF por meio do instrumento processual Agravo Regimental na Reclamação Constitucional e julgadas no mesmo dia, qual seja, 20 de fevereiro de 2018. Além disso, a parte dispositiva de todas foram semelhantes, ou seja, os agravos regimentais na reclamação foram, por maioria, negados provimento nos termos do voto do relator[104].

Estas decisões tratavam da matéria de concessão de diárias, licenças prêmio, ou ajuda de custo a integrantes da Magistratura, sob o fundamento do princípio da simetria, posto que se aos integrantes do Ministério Público era concedido, logo, também o deveria ser para os integrantes da Magistratura. Entretanto, a Advocacia Geral da União se insurgiu a decisões proferidas por juízos de origem que estavam assegurando a integrantes da Magistratura a percepção de diárias sob o fundamento da simetria ou isonomia. Para tanto, movimentou reclamações constitucionais alegando que tais decisões estavam ofendendo o teor da Súmula n.º 37 do Supremo que diz não caber ao Poder

103. BRASIL. **Supremo Tribunal Federal**. Recurso Extraordinário nº 194.704-MG, Relator Ministro Carlos Velloso, Plenário, j. 29/06/2017. 2017h. p. 42.

104. BRASIL. **Supremo Tribunal Federal**. Agravo Regimental na Reclamação nº 28.445-CE, Relator Ministro Ricardo Lewandowski, Plenário, j. 20/02/2018. 2018a. p. 01-11.

Judiciário, por não ter função legislativa, aumentar vencimentos de servidores públicos sob o fundamento de isonomia[105].

Contudo, o Ministro Lewandowski entendeu não assistir razão a AGU, visto que as decisões ora reclamadas não atingiam o enunciado da Súmula n.º 37, uma vez que não proporcionara aumento de salários sob o fundamento da isonomia, mas sim com base na Resolução n.º 133/2011 do Conselho Nacional de Justiça, que enuncia a possibilidade de extensão de vantagens oferecidas a integrantes do Ministério Público para membros da Magistratura, e no princípio da simetria. Isto é, firmou-se o entendimento de que as decisões reclamadas que concediam benefícios aos integrantes da Magistratura, diziam respeito a verbas indenizatórias e não ao aumento de vencimentos[106].

O Ministro Gilmar Mendes, acompanhado do Ministro Celso de Mello, abriu a divergência, não tendo sido, porém, seguido por nenhum outro ministro, entretanto, deixou claro seu posicionamento de que a simetria constitucional entre as carreiras da Magistratura e do Ministério Público, para fins de recebimento de diárias, deveria ser definida não administrativamente por intermédio do Conselho Nacional de Justiça, mas sim por meio da edição de lei própria e específica sobre a matéria. Desse modo, defende como as decisões reclamadas ofendem o teor da súmula vinculante n.º 37, razão pela qual o agravo regimental deveria ser provido, porém, a maioria não acompanhou este entendimento[107].

Dessa forma, nota-se que também no ano de 2018, nas decisões coletadas com o princípio da simetria como fundamento, não houve um aprofundado debate sobre este tema, tampouco uma demonstração

---

105. O verbete original da Súmula Vinculante n.º 37 menciona que: "Não cabe ao Poder Judiciário, que não tem função legislativa, aumentar vencimentos de servidores públicos sob o fundamento de isonomia" (Fonte: <http://www.stf.jus.br/portal/jurisprudencia/menuSumario.asp?sumula=1961>).

106. BRASIL. **Supremo Tribunal Federal**. Agravo Regimental na Reclamação nº 28.445-CE, Relator Ministro Ricardo Lewandowski, Plenário, j. 20/02/2018. 2018a. p. 01-11.

107. BRASIL. **Supremo Tribunal Federal**. Agravo Regimental na Reclamação nº 28.445-CE, Relator Ministro Ricardo Lewandowski, Plenário, j. 20/02/2018. 2018a. p. 01-11.

clara de qual o seu conceito e de qual a sua subsunção inequívoca para com o caso. Há tão somente a menção ao princípio da simetria considerando como se o mesmo fosse autoexplicativo.

De toda essa análise quantitativa e qualitativa, observa-se que o princípio da simetria constitucional é um fundamento constantemente utilizado no Supremo Tribunal Federal para debater questões relativas ao modelo brasileiro de Estado Federal. Dessa maneira, sua importância resta como inconteste, uma vez que proporciona debates, no contexto da jurisdição constitucional, que podem determinar o percorrer sobre a qual o federalismo brasileiro seguirá.

Além disso, é importante destacar a versatilidade com que o princípio da simetria é tratado. Assim, há casos em que, da mesma forma que é utilizado como fundamento para limitação da autonomia do Estado Membro, é utilizado como fundamento para defesa desta mesma autonomia e manutenção da norma que por ventura está sendo questionada.

Ademais, observa-se que a atuação do Supremo inicia de uma maneira nada prudente, ou seja, sua utilização no começo dos anos pós-constituinte de 1988 é descriteriosa, com vista, apenas, a mitigação do exercício da autonomia dos Estados Membros a título de uma suposta proteção da unidade federativa nacional. No entanto, com o decorrer do tempo, a Corte passa a tratar o tema de maneira mais prudente, preterindo, para tanto, em alguns casos, o princípio da simetria em prol do exercício da autonomia dos Estados Membros. Inclusive, passando a colacionar e defender a hipótese de os entes federados virem a servir para experimentalismos positivos de arranjos institucionais a servirem não só no seu respectivo âmbito de ingerência, mas também a toda União[108].

Contudo, para se alcançar tal finalidade, é importante ter em mente um conceito claro e objetivo do que seria o "princípio da simetria constitucional". A razão é por se considerar importante a observância deste princípio quanto a alguns contextos e temas, entretanto,

---

108. SOUZA NETO, Cláudio Pereira de; SARMENTO, Daniel. **Direito constitucional**: teoria, história e métodos de trabalho. Belo Horizonte: Fórum, 2012. p. 334.

por também considerar perigosa sua excessiva utilização, sobretudo, considerando sua relação com o exercício da autonomia dos Estados Membros na federação brasileira.

Entretanto, da análise realizada vê-se que o Supremo Tribunal Federal em momento algum deixa claro qual o conceito de princípio da simetria, tampouco o aplica de maneira retilínea. Neste mesmo sentido, o professor Léo Leoncy pontua. Inclusive, considera como uma tarefa dispendiosa e desafiadora o pleno conhecimento, no plano prático, do que verdadeiramente tenha motivado a Corte a em determinado caso ter decidido daquela forma, ao levar como fundamento de sua decisão o princípio da simetria[109].

No entanto, com base nas decisões coletadas, é possível conceituar o princípio da simetria constitucional a partir de premissas recorrentemente utilizadas pelos Ministros do STF quando de suas decisões pela incidência ou não deste princípio nos casos debatidos.

Do voto proferido pelo Ministro Maurício Corrêa na ADI 738/GO destaca-se a defesa feita pela aplicação do princípio e, consequentemente, o respeito dos Estados Membros quando o tema se referir a matérias que dizem respeito a direitos e garantias individuais dos cidadãos[110].

Do voto do Ministro Carlos Veloso retira-se seu destaque no sentido de que a simetria não é de observância obrigatória pelo Estado Membro, apesar de considerar que em alguns temas seria, como, por exemplo, os que se referem a processo legislativo (iniciativa legislativa), a aumento de despesa estadual e quanto a temas que dizem respeito a direitos e garantias individuais dos cidadãos que exerçam o cargo de chefe de Poder Executivo – por exemplo, os temas que tratam sobre ausência do país[111].

---

109. LEONCY, Léo Ferreira. **"Princípio da simetria" e argumento analógico**: o uso da analogia na resolução de questões federativas sem solução constitucional evidente. 2011. 182 f. Tese (Doutorado em Direito) – Faculdade de Direito da Universidade de São Paulo. São Paulo. 2011. p. 149-50.

110. BRASIL. **Supremo Tribunal Federal**. Ação Direta de Inconstitucionalidade nº 738 – GO, Relator Ministro Mauricio Corrêa, Tribunal Pleno, j. 13/11/2002. 2002b. p. 07-12.

111. BRASIL. **Supremo Tribunal Federal**. Ação Direta de Inconstitucionalidade nº 678 – RJ, Relator Ministro Carlos Velloso, Tribunal Pleno, j. 13/11/2002.

O Ministro Sepúlveda Pertence, quanto ao princípio da simetria constitucional, frequentemente se manifestava de maneira crítica. Por conta disso, é importante destacar o seu posicionamento no sentido de que a simetria da Constituição Estadual com a Constituição Federal só deve ocorrer quando houver outro princípio desta última determinando a absorção ou a imitação pelos entes federados. Além disso, quando do silêncio da Constituição Federal sobre determinada matéria, a isso não deve se concluir que o trato desta mesma também tenha que ser subtraído do exercício da autonomia dos Estados Membros[112]. Neste mesmo sentido, o Ministro Gilmar Mendes defende que a ausência de norma no plano federal sobre determinada matéria não deve ser considerada como empecilho para o constituinte estadual deliberar sobre [113].

Ademais, na ADI n.º 4.298/TO, o Ministro Cezar Peluso destaca o princípio com finalidade de garantir, nos temas considerados substanciais, a devida uniformidade nacional, como exemplo, a homogeneidade quando da disciplina normativa da separação, independência e harmonia dos poderes, considerado os três planos federativos[114].

Além disso, na ADI n.º 2.872/PI, o Ministro Menezes Direito destaca que o princípio da simetria deve limitar a autonomia dos Estados Membros quando atacar princípio sensível ou organização do Estado Nacional[115].

Portanto, pode-se concluir que o princípio da simetria deve ser aplicado para limitar a autonomia dos Estados Membros para fins de

---

2002c. p. 23.

112. BRASIL. **Supremo Tribunal Federal.** Recurso Extraordinário nº 255.245 – CE, Relator Ministro Sepúlveda Pertence, Primeira Turma, 04/02/2003. 2003e. p. 809-845.

113. BRASIL. **Supremo Tribunal Federal.** Ação Direta de Inconstitucionalidade nº 253-MT, Relator Ministro Gilmar Mendes, Plenário, j. 28/05/2015. 2015e. p. 01-05.

114. BRASIL. **Supremo Tribunal Federal.** Medida Cautelar na Ação Direta de Inconstitucionalidade nº 4.298 – TO, Relator Ministro Cezar Peluso, Tribunal Pleno, j. 07/10/2009. 2009a. p. 93-144.

115. BRASIL. **Supremo Tribunal Federal.** Ação Direta de Inconstitucionalidade nº 2.872 – PI, Relator Ministro Ricardo Lewandowski, Tribunal Pleno, j. 01/08/2011. 2011c. p. 01-23.

que estes observem, no plano local, o que foi estabelecido no âmbito federal, principalmente para garantir aspectos substanciais da federação brasileira, tais como: direitos e garantias individuais dos cidadãos, princípio da separação, harmonização e independência dos poderes, processo legislativo, aumento de despesa estadual, princípios sensíveis e organização do Estado Nacional. Contudo, a ausência de norma da Constituição Federal sobre determinada matéria não deve ser considerada como obstáculo para o constituinte estadual deliberar sobre a mesma.

4.3. O PRINCÍPIO DA SIMETRIA SOB A ÓTICA DOUTRINÁRIA E SUA RELAÇÃO COM O EXERCÍCIO DA AUTONOMIA DOS ESTADOS MEMBROS: ESVAZIAMENTO OU PRESERVAÇÃO?

A doutrina brasileira rasamente destaca o tema do princípio da simetria, a exceção se dá justamente nas obras dos professores Marcelo Labanca Corrêa de Araújo e Léo Ferreira Leoncy, haja vista que, nestas, o destaque é feito de maneira mais aprofundada.

Marcelo Labanca[116] pontua que o artigo 25 da Constituição Federal é inquestionável ao afirmar que aos Estados Membros é cabível sua auto-organização, desde que observados os princípios da respectiva Carta Magna. No entanto, lembra que o constituinte federal em momento algum deixa claro sobre quais princípios está mencionando, o que, portanto, deixa para a jurisdição constitucional um amplo espaço para ser preenchido. Contudo, considera como normas limitadoras da autonomia dos Estados Membros os princípios constitucionais sensíveis, os princípios estabelecidos, os princípios extensíveis e as normas de preordenação. Ademais, lembra que não só os "princípios são limitadores do poder constituinte dos Estados Membros, mas também as regras", considerando uma interpretação não literal do dispositivo supracitado[117].

---

116. ARAÚJO, Marcelo Labanca Corrêa de. **Jurisdição constitucional e federação:** o princípio da simetria na jurisprudência do STF. Rio de Janeiro: Elsevier, 2009. p. 168-9.

117. ARAÚJO, Marcelo Labanca Corrêa de. **Jurisdição constitucional e federação:** o princípio da simetria na jurisprudência do STF. Rio de Janeiro: Elsevier, 2009. p. 169.

Por sua vez, o princípio da simetria serviria para a Corte Suprema comparar os modelos de organização política federal com a estadual e, assim, sendo observadas assimetrias, deliberar a respeito da autonomia estadual. No aspecto prático, é aplicado pelo Supremo para identificar os princípios extensíveis e não, por exemplo, para identificar as normas de preordenação institucional, haja vista que estas já são previamente identificadas pela Constituição Federal[118].

Dessa forma, defende o princípio da simetria como um princípio de interpretação jurídica e não um princípio "jurídico-normativo" inserido no direito constitucional. Assim, por meio do princípio da simetria, o intérprete deve avaliar a necessidade da reprodução, pelo Estado Membro, de uma norma constitucional prevista para o âmbito federal. Além disso, das decisões tomadas pela Corte evidencia-se que a decisão de estender uma norma federal para o plano estadual parte, sobretudo, da identificação de que sua eventual não reprodução pode provocar uma desarmonia entre os Poderes[119].

Por sua vez, este conceito se aproxima com o que fora construído no subtópico anterior quando da análise quantitativa e qualitativa das decisões do STF, embora nesta a conceituação tenha sido feita de maneira bem mais ampla.

Com tudo isso, o autor relaciona e conclui que a simetria constitucional é um princípio a ser aplicado quando determinada temática possa vir a interferir de maneira desmedida no também princípio da separação dos Poderes. Desse modo, quando do não risco desta interferência, o Supremo não deveria recorrer ao princípio da simetria para solução de um caso. Neste sentido, Marcelo Labanca assim sintetiza:

> Também como conclusão, foi constatado o uso do princípio da simetria não apenas para determinar a reprodução de norma constitucional federal para os estados membros, mas

118. ARAÚJO, Marcelo Labanca Corrêa de. **Jurisdição constitucional e federação:** o princípio da simetria na jurisprudência do STF. Rio de Janeiro: Elsevier, 2009. p. 169-70.

119. ARAÚJO, Marcelo Labanca Corrêa de. **Jurisdição constitucional e federação:** o princípio da simetria na jurisprudência do STF. Rio de Janeiro: Elsevier, 2009. p. 170.

> também para legitimar uma postura de "norma de imitação" (quando o Estado não possui a obrigação de reproduzir, mas reproduz). É o caso das medidas provisórias ou da reclamação constitucional.
>
> Assim, o princípio da simetria seria utilizado como um princípio da interpretação na identificação das normas de extensão que devem ou que podem ser reproduzidas perante estados-membros, tendo como baliza a harmonização dos poderes estaduais[120].

Contudo, observa-se que maior parte das vezes o Supremo Tribunal Federal aplica o princípio da simetria como um princípio de direito positivo, como verdadeira norma. Assim, a Corte passa a considerar inconstitucional a norma estadual somente pelo fato de infringir o princípio da simetria, portanto, usava o próprio princípio como parâmetro para declaração de inconstitucionalidade. Além disso, utiliza-se deste princípio como argumento "infalível e autoexplicativo" sem, para tanto, fazer qualquer contraposição para com o exercício da autonomia dos entes federais[121]. Por conta disso que é considerado como um argumento político utilizado pelo Supremo, fato que faz deste protagonista na construção e definição do modelo de federação adotado no Brasil[122].

Como solução, resta a necessidade do estabelecimento de um novo critério para legitimar federativamente a jurisdição constitucional. Critério que deveria partir da premissa de uma maior participação dos entes federados no processo objetivo de controle de constitucionalidade.

---

120. ARAÚJO, Marcelo Labanca Corrêa de. **Jurisdição constitucional e federação:** o princípio da simetria na jurisprudência do STF. Rio de Janeiro: Elsevier, 2009. p. 170-1.

121. ARAÚJO, Marcelo Labanca Corrêa de. **Jurisdição constitucional e federação:** o princípio da simetria na jurisprudência do STF. Rio de Janeiro: Elsevier, 2009. p. 171.

122. ARAÚJO, Marcelo Labanca Corrêa de. **Jurisdição constitucional e federação:** o princípio da simetria na jurisprudência do STF. Rio de Janeiro: Elsevier, 2009. p. 172.

A razão, com isso, é fazer com que os Estados Membros sejam coadjuvantes e tenham seus interesses locais também observados[123].

Dessa forma, com a abertura da jurisdição constitucional aos Estados Membros garantir-se-ia uma atenuação na aplicação do princípio da simetria, uma vez que os ministros do Supremo Tribunal Federal teriam uma postura menos centralizadora. Portanto, com a redução da aplicação do princípio da simetria, diametralmente oposto estaria se preservando pelo livre exercício da autonomia dos Estados Membros. Assim, o crescimento de uma prescinde o resfriamento da outra[124].

Destarte, para o autor, o princípio da simetria constitucional, embora seja um princípio de hermenêutica constitucional, vem sendo utilizado pela Corte Suprema como se fosse norma, como um princípio de direito positivo. E isso, juntamente com o caráter aberto e indefinido do princípio da simetria facilita a utilização do princípio para que seja feita de maneira equivocada pelo Supremo, o que, portanto, faz deste princípio um fator de esvaziamento do exercício da autonomia do Estado Membro[125].

Consubstancia esta tese o fato de, quando da análise quantitativa e qualitativa feita, ter se observado não só a utilização do princípio da simetria como se autoexplicativo fosse, como também ser utilizado de maneira normativa e impositiva ao ponto de ser fundamento único e suficiente para declarar a inconstitucionalidade ou constitucionalidade de determinada norma estadual.

De outro modo, Léo Ferreira Leoncy inicia destacando que a ordem constitucional federativa sofre da problemática da incompletude. Portanto, vê na analogia o modelo conceitual e procedimental

---

123. ARAÚJO, Marcelo Labanca Corrêa de. **Jurisdição constitucional e federação:** o princípio da simetria na jurisprudência do STF. Rio de Janeiro: Elsevier, 2009. p. 172.

124. ARAÚJO, Marcelo Labanca Corrêa de. **Jurisdição constitucional e federação:** o princípio da simetria na jurisprudência do STF. Rio de Janeiro: Elsevier, 2009. p. 166.

125. ARAÚJO, Marcelo Labanca Corrêa de. **Jurisdição constitucional e federação:** o princípio da simetria na jurisprudência do STF. Rio de Janeiro: Elsevier, 2009. p. 172.

ideal para facilitar o ato das decisões federativas e, consequentemente, fazer suprir as incompletudes da ordem constitucional federativa[126].

Vê ainda no modelo da analogia a forma ideal, embora não definitiva, para: a) resolver "questões federativas sem solução constitucional evidente"; b) auxiliar na análise das decisões do Supremo Tribunal Federal que tenham como base o princípio da simetria[127].

Isto é, o objetivo do autor perpassa em defender que as deliberações tomadas pela Corte, com base no princípio da simetria, são na verdade traços camuflados de decisões inspiradas no argumento da analogia, e considera ser este modelo o ideal para resolver questões federativas sem solução constitucional manifesta[128].

Para o autor, a razão que justifica o uso da analogia é o fato deste modelo cumprir com a exigência de justiça, sobretudo, por garantir o princípio da igualdade e a coerência normativa. Esta relação da analogia com a igualdade é importante para as soluções das controvérsias federativas, vez que a Constituição Federal preceitua paridade de tratamento aos entes federados, bem como porque extingue toda e qualquer forma de subordinação e/ou hierarquia entre estes, fazendo, assim, com que haja, no plano fático, o verdadeiro e necessário equilíbrio federativo[129].

Contudo, a defesa é pela precedência da analogia *legis* frente a analogia *iuris*, ou seja, a analogia a partir de regras e não de princípios,

---

126. LEONCY, Léo Ferreira. **"Princípio da simetria" e argumento analógico**: o uso da analogia na resolução de questões federativas sem solução constitucional evidente. 2011. 182 f. Tese (Doutorado em Direito) – Faculdade de Direito da Universidade de São Paulo. São Paulo. 2011. p. 114-5.

127. LEONCY, Léo Ferreira. **"Princípio da simetria" e argumento analógico**: o uso da analogia na resolução de questões federativas sem solução constitucional evidente. 2011. 182 f. Tese (Doutorado em Direito) – Faculdade de Direito da Universidade de São Paulo. São Paulo. 2011. p. 115.

128. LEONCY, Léo Ferreira. **"Princípio da simetria" e argumento analógico**: o uso da analogia na resolução de questões federativas sem solução constitucional evidente. 2011. 182 f. Tese (Doutorado em Direito) – Faculdade de Direito da Universidade de São Paulo. São Paulo. 2011. p. 115-6.

129. LEONCY, Léo Ferreira. **"Princípio da simetria" e argumento analógico**: o uso da analogia na resolução de questões federativas sem solução constitucional evidente. 2011. 182 f. Tese (Doutorado em Direito) – Faculdade de Direito da Universidade de São Paulo. São Paulo. 2011. p. 116-7.

haja vista a maior consubstanciação de apoio para construção de uma decisão que a primeira possui, não ficando, portanto, a mercê das indeterminações de um princípio[130].

De acordo com o autor, o modelo decisório para as questões federativas em solução constitucional evidente, tendo por base a analogia, é composto por uma estrutura que se subdivide em seis partes, quais sejam: a) identificação de uma questão federativa sem solução constitucional evidente; b) identificação de um parâmetro constitucional aplicável a uma hipótese semelhante; c) reconhecimento da identidade de razão entre a situação não regulada e a hipótese regulada; d) identificação de um princípio constitucional comum às duas situações; e) reconhecimento da inexistência de uma "vontade" constitucional contrária; f) construção da máxima de decisão para o caso. Este modelo utiliza tanto a analogia *legis* quanto a *iuris*[131].

Pretensiosamente, o autor planeja que esta estrutura decisória viria a servir para o julgador quando estivesse diante de uma questão federativa sem solução constitucional evidente quanto para análise dos precedentes da Suprema Corte que tomam por base o princípio da simetria constitucional. Isto é, com este modelo intenta observar se nos julgados haveria a incontestável presença dos elementos do argumento por analogia[132].

A primeira etapa, qual seja, a identificação de uma questão federativa sem solução constitucional evidente prescinde não só a afirmação de que existe uma lacuna, mas também a identificação da questão jurídica e a verificação se essa é de caráter federativo-constitucional. A

130. LEONCY, Léo Ferreira. **"Princípio da simetria" e argumento analógico**: o uso da analogia na resolução de questões federativas sem solução constitucional evidente. 2011. 182 f. Tese (Doutorado em Direito) – Faculdade de Direito da Universidade de São Paulo. São Paulo. 2011. p. 117-9.

131. LEONCY, Léo Ferreira. **"Princípio da simetria" e argumento analógico**: o uso da analogia na resolução de questões federativas sem solução constitucional evidente. 2011. 182 f. Tese (Doutorado em Direito) – Faculdade de Direito da Universidade de São Paulo. São Paulo. 2011. p. 120-1.

132. LEONCY, Léo Ferreira. **"Princípio da simetria" e argumento analógico**: o uso da analogia na resolução de questões federativas sem solução constitucional evidente. 2011. 182 f. Tese (Doutorado em Direito) – Faculdade de Direito da Universidade de São Paulo. São Paulo. 2011. p. 121.

questão jurídica a ser identificada deve ser de direito e não de fato, pois as demandas são encaminhadas à Corte via Ação Direta de Inconstitucionalidade, Arguição de Descumprimento de Preceito Fundamental e Recurso Extraordinário[133].

Destarte, quanto ao princípio da simetria, este envolve, em sua maioria, uma questão de direito e não de fato, bem como envolve uma questão federativa, pois debate a autonomia dos entes federativos e seus limites[134].

Já a segunda etapa do modelo decisório baseado no argumento da analogia versa sobre o conhecimento de identificar a existência no contexto normativo constitucional de alguma disciplina normativa sobre uma situação que se assemelha a que ora se considera como lacunosa. A escolha desta norma tanto pode pertencer ao próprio sistema jurídico quanto pode ser de precedentes, ou seja, pode ser uma norma não positiva, mas sim uma norma "revelada" por decisão judicial. No mais, o autor lembra que essa identidade é tão somente "parcial", vez que se fosse total a situação e hipótese deixariam de ser semelhantes para serem idênticas[135].

O autor também destaca que esta etapa se observa quando a jurisprudência do Supremo Tribunal Federal tem por base o princípio da simetria, pois nestas ocasiões está a se discutir o "apelo a um preceito constitucional não originariamente direcionado aos sujeitos da questão sem resposta"[136].

---

133. LEONCY, Léo Ferreira. **"Princípio da simetria" e argumento analógico**: o uso da analogia na resolução de questões federativas sem solução constitucional evidente. 2011. 182 f. Tese (Doutorado em Direito) – Faculdade de Direito da Universidade de São Paulo. São Paulo. 2011. p. 122-7.

134. LEONCY, Léo Ferreira. **"Princípio da simetria" e argumento analógico**: o uso da analogia na resolução de questões federativas sem solução constitucional evidente. 2011. 182 f. Tese (Doutorado em Direito) – Faculdade de Direito da Universidade de São Paulo. São Paulo. 2011. p. 122-7.

135. LEONCY, Léo Ferreira. **"Princípio da simetria" e argumento analógico**: o uso da analogia na resolução de questões federativas sem solução constitucional evidente. 2011. 182 f. Tese (Doutorado em Direito) – Faculdade de Direito da Universidade de São Paulo. São Paulo. 2011. p. 131-3.

136. LEONCY, Léo Ferreira. **"Princípio da simetria" e argumento analógico**: o uso da analogia na resolução de questões federativas sem solução constitucional evi-

A terceira etapa consiste no necessário reconhecimento de identidade de razão entre a situação não regulada e a hipótese regulada. Quanto a esta, o autor lembra, preliminarmente, que a identidade de razão exigida é a razão jurídica quanto ao fundamento e não quanto à finalidade presente em determinada norma. Com isso, evita-se que toda e qualquer norma destinada a União fosse, por força de analogia, aplicável aos Estados "especialmente ao se considerar que em geral as situações da vida envolvendo os entes públicos tendem a repetir-se"[137]. Para tanto, exemplifica:

> [...] por exemplo, **evitar que o Presidente da República seja preso na constância de seu mandato por atos estranhos ao exercício da função para que tão logo se veja nesta finalidade uma mesma razão para estende idêntico benefício aos Governadores de Estado.** É necessário ainda que essa proteção assegurada ao Presidente esteja embasada numa razão ou causa comum a ambas as situações. **Em outras palavras, mesmo que a finalidade seja a mesma, é necessário também que essa finalidade seja exigida (bem como que se encontra amparada) por um princípio que estabeleça uma razão comum.**
>
> Ainda em relação ao exemplo dado, **se o julgador considerar, por exemplo, que aquela proteção excepcional ao Presidente deriva da sua condição de chefe de estado, na medida em que esta causa ou razão não seja compartilhada pelos Governadores, estes estarão impedidos de usufruir daquela garantia mediante analogia138.**

---

dente. 2011. 182 f. Tese (Doutorado em Direito) – Faculdade de Direito da Universidade de São Paulo. São Paulo. 2011. p. 136.

137. LEONCY, Léo Ferreira. **"Princípio da simetria" e argumento analógico**: o uso da analogia na resolução de questões federativas sem solução constitucional evidente. 2011. 182 f. Tese (Doutorado em Direito) – Faculdade de Direito da Universidade de São Paulo. São Paulo. 2011. p. 138.

138. LEONCY, Léo Ferreira. **"Princípio da simetria" e argumento analógico**: o uso da analogia na resolução de questões federativas sem solução constitucional evidente. 2011. 182 f. Tese (Doutorado em Direito) – Faculdade de Direito da Universidade de São Paulo. São Paulo. 2011. p. 138-9.

A partir disso o autor desdobra a terceira etapa em duas outras, quais sejam a identidade de razão propriamente dita e a existência de um princípio geral justificador da extensão analógica. Na primeira busca saber se a disciplina jurídica ofertada a uma situação regulada guarda algum elemento de igualdade para com o existente na hipótese não regulada. Já a segunda propõe como condição para que determinadas regras normativas sejam aplicadas analogicamente aos entes federados se "sustentadas por uma mesma causa ou princípio comum no âmbito da Federação"[139].

Enquanto quarta etapa, o autor destaca que a integração de uma lacuna constitucional, por intermédio da analogia, só pode acontecer quando inexistir no sistema constitucional, ainda que indiretamente, qualquer exclusão deste respectivo método. Além disso, lembra que esta etapa pode ser verificada em qualquer momento do processo decisório[140].

Como mencionado, Léo Ferreira Leoncy[141] defende o modelo decisório baseado na analogia porque funcionaria não só para dirimir questões federativas como também para entender a fundamentação do Supremo Tribunal Federal quando dos precedentes que utiliza como fundamento o princípio da simetria, pois, nos casos desses precedentes se observaria uma ocultação da argumentação adotada pelo Supremo Tribunal Federal com base na analogia.

Por conta disso, entende não fazer sentido o tratamento dado ao princípio da simetria como um fundamento de raciocínio judicial, ou seja, como ponto de partida para tomada de decisão por parte

---

139. LEONCY, Léo Ferreira. **"Princípio da simetria" e argumento analógico**: o uso da analogia na resolução de questões federativas sem solução constitucional evidente. 2011. 182 f. Tese (Doutorado em Direito) – Faculdade de Direito da Universidade de São Paulo. São Paulo. 2011. p. 139-41.

140. LEONCY, Léo Ferreira. **"Princípio da simetria" e argumento analógico**: o uso da analogia na resolução de questões federativas sem solução constitucional evidente. 2011. 182 f. Tese (Doutorado em Direito) – Faculdade de Direito da Universidade de São Paulo. São Paulo. 2011. p. 141-6.

141. LEONCY, Léo Ferreira. **"Princípio da simetria" e argumento analógico**: o uso da analogia na resolução de questões federativas sem solução constitucional evidente. 2011. 182 f. Tese (Doutorado em Direito) – Faculdade de Direito da Universidade de São Paulo. São Paulo. 2011. p. 114-21.

do respectivo órgão julgador. Entende assim porque, para o autor, o princípio da simetria estaria sendo muito mais utilizado como ponto de chegada do que como ponto de partida[142].

Consequentemente, quando a Corte aprecia casos lacunosos envolvendo questões federativas que limitam a autonomia dos Estados Membros, vê-se que a "máxima de decisão que orientou a resolução do caso num determinado sentido converte-se então numa regra de simetria". Ou seja, a simetria ao invés de tratamento de meio, acaba sendo tratada como fim, como espécie de "regra de simetria"[143].

Segundo Leoncy, quando se trata da análise das decisões do Supremo que tomam por base o princípio da simetria, saber o que motivou a tomada desta ou daquela decisão torna-se um desafio quase que impossível de se cumprir. No mais, a Corte não só deixa de dá um significado claro a expressão, como deixa a impressão de que sua aplicação é oscilante, entretanto, ainda assim, "ao se analisar seus julgados mais de perto, esquecendo-se ao mesmo tempo da própria existência da 'simetria', percebe-se uma 'lógica' oculta nas respectivas decisões, da qual aparentemente a própria Corte sequer desconfia"[144].

Para o autor, a lógica oculta seria a hipótese de que o Supremo nos julgados que usa o princípio da simetria, na verdade, por trás, utiliza o argumento da analogia. Isto é, sustenta que este princípio é utilizado "tão somente como forma de caracterizar um procedimento argumentativo complexo e de todos geralmente conhecido", qual seja, o raciocínio analógico[145].

---

142. LEONCY, Léo Ferreira. **"Princípio da simetria" e argumento analógico**: o uso da analogia na resolução de questões federativas sem solução constitucional evidente. 2011. 182 f. Tese (Doutorado em Direito) – Faculdade de Direito da Universidade de São Paulo. São Paulo. 2011. p. 148.

143. LEONCY, Léo Ferreira. **"Princípio da simetria" e argumento analógico**: o uso da analogia na resolução de questões federativas sem solução constitucional evidente. 2011. 182 f. Tese (Doutorado em Direito) – Faculdade de Direito da Universidade de São Paulo. São Paulo. 2011. p. 148.

144. LEONCY, Léo Ferreira. **"Princípio da simetria" e argumento analógico**: o uso da analogia na resolução de questões federativas sem solução constitucional evidente. 2011. 182 f. Tese (Doutorado em Direito) – Faculdade de Direito da Universidade de São Paulo. São Paulo. 2011. p. 149-50.

145. LEONCY, Léo Ferreira. **"Princípio da simetria" e argumento analógico**: o uso da analogia na resolução de questões federativas sem solução constitucional evi-

O autor destaca que se a Corte assumisse sua argumentação como sendo pautada no modelo analógico de argumentação, mais permissividade seria dada às decisões dali advindas devido a um controle social mais efetivo, bem como legitimaria as decisões que outrora tenham vindo a ser tomadas[146]. Além disso, a utilização do modelo analógico garantiria a fundamentação das decisões, ao mesmo tempo em que superaria um modelo de decisão baseado em tópicos argumentativos meramente superficiais, como o caso do princípio da simetria[147].

Diante disso, Leoncy[148] destaca como conclusões que: a) a simetria não é um princípio constitucional formal, nem implícito, tampouco hermenêutico, representa uma arbitrária ocultação de um modelo muito mais sofisticado; b) seria falso afirmar que o princípio da simetria é uma centralização do modelo federal, mas sim uma centralidade constitucional, ou seja, da Constituição e do próprio constituinte; c) o princípio da simetria não seria só motivo de esvaziamento da autonomia estadual, mas também de preservação e até de fomento por uma maior autonomia aos Estados Membros, vide, como exemplo, o caso das CPIs estaduais com poderes de investigação, inclusive, quanto a órgãos da União[149]; d) o princípio da simetria não

dente. 2011. 182 f. Tese (Doutorado em Direito) – Faculdade de Direito da Universidade de São Paulo. São Paulo. 2011. p. 150-68.

146. LEONCY, Léo Ferreira. **"Princípio da simetria" e argumento analógico**: o uso da analogia na resolução de questões federativas sem solução constitucional evidente. 2011. 182 f. Tese (Doutorado em Direito) – Faculdade de Direito da Universidade de São Paulo. São Paulo. 2011. p. 121.

147. LEONCY, Léo Ferreira. **"Princípio da simetria" e argumento analógico**: o uso da analogia na resolução de questões federativas sem solução constitucional evidente. 2011. 182 f. Tese (Doutorado em Direito) – Faculdade de Direito da Universidade de São Paulo. São Paulo. 2011. p. 174.

148. LEONCY, Léo Ferreira. **"Princípio da simetria" e argumento analógico**: o uso da analogia na resolução de questões federativas sem solução constitucional evidente. 2011. 182 f. Tese (Doutorado em Direito) – Faculdade de Direito da Universidade de São Paulo. São Paulo. 2011. p. 168-75.

149. Neste ponto em específico o autor acrescenta "Na maioria das vezes, aliás, são os próprios Estado que pedem para 'sofrer' o julgo da 'simetria', fato que geralmente é desconsiderado pelos críticos desta. Estes, sob o véu da posição autonomista, não se dão conta de que nos casos envolvendo o 'princípio da simetria' não está em jogo propriamente um conflito entre 'simetria federal' e 'autonomia estadual',

restringe sua aplicação apenas a temática da separação dos Poderes, pois demais outras questões distintas também são decididas com base nesse postulado (direitos fundamentais e democracia), razão que fortalece mais ainda o argumento de que por trás do princípio da simetria há na realidade um argumento da analogia; e) desconsidera que o princípio da simetria sirva para uma interpretação extensiva das disposições voltadas à União aos Estados e defende que, na verdade, o Supremo Tribunal Federal se vale do princípio da simetria para camuflar que "cria normas a partir de preceitos constitucionais preexistentes assimilados como paradigmas representativos da vontade constituinte"; f) quanto à necessidade de adaptação dos princípios constitucionais que limitam o exercício da autonomia dos entes federados à suas condições locais, destaca que esse argumento funciona como forma de desvirtuar o texto constitucional, razão pela qual defende o seu repensar; g) pontua que o princípio da simetria é aplicado pelo Supremo de maneira superficial tão quanto fazem com tópicos jurídicos outrora invocados quando das tentativas frustradas de fundamentação; h) propõe o modelo analógico por entender ser passível de um controle social mais efetivo e porque evita argumentações supérfluas tais como a do modelo simetrista e autonomista; i) destaca que a atualizada postura dos Ministros do STF vem sendo por diminuir a incidência do princípio da simetria, entretanto, desconfia dessa posição por entender que não se pode "modular aquilo que não se conhece", ou seja, antes de fortalecer ou enfraquecer o princípio, a Corte precisa ter pleno conhecimento de seu âmbito, "sob pena de a postura de 'modulação' ser tão perniciosa quanto o próprio 'princípio'". Além disso, o abandono do princípio da simetria conduziria para um fortalecimento da autonomia estadual, porém, o autor visualiza que essa lógica não necessariamente aconteceria, pois, o STF demonstra ter interesse em transferir ao seu poder a "liberdade de escolha dos Estados Membros".

Ademais, Léo Leoncy ainda pontua:

> Contar com a moldura dos princípios constitucionais segundo a concepção do constituinte significa para os Estados

---

mas entre Legislativo/Judiciário/Executivo locais, minoria/maioria parlamentares, Estado/sociedade local, Estado/poder econômico local, etc."

> ter a garantia da existência de limites mínimos contra os quais, é certo, não podem avançar, mas fora dos quais, por outro lado, nada se lhes poderá exigir. Abrir mão dessa garantia, isto é, perder o norte dessa moldura, será o mesmo que sujeitar a autonomia estadual a malabarismos, não já por parte dos próprios poderes locais, mas sim, o que é mais nefasto para o Estado federal brasileiro, pelas mãos de quem, como seu garante máximo, deveria defendê-lo[150].

Das duas teses trabalhadas, observa-se que ambas veem no princípio da simetria uma forma obscura de fundamentação do Supremo, portanto, que o interesse seria de ocultar algo que não era pretendido fazer ser aparente.

Segundo Leoncy a intenção seria ocultar que a Corte estaria criando normas e Marcelo Labanca, no mesmo sentido, porém, com termos diferentes, denuncia que o STF aplica o princípio da simetria com o intuito de esconder sua atuação política.

Além disso, enquanto outra semelhança entre as teses seria o fato de ambos considerarem o princípio da simetria como se autoexplicativo fosse e, principalmente, como argumento infalível e suficiente para se considerar inconstitucional determinada norma estadual, ou seja, o princípio da simetria. Segundo Labanca, sendo aplicável não como princípio de hermenêutica, mas como princípio de direito positivo, ou seja, Leoncy afirma que o princípio da simetria está sendo usado não como ponto de partida para decisão do órgão julgador, mas como ponto de chegada, portanto, a simetria constitucional sendo aplicada como se regra jurídica fosse[151]. Não obstante, estas semelhanças, por sua vez, chamam mais atenção pelas suas diferenças.

---

150. LEONCY, Léo Ferreira. **"Princípio da simetria" e argumento analógico**: o uso da analogia na resolução de questões federativas sem solução constitucional evidente. 2011. 182 f. Tese (Doutorado em Direito) – Faculdade de Direito da Universidade de São Paulo. São Paulo. 2011. p. 175.

151. Por conta disso que, para Leonardo Marins (2009, p. 708), o princípio da simetria não existe. Trata-se apenas de uma retórica utilizada pelo Supremo para englobar de uma só vez os demais princípios constitucionais, entretanto, fazendo de sua aplicação como se regra jurídica fosse. Para tanto, fundamenta em

Como visto, para Marcelo Labanca a simetria seria um princípio de hermenêutica constitucional, portanto, serviria para identificar a necessidade de reprodução pelos entes estaduais de determinado aspecto normativo federal. Diferentemente, Léo Leoncy vê o princípio da simetria não como um princípio implícito, formal, tampouco hermenêutico, mas sim arbitrário por esconder o fato de estar aplicando um modelo decisório tão mais racional e complexo, qual seja, o da analogia.

Além disso, Marcelo Labanca menciona a intrínseca relação do princípio da simetria com o da separação dos Poderes[152]. Leoncy, por sua vez, destaca que o princípio da simetria não se restringe só a essa temática, mas também se envolve com temas dos direitos fundamentais e da democracia, o que pode ser deduzido da sua hipótese principal de que por trás do princípio da simetria há a aplicação da analogia.

Enquanto Labanca considera que o princípio da simetria é aplicado pelo Supremo para identificar os princípios extensíveis aos entes federados, Leoncy, por outro lado, defende que o princípio da simetria não serve para uma interpretação extensiva, mas é utilizado pela Corte para camuflar seu interesse em criar normas.

Contudo, a principal diferença entre as teses está quanto ao debate principal sobre a qual esse subcapítulo se propôs trabalhar, qual seja, a de saber se o princípio da simetria seria fator de esvaziamento ou preservação do exercício da autonomia dos Estados Membros.

Para Labanca, o princípio da simetria seria fator de esvaziamento, tanto que defende sua modulação para que a autonomia dos Estados Membros seja preservada e, assim, o espírito federativo seja faticamente vivido no contexto nacional. De outra sorte, Léo Leoncy já defende que o princípio da simetria seria motivo de esvaziamento, mas também de preservação e até de fortalecimento da autonomia dos Estados

---

dois pontos principais: a) que o princípio da simetria quando aplicado não vem acompanhado de fundamentação clara para que possa efetivamente ser aplicado ao caso concreto; b) a sua não submissão a ponderação, o que, portanto, fortalece mais ainda a ideia de que é aplicado como se regra fosse, ou seja, o autor parte da distinção dworkiana de princípio e regra.

152. Neste sentido entende Rafael Botelho Amorim (2010, p. 07). Segundo este, o princípio da separação dos poderes seria a "pedra de toque" para que se compreenda o exato delineamento e aplicação do princípio da simetria.

Membros[153]. Por conta disso, entende ser perigoso o discurso de modulação do princípio da simetria, pois pode provocar consequências tão perniciosas quanto à excessiva invocação.

Quanto a isto, observa-se, a partir da análise quantitativa e qualitativa outrora realizada que, por vezes, a Corte ao aplicar o princípio da simetria acaba preserva e fortalece o exercício da autonomia dos Estados Membros. Como exemplo, colaciona-se os seguintes julgados e as suas respectivas matérias: ADI n.º 1.890/MA – tema: responsabilização do governador do Estado pela prática dos crimes de responsabilidade e crime comum; Ação Direta de Inconstitucionalidade n.º 425/TO – tema: possibilidade de normatização, no âmbito estadual, do instituto das Medidas Provisórias; Ação Direta de Inconstitucionalidade n.º 2.212/CE – tema: possibilidade de previsão, no âmbito estadual, do instituto da Reclamação Constitucional; Ação Cível Originária n.º 1.271/RJ – tema: garantia das comissões parlamentares de inquérito estaduais os seus devidos "poderes investigatórios das autoridades judiciais"; Recurso Extraordinário n.º 633.009/GO – tema: legitimidade de delegação a Secretários de Estado, pelo Governador, da competência de aplicar a penalidade de demissão dos servidores públicos; Agravo Regimental no Recurso Extraordinário n.º 488.065 – tema: submete ao Legislativo a apreciação da celebração de acordos e convênios pelo Poder Executivo.

De todo modo, independentemente da linha argumentativa que se siga, tem-se que o princípio da simetria pelo Supremo Tribunal Federal é tão confusamente aplicado que acaba por favorecer sua baixa compreensão, não obstante envolva demandas federativas tão delicadas. Além disso, enquanto fundamentação decisional, não proporciona balizas suficientes para que o controle da jurisdição seja realizado, o que, portanto, pode ferir o Estado Democrático de Direito e todos os seus princípios fundantes.

---

153. Também neste sentido entende Rafael Amorim (2010, p. 13). Para este, o princípio da simetria seria "um meio de coibir comportamentos dos Estados-membros incompatíveis com a condição de membros da federação. É utilizado somente como forma de conter as exorbitâncias dos Estados-Membros que, a pretexto de estabelecer a sua estrutura essencial, se desviam do sistema idealizado pelo poder constituinte originário cuja observância é obrigatória para os Estados Membros".

4.4. REGRAMENTO DA SIMETRIA COMO CONDIÇÃO DE GARANTIA DA AUTONOMIA E DE EXPERIMENTALISMOS INSTITUCIONAIS POSITIVOS PELOS ESTADOS MEMBROS

Embora se reconheça que o princípio da simetria, por vezes, pode ser utilizado como fundamento para preservação e até fomento do exercício da autonomia dos Estados Membros, a verdade, porém, é que muito mais vem sendo utilizado como medida de esvaziamento.

Neste sentido, lembram Cláudio Pereira de Souza Neto e Daniel Sarmento[154] que a exigência em torno da simetria não se coaduna para com a própria ideia pluralista que é ínsita ao federalismo. Logo, aplicar como regra a exigência de que haja a reprodução pelos Estados Membros dos modelos da União, é incompatível com o exercício da autonomia sobre a qual a Constituição Federal confere aos primeiros, ou seja, adotar como regra o que deveria ser exceção nada mais é do que aniquilar uma importante dimensão do federalismo, qual seja, o da "diversidade na unidade"[155].

Sabe-se que no âmbito de um Estado Federal os entes federais devem ser homogêneos a fim de que se mantenham em torno de um único Estado, entretanto, isso não significa que não deva haver heterogeneidade entre os mesmos, pelo contrário, deve sim haver, sob pena do Estado se transformar em um modelo unitário[156].

Desta feita, o regramento e prudência na aplicação do princípio da simetria pelo STF é medida que se impõe para que haja a garantia da heterogeneidade no âmbito da federação brasileira, vide maior exercício das capacidades de autonomias dos entes federados, bem

---

154. SOUZA NETO, Cláudio Pereira de; SARMENTO, Daniel. **Direito constitucional**: teoria, história e métodos de trabalho. Belo Horizonte: Fórum, 2012. p. 334.

155. SOUZA NETO, Cláudio Pereira de; SARMENTO, Daniel. **Direito constitucional**: teoria, história e métodos de trabalho. Belo Horizonte: Fórum, 2012. p. 334.

156. ARAÚJO, Marcelo Labanca Corrêa de. Federalismo e princípio da simetria: entre unidade e diversidade. In: TAVARES, André Ramos; LEITE, George Salomão; SARLET, Ingo Wolfgang (Coords.). **Estado constitucional e organização do poder**. Saraiva, 2010. p. 539.

como para que não seja tolhida a possibilidade dos Estados Membros servirem como laboratórios legislativos para fins de experimentalismos constitucionais positivos[157].

Portanto, defende-se um regramento do princípio da simetria para que, sob a ótica da doutrina ungeriana, haja um reforjamento da análise jurídica a ser feita quanto ao papel dos Estados Membros no contexto da federação brasileira. Isto é, para que estes sejam vistos como importantes instrumentos de experimentalismos constitucionais e, assim, sirvam não só para a efetivação dos direitos fundamentais, para reinvenção/reimaginação das instituições, para o fortalecimento da democracia brasileira, mais, sobretudo, para que faça com que se vivencie no plano fático um verdadeiro modelo de estado federalizado.

Nesse sentido, Sanford Levinson[158] destaca que os Estados e suas respectivas constituições estaduais fornecem valiosa inspiração que tanto pode ser espelhada para outros contextos locais, como para um amplo projeto constitucional.

No mais, o fato do governo nacional não funcionar integralmente bem já faz com que haja uma frustração profunda e crescente com que vem sendo vista a política nacional. No entanto, esse cenário ainda não contamina as instituições estaduais, razão pela qual suas atuações devem ser mais fortalecidas não só por conta dessa ainda boa aceitação, mas também por fornecerem melhores oportunidades para analisar e avaliar distintas estruturas de governança[159].

Desse modo, o autor defende uma maior sensibilidade quanto à possibilidade de os Estados Membros servirem como laboratórios. Assim, para:

> [...] que um número suficiente se torne, pelo menos, tão interessado em diferenças estruturais entre os estados, e o

---

157. SOUZA NETO, Cláudio Pereira de; SARMENTO, Daniel. **Direito constitucional**: teoria, história e métodos de trabalho. Belo Horizonte: Fórum, 2012. p. 334.

158. LEVINSON, Sanford. **State constitutions as artifacts of experimentations.** 2014. p. 580.

159. LEVINSON, Sanford. **State constitutions as artifacts of experimentations.** 2014. p. 585-93.

> que poderíamos aprender com eles. Esse foco seria um complemento bem-vindo ao estudo de diferentes abordagens que os Estados podem adotar em relação a determinados direitos, por mais importantes que sejam[160].

Bernard Schwartz[161] lembra que, inicialmente, se considerava como "novo" aquele federalismo no qual o crescimento do poder federal fosse real, sobretudo expressada por meio das subvenções que eram condicionais aos estados. Contudo, o excesso fez com que se passasse a requerer outro modelo de federalismo em que a versão centrípeta fosse invertida e, com isso, se devolvesse aos Estados Membros e aos governos municipais o papel de "laboratórios dinâmicos". Ou seja, fomentar a experimentação a estes entes não só para cada um achar as soluções que melhor convir para os seus problemas, mas, principalmente, para que os demais possam lucrar ou aprender com as experiências e atividades de todo o resto[162]. Ademais, assim sintetiza:

> A manutenção de governos estaduais fortes confere ao sistema americano uma força democrática não encontrada na administração centralizada, monolítica. Se, uma vez ou outra, algum estado não faz regulamentação de acordo com o padrão federal, isto pode ser um pequeno preço a pagar para a preservação do vigor do sistema federal.
>
> Em sua fala de 1983 sobre o Estado da União, como já vimos, o Presidente Reagan referiu-se aos estados como "dinâmicos laboratórios de mudança numa sociedade criativa". Ao fazer isto, apoiou-se no famoso conceito de federalismo exposto há meio século pelo Juiz Brandeis: "É um dos incidentes felizes do sistema federal que um único e corajoso estado possa, se seus cidadãos o quiserem,

---

160. LEVINSON, Sanford. **State constitutions as artifacts of experimentations.** 2014. p. 600.

161. SCWARTZ, Bernard. **O federalismo norte-americano atual**. Rio de Janeiro: Editora Forense Universitária, 1984. p. 64.5.

162. SCWARTZ, Bernard. **O federalismo norte-americano atual**. Rio de Janeiro: Editora Forense Universitária, 1984. p. 75.

> servir como um laboratório e tentar novas experiências sociais e econômicas sem risco para o resto do País"[163].

Por sua vez, o Supremo Tribunal Federal timidamente vem adotando essa posição de regramento do princípio da simetria para fins de fortalecimento do exercício da autonomia dos Estados Membros, e principalmente, para o fomento de experimentalismos advindos destes.

Por exemplo, na ADI n.º 331/2014, o Ministro Gilmar Mendes não considerou a inconstitucionalidade de dispositivo da Constituição Estadual, pois o mesmo apenas complementava o que a Constituição Federal disciplinava sobre o tema, ou seja, apenas intentava tornar mais efetivo o equilíbrio dos poderes e o controle republicano dos compromissos públicos. Por conta disso, se posicionou pelo necessário cuidado quando da análise dessas questões, pois ao poder constituinte estadual não cabe apenas copiar as normas federais, pelo contrário, a eles deve ser dado cada vez mais espaço para que façam experimentos no seu respectivo âmbito de ingerência[164].

Ainda neste tom o Ministro se posicionou na ADI n.º 253/2015. Na ocasião, acrescentou mencionando que a observância do princípio da simetria não deve significar total esvaziamento da capacidade criativa e experimentalista do Estado Membro até porque, estes, exercem importante papel dentro do contexto federativo brasileiro[165].

O Ministro Fachin também compartilhou deste entendimento em, pelo menos, duas ocasiões de julgamento (ADI n.º 5.356/2016 e RE n.º 194.704/2017). Nestas, claramente se posiciona pela importância dos Estados Membros servirem como verdadeiros laboratórios legislativos, isto é, servirem como espaços onde se busque e se experimente "novas ideias sociais, políticas e econômicas, sempre na

---

163. SCWARTZ, Bernard. **O federalismo norte-americano atual**. Rio de Janeiro: Editora Forense Universitária, 1984. p. 75.

164. BRASIL. **Supremo Tribunal Federal**. Ação Direta de Inconstitucionalidade nº 331 – PB, Relator Ministro Gilmar Mendes, Plenário, j. 03/03/2014. 2014q. p. 02-03.

165. BRASIL. **Supremo Tribunal Federal**. Ação Direta de Inconstitucionalidade nº 253-MT, Relator Ministro Gilmar Mendes, Plenário, j. 28/05/2015. 2015e. p. 02.

busca de soluções mais adequadas para os seus problemas peculiares e, eventualmente, tais resoluções serem passíveis de incorporação mais tarde por outros Estados ou até mesmo pela União em caso de êxito"[166].

Contudo, estes são posicionamentos isolados, ou seja, ainda não é entendimento forte na Corte Suprema ao ponto de regrar o princípio da simetria constitucional e, com isso, assegurar aos Estados Membros determinada dose de criação e experimentação legislativa para que deixem de ser coadjuvantes e passem também a ser protagonistas do modelo brasileiro de federação.

Diante de tudo isso que se defende, o regramento na aplicação do princípio da simetria é medida mais que importante para garantir o íntegro exercício da autonomia dos Estados Membros e, assim, fazer com que exerçam experimentalismos constitucionais que venham a servir não só para o seu âmbito local de ingerência, mas para todo o contexto nacional.

4.5. DESFECHO

Neste capítulo, buscou-se conceituar o princípio da simetria constitucional de acordo com o Supremo Tribunal Federal e a doutrina constitucional brasileira. Ademais, se relacionou este princípio com o exercício da autonomia dos Estados Membros na federação brasileira, bem como buscou se confirmar, ou não, a hipótese firmada de que o princípio da simetria constitucional seria um fator de esvaziamento do exercício da autonomia dos entes federados e de não favorecimento de experimentalismos constitucionais positivos por parte destes, razão pela qual o seu regramento seria medida a ser imposta. Para tanto, o capítulo foi subdivido em quatro partes.

Nas duas primeiras partes, fez-se uma análise quantitativa e qualitativa de 159 (cento e cinquenta e nove) decisões, sendo duas delas consideradas como "repercussão geral", do Supremo Tribunal Federal para fins de obter o conceito dado pela Corte ao princípio da simetria constitucional. Entretanto, observou-se que o STF em momento algum

166. BRASIL. **Supremo Tribunal Federal**. Ação Direta de Inconstitucionalidade nº 5.356-MS, Relator Ministro Edson Fachin, Plenário, j. 03/08/2016. 2016f. p. 33.

deixa claro qual o conceito do famigerado princípio, tampouco o aplica de maneira retilínea. Por conta disso, construiu-se um conceito a partir de premissas frequentemente utilizadas pelos ministros quando das decisões aplicando, ou não, o princípio da simetria.

Assim, concluiu-se que o princípio da simetria é aplicado para limitar a autonomia dos Estados Membros com a finalidade de que estes observem, no plano local, o que foi estabelecido no âmbito federal, principalmente para garantir aspectos substanciais da federação brasileira, tais como: direitos e garantias individuais dos cidadãos, princípio da separação, harmonização e independência dos poderes, processo legislativo, aumento de despesa estadual, princípios sensíveis e organização do Estado Nacional. Contudo, a ausência de norma da Constituição Federal sobre determinada matéria não deve ser considerada como obstáculo para o constituinte estadual deliberar sobre esta.

Em sequência, já na terceira parte do capítulo, trabalhou-se com o princípio da simetria constitucional sob a ótica doutrinária – sobretudo dos autores Marcelo Labanca e Léo Ferreira Leoncy, por ambos terem obras mais densas sobre a temática – e sua relação com o exercício da autonomia dos Estados Membros, ou seja, para fins de saber se o primeiro servia como esvaziamento ou preservação do segundo.

Na oportunidade, pontuou-se que independentemente da linha argumentativa que se siga a verdade é que o princípio da simetria é tão confusamente aplicado pelo STF que acaba por dificultar a sua compreensão e, consequentemente, pouco oferece de elementos suficientes para controle das decisões que sob este argumento se veste, o que, portanto, acaba por ferir o Estado Democrático de Direito e todos os seus princípios fundantes.

Além disso, na última parte do capítulo, demonstrou-se que não obstante o princípio da simetria, por vezes, seja utilizado como fundamento para preservação e até fomento da autonomia dos Estados Membros, a verdade, porém, é que muito mais vem sendo utilizado para esvaziar a autonomia destes entes federados e de suas capacidades criativas e experimentalistas, razão pela qual o seu regramento é medida importante para garantir o íntegro exercício da autonomia dos Estados Membros e, assim, fazer com que exerçam experimentalismos constitucionais que venham a servir não só para o seu âmbito local de ingerência, mais também para todo o contexto nacional.

É importante destacar que a defesa feita para o regramento do princípio da simetria constitucional não é pela sua completa abolição, mas no sentido de sua aplicação de maneira mais prudente e balizada por elementos concretos e claros para que seu controle possa ser melhor realizado e, sobretudo, para que a autonomia e a capacidade criativa e de experimentalismos dos Estados Membros não seja tolhida por completo.

Por último, para fins de uma didática mais compreensiva, é interessante relembrar e relacionar o que apontamos a título conclusivo em cada um dos capítulos deste trabalho.

No segundo capítulo destacaram-se as balizas de sustentação do experimentalismo democrático qual seja: a "sociedade como artefato humano" e "tudo é política". Desta forma, ficou clara a defesa de que as concepções societárias advêm de suas próprias vontades e liberalidades e que não seguem manuais pré-redigidos, pois os olhos são voltados para a construção do futuro, portanto, devendo permanecer sempre em constante reimaginação. Além disso, pontuou-se a necessidade de desapego por uma análise jurídica racionalizadora que se preocupa tão somente com efetivação de direitos fundamentais sem se importar com a reestruturação institucional. Por conta disso que se defendeu o reforjamento da análise jurídica para fins de que sirva como instrumento para experimentalismos institucionais. No mais, se realçou a necessidade de a Corte brasileira trabalhar mais com o tema do experimentalismo constitucional, não obstante se defenda que o espaço ideal para isso seja o parlamento.

Já no terceiro capítulo ficou claro que o exercício da autonomia dos Estados Membros, em especial quanto a sua capacidade de auto-organização, vem sendo enfraquecido, principalmente, em função da vagueza e imprecisão de seus limites e por conta da postura interpretativa centralizadora do Supremo de ampliação excessiva destas restrições com fulcro no princípio da simetria.

Desta forma, ao se relacionar o abordado no segundo e no terceiro capítulo, percebemos que os Estados Membros, no contexto federativo brasileiro, não vêm servindo como instrumentos para fins de inovações institucionais e constitucionais, ou seja, não vêm servindo para fins de experimentalismos democráticos, pois a Corte Suprema brasileira tão somente se preocupa com a efetivação de direitos fundamentais, olvidando-se de conceder importância para as reestruturações institucionais.

No presente capítulo já se observou que o princípio da simetria não é conceituado pelo Supremo Tribunal Federal, entretanto, com base em elementos frequentes dos votos dos ministros foi possível se construir um conceito. Além disso, quanto a ótica doutrinária, percebeu-se que embora o princípio da simetria por vezes tenha sido utilizado como fundamento para preservação e até fomento do exercício da autonomia dos Estados Membros, a verdade, porém, é que muito mais vem sendo utilizado como argumento para o enfraquecimento desta autonomia.

Assim sendo, ao relacionar a abordagem feita em cada um dos capítulos, defende-se o regramento do princípio da simetria como medida importante para manter, não só no plano teórico, a condição de autonomia dos Estados Membros e para que os mesmos se transformem em efetivos e importantes instrumentos de experimentalismos democráticos positivos.

Capítulo 5

CONSIDERAÇÕES FINAIS

No artigo 25 da Constituição Federal Brasileira, tem-se a clara defesa aos Estados Membros de que podem organizar-se e reger-se por Constituição e lei própria, desde que respeitados os princípios da Carta Magna de 1988. Desse modo, permite aos Estados Membros, enquanto legítimo ente federativo, o exercício pleno de sua autonomia. Contudo, o dispositivo apenas menciona vagamente sobre limites a serem respeitados, deixando, portanto, um campo aberto a ser preenchido pela jurisdição constitucional no que diz respeito à definição dos limites para a autonomia estadual.

Do exercício da jurisdição constitucional observa-se o forte apelo ao princípio da simetria constitucional em desfavor do exercício da autonomia pelos Estados Membros. Portanto, no tocante a isso, o Supremo Tribunal Federal cuida de definir as dimensões da autonomia dos Estados Membros por meio do reconhecimento do que se chama de simetria constitucional.

É sobre este cenário que a pesquisa realizada se propõe ao enfrentamento do seguinte problema: como o desentricheiramento do sistema de competências, a partir do regramento da simetria, pode favorecer um experimentalismo constitucional positivo nos Estados Membros?

Para tanto, partiu-se, inicialmente, da especificação das balizas do experimentalismo constitucional, haja vista ser o esse a raiz teórica sobre a qual o restante do trabalho se estruturou.

Dessa forma, demonstraram-se os pressupostos filosóficos que sustentam o pensamento de Roberto Mangabeira Unger, quais sejam, o da "sociedade como artefato humano" e de que "tudo é política". No pressuposto inicial, o autor sustenta a ideia da não divindade das concepções societárias, ou seja, que as mesmas não são frutos divinos, mas sim da própria vontade e liberalidade social. No segundo pressuposto, a afirmação é no sentido de que a sociedade está em constante construção, portanto, deve ser frequentemente reformulada e reimaginada, razão pela qual exige-se um olhar prospectivo e ao futuro e não ao passado e/ou as suas atividades políticas congeladas.

Ademais, firmou-se ainda o posicionamento do autor pela defesa ao desapego da análise jurídica dominante, qual seja, a análise jurídica racionalizadora que tão somente se preocupa com a efetivação de direitos fundamentais e não com a restruturação e reimaginação institucional. Portanto, concepção voltada unicamente para ofertar ao direito e as instituições a melhor leitura e forma possível.

No entanto, a defesa que ficou demonstrada é por uma análise jurídica reforjada, ou seja, que sirva como instrumento para experimentalismos constitucionais, que não só convenha para efetivação de direitos fundamentais, mas também para reinventar e reimaginar as instituições.

Além disso, analisou-se como e se o experimentalismo constitucional vem sendo discutido no âmbito do Supremo Tribunal Federal, entretanto, verificou-se que a tese do experimentalismo ainda é pouco utilizada quando do exercício da jurisdição constitucional. Ademais, considera-se indispensável que o experimentalismo constitucional seja mais debatido, criticado e aplicado pela comunidade jurídica e também pela Corte Suprema, haja vista a sua inconteste importância não apenas para o fortalecimento da democracia nacional, mas, sobretudo, para efetiva construção de um original e genuíno federalismo brasileiro.

Contudo, ainda a título de conclusão, destacou-se que a defesa pela doutrina do experimentalismo constitucional não é uma defesa e estímulo para que seja adotada desfreadamente, pelo contrário, é sim para que seja adotada com os devidos freios, quais sejam, as regras do jogo constitucionalmente normatizada. Desta feita, o estímulo ao experimentalismo constitucional deve, preferencialmente, acontecer nos lugares de deliberação democrática que a Constituição expressamente reserva, cabendo ao Supremo não o exercício da criatividade legislativa, mas sim o exercício de sua precípua função institucional de guarda da Constituição, frenando, assim, todo e qualquer tipo de abuso e exageros.

Em seguida, o objetivo do trabalho se voltou para a apresentação das balizas que particularizam um Estado como Federal, com um olhar especial voltado ao modelo vivenciado no Brasil.

Inicialmente, trabalhou-se com teorias que despertaram a importância da formação de um Estado político, bem como a imprescindível separação e independência de um poder para com os outros a fim de que o controle mútuo acontecesse de maneira permanente. Além disso, tratou-se a respeito das premissas que originaram e sustentaram a ideia de um Estado federalizado, uma democracia por representação, do bicameralismo e de um modelo em que o Poder Judiciário exercesse controle judicial sobre as leis que afrontassem a Constituição.

Ademais, foi pontuada a narrativa histórica americana de passagem do modelo confederativo para o federativo de Estado, uma vez que foram os responsáveis por inaugurar este último modelo. Observou-se que os americanos declararam independência da metrópole Inglesa para conquistar liberdades e para garantir direitos individuais e, com isso, tornaram-se um Estado Confederado com fortes soberanias e liberdades. Entretanto, problemas surgiram quanto aos quesitos de defesa comum, segurança das liberdades e bem-estar comum por conta, principalmente, da ausência de um ente central que favorecesse o diálogo e a efetivação de necessidades comuns. Diante disso, surgiu o modelo de Estado Federal americano que, a princípio, era de concepção dual, mas passou a ser de concepção cooperativa por conta da mudança do papel do Estado e sua relação com a vida em sociedade.

Ademais, diferenciaram-se todos os modelos de formação e distribuição política de Estado, ou seja, diferenciou-se o modelo de Estado Federal do modelo Confederativo, Unitário, Regional e Autonômico a partir do destaque pormenorizado das características do modelo federalizado de estado.

Diante disso, voltou-se o olhar para o Estado Federal brasileiro e o sistema de repartição de competências adotado pela Constituição de 1988. Com isso, destacou-se todo o processo de formação histórico e da necessidade de superação de centralismos, bem como de garantia de um real equilíbrio entre a União e os Estados.

Outrossim, em complemento, realçou uma das características que individualiza um Estado como federal, qual seja, o papel dos Estados

Membros e a importância dos mesmos, bem como dos demais entes federados. Disto, pontuou-se pela importância de se garantir no plano fático o exercício da autonomia dos Estados Membros, por interface de suas diferentes capacidades, sem, com isso, significar qualquer apego pela não atribuição de limites aos mesmos. Pelo contrário. Defende-se como legítima a fixação de limites ao exercício da autonomia dos Estados Membros, desde que esses limites sejam claramente definidos e não eivados de vagueza e amplitude, sob pena de vir a produzir o esvaziamento desta autonomia.

Seguindo essa sintonia e coerência de argumentação que se destacou que o exercício da autonomia dos Estados Membros, em especial quanto a sua capacidade de auto-organização, vem sendo desfigurada e enfraquecida em razão da vagueza e imprecisão de seus limites, sobretudo dos princípios extensíveis, e também por conta da postura interpretativa do Supremo Tribunal Federal de ampliação extensiva destas restrições com fundamento no princípio da simetria.

Assim, considerando duas premissas, quais sejam: a) que no modelo de Estado Federal a inovação institucional e constitucional deve ocorrer e não ser enfraquecida; b) que a inovação dentro do contexto estadual tem como vantagem o fato de uma vez não sendo positivo, não gerar consequências indesejáveis em âmbito nacional, entretanto, uma vez sendo inovações exitosas e positivas pode-se ampliar a outros entes federativos e a todo o contexto nacional. Diante do exposto, se concluiu que no contexto federativo brasileiro tais premissas não vêm sendo cumpridas porque a autonomia conferida aos Estados Membros, que outrora poderia favorecer as duas premissas supracitadas, não é efetivada no plano fático em função da vagueza e imprecisão dos seus limites e, sobretudo, por conta da postura centralizadora do Supremo Tribunal Federal ao se encapuzar em argumentos tão imprecisos e vagos quanto, como, por exemplo, o princípio da simetria constitucional.

Diante do exposto, o objetivo se voltou em conceituar o princípio da simetria constitucional de acordo com o próprio Supremo Tribunal Federal e a doutrina constitucional brasileira. Com isso, se buscou relacionar com o exercício da autonomia dos Estados Membros na federação brasileira, bem como confirmar, ou não, a hipótese inicialmente pensada de que o princípio da simetria constitucional seria um fator de esvaziamento do exercício da autonomia dos entes federados e de não favorecimento de experimentalismos constitucionais positivos por partes destes, razão pela qual o seu regramento seria medida a ser imposta.

Para tanto, inicialmente se fez uma análise quantitativa e qualitativa de 159 (cento e cinquenta e nove) decisões do Supremo Tribunal Federal para fins de obtenção do conceito de princípio da simetria constitucional de acordo com o próprio Supremo. Entretanto, se observou que a Corte não deixa claro qual poderia vir a ser considerado como seu conceito uníssono, tampouco o aplica de maneira retilínea.

Por conta disso, com a interpretação das decisões coletadas, construiu-se um conceito de simetria constitucional conforme o Supremo Tribunal Federal a partir de premissas recorrentemente utilizadas pelos ministros quando dos seus votos. Disto se assentou que o princípio da simetria é aplicado para limitar a autonomia dos Estados Membros com a finalidade de que estes observem, no plano local, o que foi estabelecido no âmbito federal, principalmente para garantir aspectos substanciais da federação brasileira, tais como: direitos e garantias individuais dos cidadãos, princípio da separação, harmonização e independência dos poderes, processo legislativo, aumento de despesa estadual, princípios sensíveis e organização do Estado Nacional. Porém, a ausência de norma da Constituição Federal sobre eventual matéria não deve ser considerada empecilho para o constituinte estadual deliberar sobre a matéria.

Posteriormente, se trabalhou com o princípio da simetria constitucional sob a ótica doutrinária e sua relação para com o exercício da autonomia dos Estados Membros para fins de saber se o primeiro servia como fator de esvaziamento ou preservação do segundo. Na ocasião, atestou-se que o princípio da simetria constitucional é confusamente aplicado pela Corte, o que, por sua vez, favorece sua baixa compreensão, não obstante envolva questões federativas tão tênues. No mais, enquanto fundamentação decisional, não proporciona substrato suficiente para que o controle da jurisdição seja realizado, o que, portanto, fere o Estado Democrático de Direito e todos os seus princípios fundantes.

Dessa forma, embora tenha se reconhecido que o princípio da simetria, por vezes, pode ser utilizado como fundamento para preservação e até fomento do exercício da autonomia dos Estados Membros, sua incidência, entretanto, é muito maior no sentido do esvaziamento e enfraquecimento da autonomia conferida aos entes federados.

Ademais, a incidência do princípio da simetria é também muito maior no sentido de enfraquecer as capacidades criativas e experimentalistas dos entes federados, e em especial, dos Estados Membros. Por conta disso, defende-se que o regramento do princípio da simetria é medida imprescindível para garantir o íntegro exercício da autonomia dos Estados Membros e, assim, fazer com que exerçam experimentalismos constitucionais que venham a servir não só para o seu âmbito local de influência, mais também para todo o contexto nacional.

Destacou-se ainda que a defesa ora feita pelo regramento do princípio da simetria constitucional não significa defesa pela sua completa abolição, mas sim por sua aplicação de maneira mais prudente e balizada por elementos concretos e claros para que seu controle possa ser melhor realizado e, principalmente, para que o exercício da autonomia e das capacidades criativas e experimentalistas dos Estados Membros não sejam tolhidas por completo.

Nesse contexto, ao se cruzarem as teorias a respeito do tema com a pesquisa jurisprudencial outrora feita, verificou-se que o princípio da simetria constitucional é sim um fator de não favorecimento de experimentalismos constitucionais positivos nos Estados Membros, portanto, o regramento desta argumentação seria fator de suma importância para fins de fortalecimento do exercício da autonomia destes, em especial no que concerne a sua capacidade de auto-organização.

REFERÊNCIAS

ALMEIDA, Fernanda Dias Menezes de. **A constituição do estado federal e das unidades federadas**. 1987. Disponível em: <http://www2.senado.leg.br/bdsf/bitstream/handle/id/181809/000433660.pdf?sequence=1>. Acesso em: 02 de fevereiro de 2015.

ALMEIDA, Fernanda Dias Menezes de. **Competências na Constituição de 1988**. São Paulo: Editora Atlas, 1991.

AMARAL JÚNIOR, José Levi Mello do. **Sobre a organização de poderes em Montesquieu**: Comentários ao Capítulo VI do Livro XI de "O espírito das leis". 2008. Disponível em: file:///C:/Users/USER/Downloads/Amaral%20Jr.%20-%20Sobre%20a%20organiza%C3%A7%C3%A3o%20dos%20poderes%20em%20Montesquieu.pdf. Acesso em 10 de dezembro de 2018.

AMORIM, Rafael Botelho de Castro. **O princípio da simetria na atual jurisprudência do Supremo Tribunal Federal.** 2010. Disponível em: http://documents.jdsupra.com/54b60c8f-db02-4ae8-bf97-4de33d1cb693.pdf. Acesso em: 19 de março de 2015.

ARAÚJO, Marcelo Labanca Corrêa de. **Jurisdição constitucional e federação:** o princípio da simetria na jurisprudência do STF. Rio de Janeiro: Elsevier, 2009.

ARAÚJO, Marcelo Labanca Corrêa de. Federalismo e princípio da simetria: entre unidade e diversidade. In: TAVARES, André Ramos; LEITE, George Salomão; SARLET, Ingo Wolfgang (Coords.). **Estado constitucional e organização do poder**. Saraiva, 2010.

ASSUMPÇÃO, Antônio de Castro. **Estado Federal**: Anotações Jurídico-Doutrinárias-Conceito. Rio de Janeiro: Laemmert, 1963.

BRASIL. **Constituição da República Federativa do Brasil**, de 05 de outubro de 1988. **DOU**, Brasília, DF, 05 out. 1988. Disponível em: http://www.senado.gov.br/legislacao/const/con1988/CON1988_02.12.2014/CON1988.pdf. Acesso em 09 de janeiro de 2014.

BRASIL. **Supremo Tribunal Federal**. Agravo Regimental na Reclamação nº 28.445-CE, Relator Ministro Ricardo Lewandowski, Plenário, j. 20/02/2018. 2018a.

________. **Supremo Tribunal Federal**. Agravo Regimental na Reclamação nº 28.487-PB, Relator Ministro Ricardo Lewandowski, Plenário, j. 20/02/2018. 2018b.

________. **Supremo Tribunal Federal**. Agravo Regimental na Reclamação nº 26.759-CE, Relator Ministro Ricardo Lewandowski, Plenário, j. 20/02/2018. 2018c.

________. **Supremo Tribunal Federal**. Agravo Regimental na Reclamação nº 28.608-RN, Relator Ministro Ricardo Lewandowski, Plenário, j. 20/02/2018. 2018d.

________. **Supremo Tribunal Federal**. Agravo Regimental na Reclamação nº 28.576-PB, Relator Ministro Ricardo Lewandowski, Plenário, j. 20/02/2018. 2018e.

________. **Supremo Tribunal Federal**. Agravo Regimental na Reclamação nº 28.655-PB, Relator Ministro Ricardo Lewandowski, Plenário, j. 20/02/2018. 2018f.

________. **Supremo Tribunal Federal**. Agravo Regimental na Reclamação nº 27.818-BA, Relator Ministro Ricardo Lewandowski, Plenário, j. 11/12/2017. 2017a.

________. **Supremo Tribunal Federal**. Agravo Regimental na Reclamação nº 28.087-CE, Relator Ministro Ricardo Lewandowski, Plenário, j. 11/12/2017. 2017b.

________. **Supremo Tribunal Federal**. Agravo Regimental na Reclamação nº 26.510-CE, Relator Ministro Ricardo Lewandowski, Plenário, j. 11/12/2017. 2017c.

________. **Supremo Tribunal Federal**. Agravo Regimental na Reclamação nº 26.466-CE, Relator Ministro Ricardo Lewandowski, Plenário, j. 11/12/2017. 2017d.

________. **Supremo Tribunal Federal**. Agravo Regimental no Recurso Extraordinário com Agravo nº 1.010.664-PE, Relator Ministro Marco Aurélio, Plenário, j. 29/08/2017. 2017e.

________. **Supremo Tribunal Federal**. Agravo Regimental no Recurso Extraordinário nº 488.065-SP, Relator Ministro Marco Aurélio, Plenário, j. 15/08/2017. 2017f.

________. **Supremo Tribunal Federal**. Ação Direta de Inconstitucionalidade nº 4.362-DF, Relator Ministro Dias Toffoli, Plenário, j. 09/08/2017. 2017g.

________. **Supremo Tribunal Federal**. Recurso Extraordinário nº 194.704-MG, Relator Ministro Carlos Velloso, Plenário, j. 29/06/2017. 2017h.

________. **Supremo Tribunal Federal**. Ação Direta de Inconstitucionalidade nº 4.000-SP, Relator Ministro Edson Fachin, Plenário, j. 18/05/2017. 2017i.

________. **Supremo Tribunal Federal**. Ação Direta de Inconstitucionalidade nº 2.466-RS, Relator Ministro Edson Fachin, Plenário, j. 18/05/2017. 2017j.

________. **Supremo Tribunal Federal**. Ação Direta de Inconstitucionalidade nº 4.764-AC, Relator Ministro Celso de Mello, Plenário, j. 04/05/2017. 2017l.

________. **Supremo Tribunal Federal**. Repercussão Geral no Recurso Extraordinário nº 1.059.466-AL, Relator Ministro Alexandre de Moraes, Plenário, j. 12/10/2017. 2017m.

________. **Supremo Tribunal Federal**. Ação Direta de Inconstitucionalidade nº 3.077-SE, Relator Ministra Cármen Lúcia, Plenário, j. 16/11/2016. 2016a.

________. **Supremo Tribunal Federal**. Ação Direta de Inconstitucionalidade nº 2.905-MG, Relator Ministro Eros Grau, Plenário, j. 16/11/2016. 2016b.

________. **Supremo Tribunal Federal**. Recurso Extraordinário nº 848.826-CE, Relator Ministro Luís Roberto Barroso, Plenário, j. 10/08/2016. 2016c.

________. **Supremo Tribunal Federal**. Ação Direta de Inconstitucionalidade nº 5.253-BA, Relator Ministro Dias Toffoli, Plenário, j. 03/08/2016. 2016d.

________. **Supremo Tribunal Federal**. Ação Direta de Inconstitucionalidade nº 4.861-SC, Relator Ministro Gilmar Mendes, Plenário, j. 03/08/2016. 2016e.

________. **Supremo Tribunal Federal**. Ação Direta de Inconstitucionalidade nº 5.356-MS, Relator Ministro Edson Fachin, Plenário, j. 03/08/2016. 2016f.

________. **Supremo Tribunal Federal**. Ação Direta de Inconstitucionalidade nº 3.835-MS, Relator Ministro Marco Aurélio, Plenário, j. 03/08/2016. 2016g.

________. **Supremo Tribunal Federal**. Ação Direta de Inconstitucionalidade nº 469-DF, Relator Ministro Marco Aurélio, Plenário, j. 25/05/2016. 2016h.

________. **Supremo Tribunal Federal**. Medida Cautelar na Ação Direta de Inconstitucionalidade nº 5.296-DF, Relator Ministra Rosa Weber, Plenário, j. 18/05/2016. 2016i.

________. **Supremo Tribunal Federal**. Medida Cautelar na Ação Direta de Inconstitucionalidade nº 5.442-DF, Relator Ministro Marco Aurélio, Plenário, j. 17/03/2016. 2016j.

________. **Supremo Tribunal Federal**. Ação Direta de Inconstitucionalidade nº 4.060-SC, Relator Ministro Luiz Fux, Plenário, j. 25/02/2015. 2015a.

________. **Supremo Tribunal Federal**. Ação Direta de Inconstitucionalidade nº 1.077-RS, Relator Ministro Gilmar Mendes, Plenário, j. 02/09/2015. 2015b.

________. **Supremo Tribunal Federal**. Ação Direta de Inconstitucionalidade nº 821-RS, Relator Ministro Gilmar Mendes, Plenário, j. 02/09/2015. 2015c.

________. **Supremo Tribunal Federal**. Ação Direta de Inconstitucionalidade nº 2.314-RJ, Relator Ministro Joaquim Barbosa, Plenário, j. 17/06/2015. 2015d.

________. **Supremo Tribunal Federal**. Ação Direta de Inconstitucionalidade nº 253-MT, Relator Ministro Gilmar Mendes, Plenário, j. 28/05/2015. 2015e.

________. **Supremo Tribunal Federal**. Agravo Regimental nos Embargos de Declaração em Mandado de Segurança nº 29.189-DF, Relator Ministro Teori Zavascki, Plenário, j. 14/04/2015. 2015f.

________. **Supremo Tribunal Federal**. Ação Direta de Inconstitucionalidade nº 4.284-RR, Relator Ministro Ricardo Lewandowski, Plenário, j. 09/04/2015. 2015g.

________. **Supremo Tribunal Federal**. Agravo Regimental no Recurso Extraordinário com Agravo nº 864.515-GO, Relator Ministro Celso de Mello, Plenário, j. 24/03/2015. 2015h.

________. **Supremo Tribunal Federal**. Agravo Regimental no Recurso Extraordinário com Agravo nº 657.984-PE, Relator Ministro Gilmar Mendes, Plenário, j. 17/03/2015. 2015i.

________. **Supremo Tribunal Federal**. Ação Direta de Inconstitucionalidade nº 4.792-ES, Relator Ministra Cármen Lúcia, Plenário, j. 12/02/2015. 2015j.

________. **Supremo Tribunal Federal**. Ação Direta de Inconstitucionalidade nº 4.791-PR, Relator Ministro Teori Zavascki, Plenário, j. 12/02/2015. 2015l.

________. **Supremo Tribunal Federal**. Recurso Extraordinário nº 570.392-RS, Relator Ministra Cármen Lúcia, Plenário, j. 11/12/2014. 2014a.

________. **Supremo Tribunal Federal**. Ação Direta de Inconstitucionalidade nº 2.940-ES, Relator Ministro Marco Aurélio, Plenário, j. 11/12/2014. 2014b.

________. **Supremo Tribunal Federal**. Agravo Regimental no Recurso Extraordinário nº 655.647-AM, Relator Ministro Dias Toffoli, Plenário, j. 11/11/2014. 2014c.

________. **Supremo Tribunal Federal**. Recurso Extraordinário nº 383.123-SP, Relator Ministra Cármen Lúcia, Plenário, j. 04/11/2014. 2014d.

________. **Supremo Tribunal Federal**. Ação Direta de Inconstitucionalidade nº 2.186-SP, Relator Ministro Marco Aurélio, Plenário, j. 29/10/2014. 2014e.

________. **Supremo Tribunal Federal**. Ação Direta de Inconstitucionalidade nº 1.440-SC, Relator Ministro Teori Zavascki, Plenário, j. 15/10/2014. 2014f.

________. **Supremo Tribunal Federal**. Ação Direta de Inconstitucionalidade nº 1.949-RS, Relator Ministro Dias Toffoli, Plenário, j. 17/09/2014. 2014g.

________. **Supremo Tribunal Federal**. Agravo Regimental no Agravo de Instrumento nº 521.610-RJ, Relator Ministro Marco Aurélio, Plenário, j. 11/09/2014. 2014h.

________. **Supremo Tribunal Federal**. Ação Direta de Inconstitucionalidade nº 1.964-ES, Relator Ministro Dias Toffoli, Plenário, j. 04/09/2014. 2014i.

________. **Supremo Tribunal Federal**. Ação Direta de Inconstitucionalidade nº 2.294-RS, Relator Ministro Ricardo Lewandowski, Plenário, j. 27/08/2014. 2014j.

________. **Supremo Tribunal Federal**. Ação Direta de Inconstitucionalidade nº 1.381-AL, Relator Ministro Dias Toffoli, Plenário, j. 21/08/2014. 2014l.

________. **Supremo Tribunal Federal**. Ação Direta de Inconstitucionalidade nº 2.225-SC, Relator Ministro Dias Toffoli, Plenário, j. 21/08/2014. 2014m.

________. **Supremo Tribunal Federal**. Ação Direta de Inconstitucionalidade nº 3.564-PR, Relator Ministro Luiz Fux, Plenário, j. 13/08/2014. 2014n.

________. **Supremo Tribunal Federal**. Ação Direta de Inconstitucionalidade nº 3.200 – SP, Relator Ministro Marco Aurélio, Plenário, j. 22/05/2014. 2014o.

________. **Supremo Tribunal Federal**. Agravo Regimental no Agravo de Instrumento nº 764.355 – SP, Relator Ministro Dias Toffoli, Primeira Turma, j. 06/05/2014. 2014p.

________. **Supremo Tribunal Federal.** Ação Direta de Inconstitucionalidade nº 331 – PB, Relator Ministro Gilmar Mendes, Plenário, j. 03/03/2014. 2014q.

________. **Supremo Tribunal Federal.** Ação Direta de Inconstitucionalidade nº 197 – SE, Relator Ministro Gilmar Mendes, Plenário, j. 03/03/2014. 2014r.

________. **Supremo Tribunal Federal.** Ação Direta de Inconstitucionalidade nº 775 – RS, Relator Ministro Dias Toffoli, Plenário, j. 03/03/2014. 2014s.

________. **Supremo Tribunal Federal.** Ação Direta de Inconstitucionalidade nº 290 – SC, Relator Ministro Dias Toffoli, Tribunal Pleno, j. 03/04/2014. 2014t.

________. **Supremo Tribunal Federal.** Ação Cível Originária nº 1.271 – RJ, Relator Ministro Joaquim Barbosa, Tribunal Pleno, j. 12/02/2014. 2014u.

________. **Supremo Tribunal Federal.** Agravo Regimental no Recurso Extraordinário nº 632.894 – GO, Relator Ministro Dias Toffoli, Primeira Turma, j. 19/03/2013. 2013a.

________. **Supremo Tribunal Federal.** Ação Direta de Inconstitucionalidade nº 1.521 – RS, Relator Ministro Ricardo Lewandowski, Plenário, j. 19/06/2013. 2013b.

________. **Supremo Tribunal Federal.** Repercussão Geral nº 745.811 – PA, Relator Ministro Gilmar Mendes, Plenário, j. 17/10/2013. 2013c.

________. **Supremo Tribunal Federal.** Embargos de Declaração no Recurso Extraordinário nº 536.973 – GO, Relator Ministra Cármen Lúcia, Segunda Turma, j. 21/11/2012. 2012a.

________. **Supremo Tribunal Federal.** Ação Direta de Inconstitucionalidade nº 4270 – SC, Relator Ministro Joaquim Barbosa, Tribunal Pleno, j. 14/03/2012. 2012b.

________. **Supremo Tribunal Federal.** Agravo Regimental no Recurso Extraordinário com Agravo nº 656.666 - RS, Relator Ministro Gilmar Mendes, Segunda Turma, j. 14/02/2012. 2012c.

________. **Supremo Tribunal Federal.** Ação Direta de Inconstitucionalidade nº 3.030-DF, Relator Ministro Ayres Britto, Plenário, j. 03/05/2012. 2012d.

________. **Supremo Tribunal Federal.** Ação Direta de Inconstitucionalidade nº 3.279 – SC, Relator Ministro Cezar Peluso, Tribunal Pleno, j. 16/11/2011. 2011a.

________. **Supremo Tribunal Federal.** Agravo Regimental no Recurso Extraordinário nº 633.009 – GO, Relator Ministro Ricardo Lewandowski, Segunda Turma, j. 13/09/2011. 2011b.

________. **Supremo Tribunal Federal**. Ação Direta de Inconstitucionalidade nº 2.872 – PI, Relator Ministro Ricardo Lewandowski, Tribunal Pleno, j. 01/08/2011. 2011c.

________. **Supremo Tribunal Federal**. Ação Direta de Inconstitucionalidade nº 3.176 – AP, Relator Ministro Cezar Peluso, Tribunal Pleno, j. 30/06/2011. 2011d.

________. **Supremo Tribunal Federal**. Ação Direta de Inconstitucionalidade nº 3.295 – AM, Relator Ministro Cezar Peluso, Tribunal Pleno, j. 30/06/2011. 2011e.

________. **Supremo Tribunal Federal**. Ação Direta de Inconstitucionalidade nº 2.944 – PR, Relator Ministra Cármen Lúcia, Tribunal Pleno, j. 30/06/2011. 2011f.

________. **Supremo Tribunal Federal**. Ação Direta de Inconstitucionalidade nº 2.800 – RS, Relator Ministra Cármen Lúcia, Tribunal Pleno, j. 17/03/2011. 2011g.

________. **Supremo Tribunal Federal**. Recurso Extraordinário nº 317.574 – MG, Relator Ministro Cezar Peluso, Tribunal Pleno, j. 01/12/2010. 2010a.

________. **Supremo Tribunal Federal**. Ação Direta de Inconstitucionalidade nº 2. 730 – SC, Relator Ministra Cármen Lúcia, Tribunal Pleno, j. 05/05/2010. 2010b.

________. **Supremo Tribunal Federal**. Recurso Extraordinário 497.554 – PR, Relator Ministro Ricardo Lewandowski, Primeira Turma, j. 27/03/2010. 2010c.

________. **Supremo Tribunal Federal**. Ação Direta de Inconstitucionalidade nº 2.329 – AL, Relator Ministra Cármen Lúcia, Tribunal Pleno, j. 14/03/2010. 2010d.

________. **Supremo Tribunal Federal**. Medida Cautelar na Ação Direta de Inconstitucionalidade nº 4.298 – TO, Relator Ministro Cezar Peluso, Tribunal Pleno, j. 07/10/2009. 2009a.

________. **Supremo Tribunal Federal**. Ação Direta de Inconstitucionalidade nº 3.930 – RO, Relator Ministro Ricardo Lewandowski, Tribunal Pleno, j. 16/09/2009. 2009b.

________. **Supremo Tribunal Federal**. Agravo Regimental no Recurso Extraordinário nº 396.970 – SP, Relator Ministro Eros Grau, Segunda Turma, j. 15/09/2009. 2009c.

________. **Supremo Tribunal Federal**. Agravo Regimental na Medida Cautelar na Reclamação nº 6.702 – PR, Relator Ministro Ricardo Lewandowski, Tribunal Pleno, j. 04/03/2009. 2009d.

_________. **Supremo Tribunal Federal**. Ação Direta de Inconstitucionalidade nº 3.307 – MT, Relator Ministra Cármen Lúcia, Tribunal Pleno, j. 02/02/2009. 2009e.

_________. **Supremo Tribunal Federal**. Ação Direta de Inconstitucionalidade nº 2.192 – ES, Relator Ministro Ricardo Lewandowski, Tribunal Pleno, j. 04/06/2008. 2008a.

_________. **Supremo Tribunal Federal**. Ação Direta de Inconstitucionalidade nº 858- RJ, Relator Ministro Ricardo Lewandowski, Tribunal Pleno, j. 13/02/2008. 2008b.

_________. **Supremo Tribunal Federal**. Ação Direta de Inconstitucionalidade nº 3.647 – MA, Relator Ministro Joaquim Barbosa, Tribunal Pleno, j. 17/09/2007. 2007a.

_________. **Supremo Tribunal Federal**. Ação Direta de Inconstitucionalidade nº 3.549 – GO, Relator Ministra Cármen Lúcia, Tribunal Pleno, j. 17/09/2007. 2007b.

_________. **Supremo Tribunal Federal**. Ação Direta de Inconstitucionalidade nº 2.857 – ES, Relator Ministro Joaquim Barbosa, Tribunal Pleno, j. 30/08/2007. 2007c.

_________. **Supremo Tribunal Federal**. Ação Direta de Inconstitucionalidade nº 2.029 – SC, Relator Ministro Ricardo Lewandowski, Tribunal Pleno, j. 04/06/2007. 2007d.

_________. **Supremo Tribunal Federal**. Ação Direta de Inconstitucionalidade nº 1.275 – SP, Relator Ministro Ricardo Lewandowski, Tribunal Pleno, j. 16/05/2007. 2007e.

_________. **Supremo Tribunal Federal**. Ação Direta de Inconstitucionalidade nº 2.480-PB, Relator Ministro Sepúlveda Pertence, Tribunal Pleno, j. 02/03/2007. 2007f.

_________. **Supremo Tribunal Federal**. Ação Direta de Inconstitucionalidade nº 3.619 – SP, Relator Ministro Eros Grau, Tribunal Pleno, j. 01/08/2006. 2006a.

_________. **Supremo Tribunal Federal**. Medida Cautelar na Ação Direta de Inconstitucionalidade nº 3.715 – TO, Relator Ministro Gilmar Mendes, Tribunal Pleno, j. 24/5/2006. 2006b.

_________. **Supremo Tribunal Federal**. Ação Direta de Inconstitucionalidade nº 2.966 – RO, Relator Ministro Joaquim Barbosa, Tribunal Pleno, j. 06/04/2005. 2005a.

_________. **Supremo Tribunal Federal**. Ação Direta de Inconstitucionalidade nº 396 – RS, Relator Ministro Mauricio Corrêa, Tribunal Pleno, 27/05/2004. 2004a.

__________. **Supremo Tribunal Federal**. Ação Direta de Inconstitucionalidade nº 2.079 – SC, Relator Ministro Mauricio Corrêa, Tribunal Pleno, j. 29/04/2004. 2004b.

__________. **Supremo Tribunal Federal**. Ação Direta de Inconstitucionalidade nº 3.046 – SP, Relator Ministro Sepúlveda Pertence, Tribunal Pleno, j. 15/04/2004. 2004c.

__________. **Supremo Tribunal Federal**. Ação Direta de Inconstitucionalidade nº 134 – RS, Relator Ministro Mauricio Corrêa, Tribunal Pleno, j. 25/03/2004. 2004d.

__________. **Supremo Tribunal Federal**. Ação Direta de Inconstitucionalidade nº 1.304 – SC, Relator Ministro Mauricio Corrêa, Tribunal Pleno, j. 11/03/2004. 2004e.

__________. **Supremo Tribunal Federal**. Ação Direta de Inconstitucionalidade nº 1.281 – PA, Relator Ministro Mauricio Corrêa, Tribunal Pleno, j. 11/03/2004. 2004f.

__________. **Supremo Tribunal Federal**. Ação Direta de Inconstitucionalidade nº 882 – MT, Relator Ministro Mauricio Corrêa, Tribunal Pleno, j. 19/02/2004. 2004g.

__________. **Supremo Tribunal Federal**. Ação Direta de Inconstitucionalidade nº 2.212 – CE, Relator Ministra Ellen Gracie, Tribunal Pleno, j. 02/10/2003. 2003a.

__________. **Supremo Tribunal Federal**. Ação Direta de Inconstitucionalidade nº 1.353 – RN, Relator Ministro Mauricio Corrêa, Tribunal Pleno, 20/03/2003. 2003b.

__________. **Supremo Tribunal Federal**. Ação Direta de Inconstitucionalidade nº 2.719 – ES, Relator Ministro Carlos Velloso, Tribunal Pleno, 20/03/2003. 2003c.

__________. **Supremo Tribunal Federal**. Ação Direta de Inconstitucionalidade nº 1.172 – DF, Relator Ministra Ellen Gracie, Tribunal Pleno, j. 19/03/2003. 2003d.

__________. **Supremo Tribunal Federal**. Recurso Extraordinário nº 255.245 – CE, Relator Ministro Sepúlveda Pertence, Primeira Turma, 04/02/2003. 2003e.

__________. **Supremo Tribunal Federal**. Ação Direta de Inconstitucionalidade nº 1.201 – RO, Relator Ministro Moreira Alves, Tribunal Pleno, j. 14/11/2002. 2002a.

__________. **Supremo Tribunal Federal**. Ação Direta de Inconstitucionalidade nº 738 – GO, Relator Ministro Mauricio Corrêa, Tribunal Pleno, j. 13/11/2002. 2002b.

________. **Supremo Tribunal Federal**. Ação Direta de Inconstitucionalidade nº 678 – RJ, Relator Ministro Carlos Velloso, Tribunal Pleno, j. 13/11/2002. 2002c.

________. **Supremo Tribunal Federal**. Medida Cautelar na Ação Direta de Inconstitucionalidade nº 2.681 – RJ, Relator Ministro Celso de Mello, Tribunal Pleno, j. 11/09/2002. 2002d.

________. **Supremo Tribunal Federal**. Ação Direta de Inconstitucionalidade nº 1.106 – SE, Relator Ministro Mauricio Corrêa, Tribunal Pleno, j. 05/09/2002. 2002e.

________. **Supremo Tribunal Federal**. Ação Direta de Inconstitucionalidade nº 425 – TO, Relator Ministro Mauricio Corrêa, Tribunal Pleno, j. 04/09/2002. 2002f.

________. **Supremo Tribunal Federal**. Ação Direta de Inconstitucionalidade nº 452 – MT, Relator Ministro Maurício Corrêa, Tribunal Pleno, j. 28/08/2002. 2002g.

________. **Supremo Tribunal Federal**. Ação Direta de Inconstitucionalidade nº 102 – RO, Relator Ministro Mauricio Corrêa, Tribunal Pleno, j. 08/08/2002. 2002h.

________. **Supremo Tribunal Federal**. Ação Direta de Inconstitucionalidade nº 2.646 – SP, Relator Ministro Mauricio Corrêa, Tribunal Pleno, j. 01/07/2002. 2002i.

________. **Supremo Tribunal Federal**. Ação Direta de Inconstitucionalidade nº 2.587 – GO, Relator Ministro Mauricio Corrêa, Tribunal Pleno, j. 15/05/2002. 2002j.

________. **Supremo Tribunal Federal**. Ação Direta de Inconstitucionalidade nº 1.391 – SP, Relator Ministro Sepúlveda Pertence, Tribunal Pleno, j. 09/05/2002. 2002k.

________. **Supremo Tribunal Federal**. Recurso Extraordinário nº 223.037 – SE, Relator Ministro Maurício Corrêa, Tribunal Pleno, j. 02/05/2002. 2002l.

________. **Supremo Tribunal Federal**. Ação Direta de Inconstitucionalidade nº 2.361 – CE, Relator Ministro Mauricio Corrêa, Tribunal, j. 11/10/2001. 2001a.

________. **Supremo Tribunal Federal**. Ação Direta de Inconstitucionalidade nº 2.417 – SP, Relator Ministro Mauricio Corrêa, Tribunal Pleno, j. 18/04/2001. 2001b.

________. **Supremo Tribunal Federal**. Ação Direta de Inconstitucionalidade nº 2.295 – RS, Relator Ministro Mauricio Corrêa, Tribunal Pleno, j. 29/03/2001. 2001c.

________. **Supremo Tribunal Federal**. Recurso Ordinário em Habeas Corpus nº 80. 477 – PI, Relator Ministro Néri da Silveira, Segunda Turma, j. 31/10/2000. 2000a.

________. **Supremo Tribunal Federal**. Ação Direta de Inconstitucionalidade nº 2.012 – SP, Relator Ministro Marco Aurélio, Tribunal Pleno, 04/08/1999. 1999a.

________. **Supremo Tribunal Federal**. Ação Direta de Inconstitucionalidade nº 1.890 – MA, Relator Ministro Celso de Mello, Tribunal Pleno, 10/12/1998. 1998a.

________. **Supremo Tribunal Federal**. Ação Direta de Inconstitucionalidade nº 1.679 – GO, Relator Ministro Néri da Silveira, Tribunal Pleno, j. 01/10/1997. 1997a.

________. **Supremo Tribunal Federal**. Ação Direta de Inconstitucionalidade nº 792 – RJ, Relator Ministro Moreira Alves, Tribunal Pleno, j. 26/05/1997. 1997b.

________. **Supremo Tribunal Federal**. Ação Direta de Inconstitucionalidade nº 952 – SC, Relator Ministro Sydney Sanches, Tribunal Pleno, j. 13/10/1993. 1993a.

BARACHO, José Alfredo de Oliveira. **Teoria geral do federalismo**. Rio de Janeiro: Forense, 1986.

FERNANDES, Bernardo Gonçalves. **Curso de direito constitucional**. 3. ed. Rio de Janeiro: Lumen Juris, 2011.

FERREIRA FILHO, Manoel Gonçalves. **Comentários à Constituição brasileira de 1988**. São Paulo: Saraiva, 1990, v.1.

FERRAZ, Anna Cândida da Cunha. **Poder constituinte do estado-membro**. São Paulo: Revista dos Tribunais, 1979.

GODOY, Arnaldo Moraes. **Notas para uma introdução ao pensamento de Roberto Mangabeira Unger.** Disponível em: <http://www.robertounger.com/pt/wp-content/uploads/2017/01/notas-para-introducao-unger.pdf>. Acesso em: 02 de fevereiro de 2018. p. 01-09. 2017.

HAMILTON, Alexander; MADISON, James; JAY, John. **O federalista**. Belo Horizonte: Editora Líder, 2003.

HORTA, Raul Machado. **Natureza do poder constituinte do Estado-Membro**. Revista de Direito Público, n. 85, jan.-mar., 1988.

HORTA, Raul Machado. **Direito constitucional**. 5ª edição revisada e atualizada por Juliana Campos Horta. Belo Horizonte: Del Rey, 2010.

HORTA, Raul Machado. **A autonomia do estado-membro no direito constitucional brasileiro**. Belo Horizonte: UFMG, Tese, 1964.

IVO, Gabriel. **Constituição estadual**: competência para elaboração da Constituição do Estado-Membro. Max Limonad, 1997.

LENZ, Sylvia Ewel. **Jean Bodin: as premissas de um estado soberano**. Revista de Ciências Sociais. Vol. 9. N. 1. 2014. P. 119-134. Disponível em: http://www.uel.br/revistas/uel/index.php/mediacoes/article/view/9051/7580. Acesso em 12 de dezembro de 2018.

LEONCY, Léo Ferreira. **"Princípio da simetria" e argumento analógico**: o uso da analogia na resolução de questões federativas sem solução constitucional evidente. 2011. 182 f. Tese (Doutorado em Direito) – Faculdade de Direito da Universidade de São Paulo. São Paulo. 2011.

LEONCY, Léo Ferreira. **Controle de constitucionalidade estadual**: as normas de observância obrigatória e a defesa abstrata da Constituição do Estado-Membro. São Paulo: Saraiva, 2007.

LEVINSON, Sanford. **State constitutions as artifacts of experimentations.** 2014. p. 579-600. Disponível em: <https://heinonline.org/HOL/LandingPage?handle=hein.journals/rutlj44&div=25&id=&page=>. Acesso em 10 de janeiro de 2019.

LOCKE, John. **Dois tratados sobre o governo**. Tradução: Júlio Fisher. São Paulo: Editora Martins Fontes. 1998.

MARANHÃO. **Constituição do Estado do Maranhão**. Disponível em: <http://legislacao.al.ma.leg.br:8080/ged/cestadual.xhtml>. Acesso em 09 de janeiro de 2014.

MARRAFON, Marco Aurélio. Federalismo brasileiro: reflexões em torno da dinâmica autonomia e centralização. In: CLÈVE, Clèmerson Merlin (coord.). **Direito Constitucional Brasileiro**: Organização do Estado e dos Poderes. São Paulo: Saraiva, 2014, p. 95-121.

MARINS, Leonardo. Limites ao princípio da simetria. In: SOUSA NETO, Cláudio Pereira de; SARMENTO, Daniel; BINENBOJM, Gustavo (Org.). **Vinte anos da Constituição Federal de 1988**. Livraria e Editora Lumen Juris, 2009.

MELO, Adriana Zawada. **A limitação material do poder constituinte derivado**. 2008. Disponível em: <http://www.estig.ipbeja.pt/~ac_direito/ZawadaM.pdf>. Acesso em 02 de fevereiro de 2015.

MENDES, Gilmar Ferreira; COELHO, Inocêncio Mártires; BRANCO, Paulo Gustavo Gonet. **Curso de direito constitucional**. 2. ed. São Paulo: Saraiva, 2008.

MENDES, Gilmar Ferreira; BRANCO, Paulo Gustavo Gonet. **Curso de direito constitucional.** 12. ed. São Paulo: Saraiva, 2017.

MONTESQUIEU, Charles de Secondat, Baron de. **O espírito das leis**. Apresentação Renato Janine Ribeiro. Tradução: Cristina Murachco. São Paulo: Editora Martins Fontes. 2000.

MUDROVITSCH, Rodrigo. **Desentrincheiramento da jurisdição constitucional**. São Paulo: Saraiva, 2014.

PEREIRA, Fábio Franco. **A federação no constitucionalismo brasileiro**. 2010. 214 f. Dissertação (Mestrado em Direito) – Faculdade de Direito da Universidade de São Paulo. 2010.

RAMOS, Dircêo Torrecillas. **O federalismo assimétrico**. 2. ed. Rio de Janeiro: Forense, 2000.

REALE, Miguel. **Teoria do direito e do estado**. 3. ed. São Paulo: Editora Martins, 1970.

ROBL FILHO, Ilton Norberto. **Autogoverno e autolegislação dos estados-membros na jurisprudência do Supremo Tribunal Federal:** ações diretas de inconstitucionalidade e art. 25 da Constituição Federal Brasileira. *Prisma Jur*. São Paulo, v. 15, n. 1, p. 181-202, jan./jun. 2016.

ROUSSEAU, Jean Jacques. **Do contrato social e discurso sobre economia política**. 7. ed. São Paulo: Hemus Editora Limitada, 1999.

SCWARTZ, Bernard. **O federalismo norte-americano atual**. Rio de Janeiro: Editora Forense Universitária, 1984.

SILVA, José Afonso da. **Curso de direito constitucional positivo**. 35. ed. São Paulo: Malheiros, 2012.

SOUZA NETO, Cláudio Pereira de; SARMENTO, Daniel. **Direito constitucional**: teoria, história e métodos de trabalho. Belo Horizonte: Fórum, 2012.

UNGER, Roberto Mangabeira. **O direito e o futuro da democracia**. São Paulo: Boitempo, 2004.

UNGER, Roberto Mangabeira. **A constituição do experimentalismo democrático**. Revista de Direito Administrativo, Rio de Janeiro, v. 257. p. 57-72, maio/ago. 2011.

UNGER, Roberto Mangabeira. **Política**: os textos centrais. São Paulo: Boitempo; Santa Catarina: Editora Argos, 2001.

UNGER, Roberto Mangabeira. **The critical legal studies movement.** Harvard Law Review. v. 96. p. 563-675, jan. 1983.

WALDRON, Jeremy. **Dirty little secret**. Columbia Law Review, p. 510-530. 1998.

WEFFORT, Francisco C. **Os clássicos da política**. São Paulo: Editora Ática, 2001.

APÊNDICES

Apêndice A - Decisões selecionadas - "Experimentalismo Democrático"

Instrumento Processual	Número do Processo	Ano	Ministro Relator	Local de Origem	Ano do Julgamento
ADI	5356	2016	Edson Fachin	Mato Grosso do Sul	03/08/2016
ADI	5327	2016	Dias Toffoli	Paraná	03/08/2016
ADI	5253	2016	Dias Toffoli	Bahia	03/08/2016
ADI	3835	2016	Marco Aurélio	Mato Grosso do Sul	03/08/2016
ADI	4861	2016	Gilmar Mendes	Santa Catarina	03/08/2016
ADI	3330	2012	Ayres Britto	Distrito Federal	03/05/2012

Apêndice B – Decisões selecionadas – "Princípio" e "simetria"

Instrumento Processual	Número do Processo	Ano	Ministro Relator	Local de Origem	Ano do Julgamento
Ag. Reg. Na Reclamação	28.445	2017	Ricardo Lewandowski	Ceará	20/02/2018
Ag. Reg. Na Reclamação	28.487	2017	Ricardo Lewandowski	Paraíba	20/02/2018
Ag. Reg. Na Reclamação	26.759	2017	Ricardo Lewandowski	Ceará	20/02/2018
Ag. Reg. Na Reclamação	28.608	2017	Ricardo Lewandowski	Rio Grande do Norte	20/02/2018
Ag. Reg. Na Reclamação	28.576	2017	Ricardo Lewandowski	Paraíba	20/02/2018
Ag. Reg. Na Reclamação	28.655	2017	Ricardo Lewandowski	Paraíba	20/02/2018
Ag. Reg. Na Reclamação	27.818	2017	Ricardo Lewandowski	Bahia	11/12/2017
Ag. Reg. Na Reclamação	28.087	2017	Ricardo Lewandowski	Ceará	11/12/2017
Ag. Reg. Na Reclamação	26.510	2017	Ricardo Lewandowski	Ceará	11/12/2017
Ag. Reg. Na Reclamação	26.466	2017	Ricardo Lewandowski	Ceará	11/12/2017
Ag. Reg. No Rec. Extraor. com Ag.	1.010.664	2016	Marco Aurélio	Pernam-buco	29/08/2017
Ag. Reg. No Rec. Extraordinário	488.065	2006	Marco Aurélio	São Paulo	15/08/2017
ADI	4.362	2009	Dias Toffoli	Distrito Federal	09/08/2017
RE	194.704	1995	Carlos Velloso	Minas Gerais	29/06/2017
ADI	4.000	2007	Edson Fachin	São Paulo	18/05/2017

Instrumento Processual	Número do Processo	Ano	Ministro Relator	Local de Origem	Ano do Julgamento
ADI	2.466	2001	Edson Fachin	Rio Grande do Sul	18/05/2017
ADI	4.764	2012	Celso de Mello	Acre	04/05/2017
ADI	3.077	2003	Cármen Lúcia	Sergipe	16/11/2016
ADI	2.905	2003	Eros Grau	Minas Gerais	16/11/2016
RE	848.826	2014	Roberto Barroso	Ceará	10/08/2016
ADI	5.253	2015	Dias Toffoli	Bahia	03/08/2016
ADI	4.861	2012	Gilmar Mendes	Santa Catarina	03/08/2016
ADI	5.356	2015	Edson Fachin	Mato Grosso do Sul	03/08/2016
ADI	3.835	2006	Marco Aurélio	Mato Grosso do Sul	03/08/2016
ADI	469	1991	Marco Aurélio	Distrito Federal	25/05/2016
Med. Caut. na ADI	5.296	2015	Rosa Weber	Distrito Federal	18/05/2016
Med. Caut. na ADI	5.442	2015	Marco Aurélio	Distrito Federal	17/03/2016
ADI	1.077	1994	Gilmar Mendes	Rio Grande do Sul	02/09/2015
ADI	821	1992	Gilmar Mendes	Rio Grande do Sul	02/09/2015
ADI	2.314	2000	Joaquim Barbosa	Rio de Janeiro	17/06/2015
ADI	253	1990	Gilmar Mendes	Mato Grosso	28/05/2015

Instrumento Processual	Número do Processo	Ano	Ministro Relator	Local de Origem	Ano do Julgamento
Ag. Reg. Nos Emb. Decl. Nos Emb. Decl. Em Mandado de Segurança	29.189	2010	Teori Zavascki	Distrito Federal	14/04/2015
ADI	4.284	2009	Ricardo Lewandowski	Roraima	09/04/2015
Ag. Reg. No Recurso Extraor. com Agravo	864.515	2015	Celso de Mello	Goiás	24/03/2015
Ag. Reg. No Recurso Extraor. com Agravo	657.984	2011	Gilmar Mendes	Pernam-buco	17/03/2015
ADI	4.792	2012	Cármen Lúcia	Espírito Santo	12/02/2015
ADI	4.791	2012	Teori Zavascki	Paraná	12/02/2015
RE	570.392	2007	Cármen Lúcia	Rio Grande do Sul	11/12/2014
ADI	2.940	2003	Marco Aurélio	Espírito Santo	11/12/2014
Ag. Reg. No Recurso Extraordinário	655.647	2011	Dias Toffoli	Amazonas	11/11/2014
RE	383.123	2003	Cármen Lúcia	São Paulo	04/11/2014
ADI	2.186	2000	Marco Aurélio	São Paulo	29/10/2014
ADI	1.440	1996	Teori Zavascki	Santa Catarina	15/10/2014
ADI	1.949	1999	Dias Toffoli	Rio Grande do Sul	17/09/2014
Ag. Reg. No Agravo de Instrumento	521.610	2004	Marco Aurélio	Rio de Janeiro	11/09/2014

Instrumento Processual	Número do Processo	Ano	Ministro Relator	Local de Origem	Ano do Julgamento
ADI	1.964	1999	Dias Toffoli	Espírito Santo	04/09/2014
ADI	2.294	2000	Ricardo Lewandowski	Rio Grande do Sul	27/08/2014
ADI	1.381	1995	Dias Toffoli	Alagoas	21/08/2014
ADI	2.225	2000	Dias Toffoli	Santa Catarina	21/08/2014
ADI	3.564	2005	Luiz Fux	Paraná	13/08/2014
ADI	3.200	2004	Marco Aurélio	São Paulo	22/05/2014
Ag. Reg. No Agravo de Instrumento	764.355	2009	Dias Toffoli	São Paulo	06/05/2014
ADI	331	1990	Gilmar Mendes	Paraíba	03/04/2014
ADI	197	1990	Gilmar Mendes	Sergipe	03/04/2014
ADI	775	1992	Dias Toffoli	Rio Grande do Sul	03/04/2014
ADI	290	1990	Dias Toffoli	Santa Catarina	19/02/2014
Ação Cível Originária	1.271	2008	Joaquim Barbosa	Rio de Janeiro	12/02/2014
Ag. Reg. No Recurso Extraordinário	632.894	2010	Dias Toffoli	Goiás	19/11/2013
ADI	1.521	1996	Ricardo Lewandowski	Rio Grande do Sul	19/06/2013
Emb. Decl. No Recurso Extraordinário	536.973	2007	Cármen Lúcia	Goiás	27/11/2012
ADI	4.270	2009	Joaquim Barbosa	Santa Catarina	14/03/2012

Instrumento Processual	Número do Processo	Ano	Ministro Relator	Local de Origem	Ano do Julgamento
Ag. Reg. No Recurso Extraor. Com Agravo	656.666	2011	Gilmar Mendes	Rio Grande do Sul	14/02/2012
ADI	3.279	2004	Cezar Peluso	Santa Catarina	16/11/2011
Ag. Reg. No Recurso Extraordinário	633.009	2010	Ricardo Lewandowski	Goiás	13/09/2011
ADI	2.872	2003	Eros Grau	Piauí	01/08/2011
ADI	3.176	2004	Cezar Peluso	Amapá	30/06/2011
ADI	3.295	2004	Cezar Peluso	Amazonas	30/06/2011
ADI	2.944	2003	Cármen Lúcia	Paraná	30/06/2011
ADI	2.800	2003	Maurício Corrêa	Rio Grande do Sul	17/03/2011
RE	317.574	2001	Cezar Peluso	Minas Gerais	01/12/2010
ADI	2.730	2002	Cármen Lúcia	Santa Catarina	05/05/2010
RE	497. 554	2006	Ricardo Lewandowski	Paraná	27/04/2010
ADI	2.329	2000	Cármen Lúcia	Alagoas	14/04/2010
Med. Caut. Em ADI	4.298	2009	Cezar Peluso	Tocantins	07/10/2009
ADI	3.930	2007	Ricardo Lewandowski	Rondônia	16/09/2009
Ag. Reg. No Recurso Extraordinário	396.970	2003	Eros Grau	São Paulo	15/09/2009
Ag. Reg. Na Medida Cautelar na Reclamação	6. 702	2008	Ricardo Lewandowski	Paraná	04/03/2009

Instrumento Processual	Número do Processo	Ano	Ministro Relator	Local de Origem	Ano do Julgamento
ADI	3.307	2004	Cármen Lúcia	Mato Grosso	02/02/2009
ADI	2.192	2000	Ricardo Lewandowski	Espírito Santo	04/06/2008
ADI	858	1993	Ricardo Lewandowski	Rio de Janeiro	13/02/2008
ADI	3.647	2005	Joaquim Barbosa	Maranhão	17/09/2007
ADI	3.549	2005	Cármen Lúcia	Goiás	17/09/2007
ADI	2.857	2003	Joaquim Barbosa	Espírito Santo	30/08/2007
ADI	2.029	1999	Ricardo Lewandowski	Santa Catarina	04/06/2007
ADI	1.275	1995	Ricardo Lewandowski	São Paulo	16/05/2007
ADI	2.480	2001	Sepúlveda Pertence	Paraíba	02/04/2007
ADI	3.619	2005	Eros Grau	São Paulo	01/08/2006
Med. Caut. Em ADI	3.715	2006	Gilmar Mendes	Tocantins	24/05/2006
ADI	2.966	2003	Joaquim Barbosa	Rondônia	06/04/2005
ADI	396	1990	Maurício Corrêa	Rio Grande do Sul	27/05/2004
ADI	2.079	1999	Maurício Corrêa	Santa Catarina	29/04/2004
ADI	3.046	2003	Sepúlveda Pertence	São Paulo	15/04/2004
ADI	134	1989	Maurício Corrêa	Rio Grande do Sul	25/03/2004

Instrumento Processual	Número do Processo	Ano	Ministro Relator	Local de Origem	Ano do Julgamento
ADI	1.304	1995	Maurício Corrêa	Santa Catarina	11/03/2004
ADI	1.281	1995	Maurício Corrêa	Pará	11/03/2004
ADI	882	1993	Maurício Corrêa	Mato Grosso	19/02/2004
ADI	2.212	2000	Ellen Gracie	Ceará	02/10/2003
ADI	1.353	1995	Maurício Corrêa	Rio Grande do Norte	20/03/2003
ADI	2.719	2002	Carlos Velloso	Espírito Santo	20/03/2003
ADI	1.172	1994	Ellen Gracie	Distrito Federal	19/03/2003
RE	255.245	1999	Sepúlveda Pertence	Ceará	04/02/2003
ADI	1.201	1995	Moreira Alves	Rondônia	14/11/2002
ADI	738	1992	Maurício Corrêa	Goiás	13/11/2002
ADI	678	1992	Carlos Velloso	Rio de Janeiro	13/11/2002
Med. Caut. Na ADI	2.681	2002	Celso de Mello	Rio de Janeiro	11/09/2002
ADI	1.106	1994	Maurício Corrêa	Sergipe	05/09/2002
ADI	425	1990	Maurício Corrêa	Tocantins	04/09/2002
ADI	452	1991	Maurício Corrêa	Mato Grosso	28/08/2002
ADI	102	1989	Maurício Corrêa	Rondônia	08/08/2002

Instrumento Processual	Número do Processo	Ano	Ministro Relator	Local de Origem	Ano do Julgamento
Med. Caut. Na ADI	2.646	2000	Maurício Corrêa	São Paulo	01/07/2002
ADI	2.587	2001	Maurício Corrêa	Goiás	15/05/2002
ADI	1.391	1995	Sepúlveda Pertence	São Paulo	09/05/2002
RE	223. 037	1998	Maurício Corrêa	Sergipe	02/05/2002
Med. Caut. Na ADI	2.361	2000	Maurício Corrêa	Ceará	11/10/2001
Med. Caut. Na ADI	2.417	2001	Maurício Corrêa	São Paulo	18/04/2001
Med. Caut. Na ADI	2.295	2000	Maurício Corrêa	Rio Grande do Sul	29/03/2001
Recurso em HC	80. 477	2000	Néri da Silveira	Piauí	31/10/2000
Med. Caut. Na ADI	2.012	1999	Marco Aurélio	São Paulo	04/08/1999
Med. Caut. Na ADI	1.890	1998	Carlos Velloso	Maranhão	10/12/1998
Med. Caut. Na ADI	1.679	1997	Néri da Silveira	Goiás	01/10/1997
ADI	792	1992	Moreira Alves	Rio de Janeiro	26/05/1997
Med. Caut. Na ADI	952	1993	Sydney Sanches	Santa Catarina	13/10/1993
Repercussão Geral no RE	1. 059. 466	2017	Alexandre de Moraes	Alagoas	12/10/2017
Repercussão Geral no RE	745. 811	2013	Gilmar Mendes	Pará	17/10/2013

Apêndice C – Decisões Não Selecionadas – "Princípio" e "Simetria"

Instrumento Processual	Número do Processo	Ano	Ministro Relator	Local de Origem	Ano do Julgamento
Ag. Reg. No Rec. Extraordinário	1.038.673	2017	Rosa Weber	Espírito Santo	29/09/2017
Ag . Reg. Na Ação Rescisória	2.512	2016	Dias Toffoli	Distrito Federal	30/06/2017
Ag. Reg. Nos Emb. Decl. Nos Emb. Decl. Em Mandado de segurança.	29.083	2010	Teori Zavascki	Distrito Federal	16/05/2017
Ag. Reg. Nos Emb. Decl. Em Mandado de Segurança	29.032	2010	Teori Zavascki	Distrito Federal	24/05/2016
Med. Caut. Na ADI	4.552	2011	Cármen Lúcia	Distrito Federal	09/04/2015
Recurso Ordiná-rio em Habeas Corpus	108.496	2011	Cármen Lúcia	Rio de Janeiro	18/02/2014
HC	111.351	2011	Luiz Fux	Minas Gerais	28/05/2013
Ag. Reg. No Agravo de Instrumento	809.719	2010	Luiz Fux	Minas Gerais	09/04/2013
Emb. Decl. No Recurso Extraor. Com Agravo	703.790	2012	Luiz Fux	Rio Grande do Sul	19/03/2013
Extradição	1.255	2011	Marco Aurélio	AUT- Re-pública da Áustria	05/06/2012
HC	95.485	2008	Marco Aurélio	Alagoas	24/05/2011
HC	104.957	2010	Cármen Lúcia	Goiás	22/03/2011

Instrumento Processual	Número do Processo	Ano	Ministro Relator	Local de Origem	Ano do Julgamento
HC	102.732	2010	Marco Aurélio	Distrito Federal	04/03/2010
Ag. Reg. Na Ação Cautelar	2.209	2008	Joaquim Barbosa	Minas Gerais	02/03/2010
Referendo Em Med. Caut. Em ADI	4.307	2009	Cármen Lúcia	Distrito Federal	11/11/2009
Ag. Reg. No Recurso Extraordinário	512. 891	2006	Joaquim Barbosa	Minas Gerais	17/03/2009
ADI	307	1990	Eros Grau	Ceará	13/02/2008
ADI	3.853	2007	Cármen Lúcia	Mato Grosso do Sul	12/09/2007
ADI	3.566	2005	Cezar Peluso	Distrito Federal	15/02/2007
RE	421. 256	2004	Ricardo Lewandowski	São Paulo	26/09/2006
RE	276. 546	2000	Maurício Corrêa	São Paulo	31/03/2004
RE	273. 844	2000	Maurício Corrêa	São Paulo	31/03/2004
RE	266. 994	2000	Maurício Corrêa	São Paulo	31/03/2004
RE	199. 522	1996	Maurício Corrêa	São Paulo	31/03/2004
RE	282. 606	2000	Maurício Corrêa	São Paulo	31/03/2004
RE	274.384	2000	Maurício Corrêa	São Paulo	31/03/2004
RE	300. 343	2001	Maurício Corrêa	São Paulo	31/03/2004

Instrumento Processual	Número do Processo	Ano	Ministro Relator	Local de Origem	Ano do Julgamento
RE	197.917	1995	Maurício Corrêa	São Paulo	06/06/2004
RE	176.881	1994	Carlos Velloso	Rio Grande do Sul	13/03/1997
Med. Caut. Na ADI	1.441	1996	Octavio Gallotti	Distrito Federal	28/06/1996
ADI	1.021	1994	Ilmar Galvão	São Paulo	19/10/1995
ADI	978	1993	Ilmar Galvão	Paraíba	19/10/1995
Representação	892	1972	Thompson Flores	Rio Grande do Sul	15/08/1973
RE	70.728	*	Aliomar Baleeiro	*	27/04/1973
RE	74.193	*	Aliomar Baleeiro	Rio de Janeiro	27/04/1973